KB112070

침묵을
짊어진
사람들

Emotional Inheritance

대물림되는 트라우마의 비밀을 찾아서

침묵을 짊어진 사람들

갈리트 아틀라스 지음

신동숙 옮김

정신세계사

일러두기

- 국내에 출간된 외국 단행본은 영어 제목을 병기하지 않고 국내 번역본 제목을 표기했습니다.
- 단행본은 겹묶음표 《》, 매체, 논문, 노래 제목은 〈〉로 표기했습니다.
- 본문 속 강조 표시는 저자가 한 것입니다.
- 옮긴이가 추가한 각주는 표기 없이, 편집부가 추가한 각주는 '편집부'로 표기했습니다.

침묵을 짊어진 사람들

갈리트 아틀라스가 짓고 신동숙이 옮긴 것을 정신세계사 김우종이 2022년 12월 20일 처음 펴내다. 이현율과 배민경이 다듬고, 변영옥이 꾸미고, 한서지업사에서 종이를, 영신사에서 인쇄와 제본을, 하지혜가 책의 관리를 맡다. 정신세계사의 등록일자는 1978년 4월 25일(제2021-000333호), 주소는 03965 서울시 마포구 성산로4길 6 2층, 전화는 02-733-3134, 팩스는 02-733-3144이다.

2022년 12월 20일 펴낸 책(초판 제1쇄)

ISBN 978-89-357-0460-6 03180

* 홈페이지 mindbook.co.kr * 인터넷 카페 cafe.naver.com/mindbooky
* 유튜브 youtube.com/innerworld * 인스타그램 instagram.com/inner_world_publisher

추천의 말

아름답고, 예술적이고, 품격 있다. 아틀라스 박사는 상담치료에서 나왔던 이야기들을 솜씨 있게 엮어서 세대를 초월한 트라우마를 탐구한다. 치료 과정에 대한 설명을 듣다 보면 내담자뿐 아니라 상담치료를 하는 상담사에 대해서도 알게 된다. 우리는 이 과정에서 자기도 모르게 각자의 삶을 되돌아보게 된다. 《침묵을 짊어진 사람들》은 누구에게든 아주 소중한 가치가 있지만, 특히 트라우마, 상담치료, 치유 과정에 대해 이해하고 싶은 사람들이라면 꼭 읽어야 할 책이다.

브루스 D. 페리 Bruce D. Perry, MD, PhD, 《당신에게 무슨 일이 있었나요》 공저자

아틀라스 박사는 윗세대가 겪은 트라우마를 몸, 마음, 가슴, 정신, 영혼에 간직한 채 살아가는 사람들에 대한 깊은 연민의 마음으로 글을 쓴다. 이런 트라우마는 은밀히 감춰진 채 자녀 세대에는 거의 알려지지 않는다. 나는 개인적으로 전쟁 난민으로 미국에 정착한 이민 1세대 부모 밑에서 자라며 민족성을 잃은 경험이 있기에, 세대를 걸쳐 전해지는 트라우마에 대해 잘 안다고 감히 단언한다. 그리고 공언하건대 아틀라스 박사는 내가 '세대에 걸친 상처'라고 부르는 것에 대해 자세히 깊이 있게 잘 아는 사람이다.

클라리사 핑콜라 에스테스 레예스 Dr. Clarissa Pinkola Estés Reyés, 《늑대와 함께 달리는 여인들》 저자

갈리트 아틀라스는 감정적 유산이 어떤 측면에서 문제가 될 수 있고, 또 어떤 측면에서는 도움이 될 수 있는지 설명한다. 그녀는 우리를 괴롭힐 수 있는 마음속 상처와 앙금을 어떻게 직면하고 해소할 수 있는지를 아주 능숙하게 보여준다. 무르익은 현대 정신분석을 훌륭한 스토리텔링으로 담아낸 책이다.

수지 오바크 Susie Orbach, 《몸에 갇힌 사람들》 저자

갈리트 아틀라스는 《침묵을 짊어진 사람들》로 독자들에게 선물을 전한다. 그녀는 따뜻하고 연민 어린 마음으로, 현재 직면한 문제들이 각자가 물려받은 과거와 어떻게 관련될 수 있는지를 보여준다. 이 책에 소개된 내담자들의 이야기와 아틀라스 박사 자신의 경험을 통해서, 우리는 발견의 여정을 걷게 된다. 그녀는 이런 이야기들을 나눔으로써 우리가 각자의 커튼 뒤를 힐끔 들여다볼 수 있게 해주고, 희망의 가능성에 마음을 열기만 한다면 바로 지금이 우리 조상들이 오래 간직해왔던 침묵을 깨기에 적합한 시기일 수도 있음을 이해할 수 있게 해준다.

샤론 샐즈버그 Sharon Salzberg, 《진정한 행복》(Real Happiness) 저자

갈리트 아틀라스의 《침묵을 짊어진 사람들》은 통찰력 있고, 예리하고, 도발적이면서도, 동시에 다정하고, 감동적이고, 개인적이다. 재능 있는 임상의들이 모두 글 쓰는 재주를 갖춘 것은 아니지만, 아틀라스 박사는 확실히 작가로서의 재능이 있다. 그녀가 풀어놓는 이야기는 상당히 인상 깊다. 후성유전학의 세계는 아직은 대체로 그다지 발달하지 못한 상태지만, 아틀라스 박사는 평범한 언어로 우리가 심리적 유산을 가지고 태어난다고 설명한다. 우리는 비록 이런 유산에서 벗어날 수는 없지만, 그녀의 도움으로 이를 이해할 수 있다.

줄리엣 로젠펠드 Juliet Rosenfeld, 《불신의 상태》(The State of Disbelief) 저자

이 책에는 위대한 지혜, 전문성, 인간애가 가득 담겨 있다. 의미 있고, 대단히 훌륭하고, 마음을 사로잡는 책이다.

앤 알바레즈 박사 Dr. Anne Alvarez, 《살아 있는 동반자》(Live Company) 저자

《침묵을 짊어진 사람들》은 평생 일정한 패턴에 갇혀 있는 독자, 가족의 과거에서 비롯된 유령에 시달리는 기분이 드는 독자들에게 특별한 통찰을

준다. 아틀라스 박사는 내담자들의 이야기와 더불어 자신의 이야기를 능숙하게 버무리면서, 이 주제와 관련된 심리학 연구 내용을 매끄럽게 엮어 나간다. 책장을 넘기는 손이 갈수록 빨라질 정도로 아주 흥미로우면서도, 조상에게 물려받은 트라우마와 가족의 비밀에 관한 깊이 있는 통찰 또한 얻을 수 있다. 이 책은 틀림없이 독자들의 삶을 변화시키고, 잠재력을 성취하도록 도울 것이다.

크리스티 테이트 Christie Tate, 《그룹》(Group) 저자

갈리트 아틀라스는 "행복한 가정은 모두 비슷하지만, 불행한 가정은 저마다 다른 이유로 불행을 겪는다"라는 톨스토이의 주장을 이어받아, 트라우마가 가족 안에서 독특하게 유지되는 방식을 설명한다. 아틀라스는 내담자들의 다층적인 이야기를 소개하는데, 내담자들의 트라우마는 그녀 자신이 겪은 트라우마와 상실의 경험과 공명한다. 상세하게 풀어내는 스토리텔링에는 그녀가 내담자들과 함께 상황을 인식하고 수정해나가는 과정이 담겨 있다. 아틀라스는 내담자들과 함께 트라우마를 숨긴 채 그것을 이어가는 유령을 밝혀내고 비밀을 파헤치며, 독자들이 과거와 현재의 관련성을 읽어서 미래의 가능성에 진입할 수 있게 이끌어준다. 이런 가능성은 단순하고 평이하지만은 않다. 불행한 가족이 별 지각 없이 행복해지는 것은 아니니 말이다. 하지만 아틀라스가 솔직하고 관대하게 설명하듯이 비밀과 유령을 밝은 대낮의 빛으로 데려오면 새로운 이야기, 활기, 행복이라 부르는 해방의 가능성이 열린다.

켄 코베트 Ken Corbett, PhD, 《소녀를 둘러싼 살인》(A Murder Over a Girl) 저자

진정으로 현명하고 대담한 《침묵을 짊어진 사람들》은 한 세대에서 다음 세대로 전파되는 무의식적인 트라우마가 심리치료에서 어떻게 드러나는가를 대단히 설득력 있게 설명하는 책이다. 아틀라스 박사는 무엇이 자신의 삶을 불행하게

만드는지 모르는 채 그 슬픔을 짊어지고 가는 아이들의 비밀에 부쳐졌던 충격적인 슬픈 이야기를 증인으로 내세운다. 그런 가족사의 의미를 뛰어난 통찰력으로 밝히는 이 책은 지금 이 시대에 정신분석이 어떤 역할을 하는지를 궁금해했던 사람들을 모두 깊이 만족시킬 것이다.

제시카 벤저민 Dr. Jessica Benjamin, 《사랑의 굴레》(The Bonds of Love) 저자

세대를 넘어서 전달되는 트라우마의 유산을 강력하고, 명쾌하고, 공감하는 마음으로 탐구한 《침묵을 짊어진 사람들》은 갈리트 아틀라스가 뛰어난 정신분석가일 뿐 아니라 뛰어난 작가라는 사실을 확실히 보여준다. 나는 이 책이 정말 마음에 들었고, 큰 감명을 받았다.

대니 사피로 Dani Shapiro, 《유산》(Inheritance) 저자

계몽적인 책이다. 아틀라스 박사가 제시하는 이야기는 대물림된 상처가 얼마나 강력한 힘이 있는지를 보여준다. 조상의 경험은 조용하지만 아주 멀리까지 영향을 미칠 수 있으며, 또한 우리 모두에게 치유할 수 있는 잠재성이 있음을 보여준다.

로리 고틀립 Lori Gottlieb, 《누군가에게 얘기하는 게 좋겠어》(I Maybe You Should Talk to Someone) 저자

세대를 넘어 전파되는 트라우마에 관한 이야기를 개인적 체험과 연민 어린 마음, 조화로운 구성으로 담아낸 책이다. 저자는 트라우마가 가족 안에서 어떻게 대물림되는지, 그리고 내담자와의 상담 과정을 통해 그것을 어떻게 능숙하게 그 사건을 치유 여정에 끌어들이고, 인식하고, 약화시킬 수 있는지, 더 나아가 지금껏 이름이 없었거나 이름 붙일 수 없었던 것들을 소화하고 해결할 수 있는지를 탐색한다.

존 카밧진 Jon Kabat-Zinn, 《왜 마음챙김 명상인가?》 저자

루이스 아론Lewis Aron을 추모하며 이 책을 바칩니다.

그때 사람들은 "부모가 신 포도를 먹었으니 아이들의 이가 시다"라고
더는 말하지 아니할 것이니

— 예레미야 31:29

차례

마음속 흔적

집안마다 조금씩은 트라우마의 역사가 있다. 모든 트라우마는 집안에서 고유의 방식으로 유지되며 아직 태어나지 않은 세대에게는 감정적 흔적을 남긴다.

현대 정신분석학과 실험연구는 지난 10년 동안 후성유전학과 트라우마의 유전에 관한 연구를 확장해서 트라우마가 세대를 거쳐 계승되고 몸과 마음에 잔류하는 양식을 탐구했다. 특히 임상의들은 트라우마의 세대 간 전파를 연구하면서, 조상의 트라우마가 어떻게 감정적 유산(Emotional Inheritance)으로 대물림되며 현세대와 후세대의 마음에 어떤 흔적을 남기는지를 살펴왔다.

《침묵을 짊어진 사람들》은 우리 자신뿐 아니라 부모, 조부모, 증조부모에서 비롯된 억압된(silenced) 경험이란 무엇이며, 그것이 우리 삶에 어떤 식으로 영향을 미치는지를 다룬다. 우리가 삶에서 각자가 지닌 잠재력을 최대한 발휘하지 못하는 데는 보통 이런 감춰진 경험이 있다. 조상에게 물려받은 감정은 육체적·정신적 건강에 영향을 끼치고, 원하는 바를 제대로 실현하기 어렵게 만들며, 유령처럼 출몰해서 우리를 괴롭힌다. 이 책에서는 과거, 현재, 미래가 어떤 식으로 서로 연결되어 있는지를 소개하고, '어떻게 앞으로 나아갈 것인가'라고 질문을 던질 것이다.

개인적인 이야기를 꺼내자면, 나와 우리 형제자매들은 어떤 이야기를 입에 담지 말아야 하는지 아주 어릴 적부터 분별할 줄 알았다. 가령 우리는 죽음에 대해서는 절대 이야기하지 않았다. 섹스에 대해서도 언급하지 않으려고 노력했다. 또 지나치게 슬퍼하거나 분노하거나 실망하지 말아야 했고, 너무 시끄럽게 굴어서도 안 됐다. 우리 부모님은 삶을 낙관적으로 살아야 한다고 생각하는 분들이어서, 슬픔과 불행에 빠져 자식들에게 짐을 지우는 법이 없었다. 어머니와 아버지는 자신들의 어린 시절을 언급할 때면 트라우마, 가난, 이민 생활과 인종차별을 당하며 겪었던 고통에 관한 이야기는 감추고, 아름다운 색을 입혀 묘사하고는 했다.

부모님은 어릴 때 가족과 함께 맨몸으로 이스라엘로 이주했다. 아버지는 이란 출신이고 어머니는 시리아 출신이었다. 두 분 모두 빈민촌에서 여섯 형제자매와 함께 어린 시절을 보냈다. 가난으로 인한 어려움뿐 아니라 1950년대 이스라엘에서 열등하게 치부되던 나라 출신이라는 나쁜 선입관에도 맞서야 했다.

아버지는 태어나기 전에 누나 두 명이 각각 한두 살밖에 안 된 나이에 목숨을 잃었으며, 아버지도 아기 때 병에 걸려 거의 죽음 직전까지 내몰릴 정도로 위중했던 적이 있었다. 아버지의 아버지, 즉 우리 할아버지는 태어날 때부터 앞을 보지 못했기 때문에 아들을 데리고 길거리에 나가서 신문을 팔았다. 그래서 아버지는 학교에 다닌

적이 없으며 일곱 살 때부터 일을 하며 가족을 부양했다. 이 모두는 내가 어릴 때부터 들어서 잘 알고 있었던 내용이다. 아버지는 자신은 형편이 안 돼서 받을 수 없었던 교육을 자식인 나는 받을 수 있기를 간절히 원했기 때문에 내게 열심히 노력하는 법을 가르쳤다.

어머니도 아버지와 마찬가지로 갓난아기였을 때 큰 병을 앓아서 생명을 잃을 뻔했다. 그리고 어머니가 열 살 때 어머니의 큰오빠가 세상을 떠났는데, 이 일은 가족 모두에게 엄청난 충격을 안겼다. 어머니는 어린 시절의 기억이 많지 않아서 나도 알고 있는 내용이 별로 없다. 부모님이 자신들의 삶의 발자취가 서로 얼마나 비슷하며 두 사람의 인연이 질병, 가난, 어릴 때 겪은 상실, 수치심 같은 감정과 어떻게 묵시적으로 결부되어 있는지를 의식해본 적이 있는지는 잘 모르겠다.

다른 많은 가족과 마찬가지로, 우리 가족도 불편함을 없애는 최고의 방법은 침묵이라는 데 암묵적으로 동의했다. 그 시절에는 기억하지 못하는 것은 해가 되지 않는다고들 여겼다. 그런데 침묵하고 억누르려고 아무리 애를 써도 우리가 기억하지 못하는 것들이 실은 우리 안에 기억으로 남아 있다면 어떨 것 같은가?

실제로 부모님이 낳은 첫 자식인 내 몸에는 부모님이 겪은 충격적인 과거의 역사가 남아 있었다.

어릴 때 내가 살던 곳에서는 전쟁이 잇달았다. 아이였던 우리는 홀로코스트의 어둠 속에서 성장하고 있다는 것과 폭력, 상실, 한없는 비탄이 우리의 국가 유산이라는 것을 정확히 자각하지 못하면서도 공포감을 느낄 때가 아주 많았다.

1948년 이후 벌어진 다섯 번째 전쟁이었던 욤 키푸르Yom Kippur 전쟁은 내가 두 돌을 겨우 넘긴 1973년에 발발했으며, 전쟁이 시작되던 날 여동생이 태어났다. 우리 아버지를 비롯한 모든 남성이 전쟁에 소집됐다. 그래서 혼자 남은 어머니가 동생을 낳으러 병원에 가 있는 동안에 나는 옆집에 맡겨졌다. 이스라엘에 대한 대대적인 공습은 모든 이들에게 충격을 안겼다. 부상당한 병사들이 속속 병원에 이송되면서 발 디딜 틈 없어진 병원에는 산모들이 쓸 수 있는 병실이 없었다. 그래서 산모들은 복도에서 아이를 낳았다.

개인적으로 그 전쟁에 대한 기억은 별로 없다. 어린 시절의 기억이 보통 그렇듯, 나는 모든 일을 대체로 정상적인 상황으로 인식했다. 전쟁 뒤로 몇 년 동안 학교에서는 매달 '전쟁 대비훈련'이 진행됐다. 우리는 조용히 대피소로 이동하는 연습을 하면서도 수업 대신에 보드게임을 하며 놀 수 있다는 데 행복해하고, 미사일이 우리가 있는 곳을 포격하거나 테러리스트들이 무기를 들고 와서 우리를 인질로 잡아갈 것이라는 농담을 주고받았다. 우리는 대처하기에 너무 힘든 상황이란 없으며, 위험은 우리 삶의 정상적인 일부이고, 우리에게 필요한 건 용감함과 유머 감각을 유지하는 자세라고 배웠다.

학교에 있을 때는 결코 두려움을 느낀 적이 없었다. 그저 밤에만 걱정이 몰려왔다. 테러리스트가 전국에 있는 모든 집 중에 하필 우리 집을 골라서 공격한다면 우리 가족은 목숨을 부지하기 힘들 것이라는 생각이 들었다. 그래서 지하실, 다락방, 서재 뒤쪽, 옷장처럼 홀로코스트 시절에 은신처로 곧잘 사용됐던 장소들을 떠올렸다. 여기엔 중요한 것이 한 가지 있었다. 절대 소리를 내서는 안 된다는 것.

하지만 나는 조용히 있는 데에는 소질이 없었다. 10대 시절, 나는 시끄러운 소리를 사람들에게 들려주고 싶다는 가벼운 생각으로 노래를 작곡하기 시작했다. 무대에 섰을 때 음악은 마법과도 같았다. 음악 덕분에 결코 소리 내서 말할 수 없었을 것들을 노래로 표현할 수 있었다. 음악은 말할 수 없었던 것들에 대한 나의 항변이었다.

그러던 중 1982년에 레바논 전쟁이 일어났다. 끔찍한 일이 벌어지고 있음을 충분히 인식할 수 있을 정도로 성장했을 때였다. 학교에 마련된 추모의 벽에는 갈수록 많은 이름이 게시됐는데, 이번에는 우리가 아는 아이들 이름이 많았다. 아이를 잃은 부모들은 추도식에 참석하려고 학교를 찾았다. 그리고 영광스럽게도 내가 사람들 앞에서 노래를 부르게 됐다. 나는 사람들 눈을 똑바로 주시하지 않고, 절대 눈물을 흘리지 않으려 애썼다. 혹시라도 노래를 망치면 기회가 다른 사람에게 넘어갈지도 모를 터였기 때문이다. 매년 열리는 추도식에서는 맨 마지막 순서로 이스라엘에서 가장 널리 알려진 노래인 <평화를 위한 노래>(Shir La Shalom)를 불렀다. 마음 깊은 곳에서부터 평화를 기원하고 노래하면서, 우리는 새로운 출발과 자유로운 미래를 소망했다.

내 또래가 군에 입대하는 열여덟 살이 됐을 때쯤, 나는 부모님에게서 더 이상 전쟁은 없을 거라는 다짐을 들으며 자랐다. 하지만 그 다짐은 오늘날까지도 실현되지 않고 있다. 나는 군악병으로 복무하면서 평화를 기원하는 마음으로 수많은 군부대를 순회하고, 국경을 넘나들며 병사들을 위해 노래했다. 걸프전이 시작된 것은 내가 군인 신분이었던 열아홉 살 때였다.

당시 우리는 도로에서 로큰롤을 큰 소리로 연주했다. 그 소리가 얼마나 컸던지 연주하는 사이에 사이렌이 울리지는 않을지 특별히 주의를 기울여야 할 정도였다. 사이렌을 잘 들어야 방공호로 재빨리 뛰어가서 늦지 않게 방독면을 착용할 수 있었기 때문이다. 어느 때인가는 방공호에 가서 방독면 쓰는 것을 포기하고, 대신에 사이렌이 울릴 때마다 지붕에 뛰어올라 이라크에서 날아드는 미사일을 주시하면서 어디에 떨어질지 예측했던 적도 있다. 천둥 같은 폭발음이 울리고 나면 우리는 연주하던 곡으로 돌아가서 더 소리를 높여 연주하곤 했다.

우리는 어린 시절 친구, 이웃, 형제인 병사들을 위해 노래를 불렀다. 종종 병사들이 눈물을 흘리는 모습을 보면, 말할 수 없는 것을 표현함으로써 다른 사람의 심금을 울리는 것의 힘을 느꼈다. 우리 공연은 그 누구도 소리 내서 말할 수 없었던 많은 것들, 즉 무섭지만 그런 심정을 자신에게조차 털어놓을 수 없고, 우리는 아직 너무 어리고, 어서 집에 가고 싶고, 사랑에 빠지고 싶고, 먼 곳으로 여행을 떠나고 싶으며, 평범한 삶을 살고 싶지만 '평범함'의 의미를 잘 모르겠다는 심정을 표현했다. 곡을 만들고 소리 높여 노래를 부르는 과정은 의미 있었고, 속박에서 벗어난 기분을 느끼게 했다. 이 경험은 진실을 찾고 내 안의 감정적 유산을 드러내는 여정의 시작이었다.

그로부터 여러 해가 지난 뒤에 나는 고국을 떠나 뉴욕시에 정착해서 말할 수 없는 것들, 즉 인식의 범위 밖에 있는 억압된 기억, 감정, 욕구에 관해 연구를 시작했다. 나는 정신분석가가 되어 무의식을 탐구해나갔다.

마음을 분석하는 작업은 추리소설과 비슷한 일종의 탐사 활동이다. 인간의 무의식을 파고든 위대한 심리학자 지그문트 프로이트가 셜록 홈즈의 열렬한 팬이었으며 엄청난 양의 탐정 소설을 보유하고 있었다는 사실은 잘 알려져 있다. 어떤 면에서 프로이트는 홈즈의 방법을 빌려서 증거를 수집하고, 겉으로 드러난 진실 밑에 있는 진실을 탐색하고, 숨겨진 현실을 찾아냈다고 할 수 있다.

탐정들과 마찬가지로 나는 내담자들과 작업할 때 그들의 흔적을 따라가고, 내담자의 이야기만 듣는 것이 아니라 그의 침묵과 우리 두 사람이 모두 인지하지 못했던 소리에도 귀 기울이려고 노력한다. 이 과정은 어린 시절의 추억과 말과 행동을 수집하고, 아무에게도 말한 적 없는 이야기와 생략된 부분을 포착해야 하는 섬세한 작업이다. 단서를 찾고 그것들을 연결해 하나의 그림을 만들면서 내담자와 상담가는 '대체 누구에게 무슨 일이 일어났던 걸까?'라는 질문을 던진다. 이 마음의 비밀에는 우리 각자의 인생 경험뿐만 아니라 이전 세대에게 물려받아서 우리도 모르게 가지고 있는 기억, 감정, 트라우마도 포함된다.

정신분석가들이 트라우마가 다음 세대에 미치는 영향을 처음 조사하기 시작한 것은 제2차 세계대전 직후였다. 당시의 정신분석가 상당수는 유럽에서 탈출한 유대인이었다. 그들이 진료한 환자는 처음에는 홀로코스트 생존자들이었고 나중에는 트라우마를 겪은 생존자의 자손들, 즉 조상의 고통에 대한 무의식적인 흔적을 몸에 지닌 아이들이었다.

1970년대부터는 남들에게 말한 적 없는 가장 은밀한 비밀을 포함한 생존자들의 트라우마가 자녀와 손주들의 삶에 실제적인 영향을 미친다는 사실이 신경과학 연구들로 입증되기 시작했다. 비교적 최근의 연구들은 후성유전학에 초점을 맞춰서 비유전적 영향과 유전자 발현의 변형을 주로 살핀다. 정신분석가들은 트라우마 생존자들의 후손에서 유전자가 어떻게 바뀌는지 분석하고, 환경적 요인 중에서도 특히 트라우마가 어떻게 유전자에 화학적으로 흔적을 남겨서 다음 세대로 전수되는지를 연구했다. 그런 실증 연구는 스트레스 호르몬이 뇌의 발달에 중요한 역할을 하며, 결과적으로 트라우마가 한 세대에서 다음 세대로 전달되는 생물학적 메커니즘에 중요한 역할을 한다고 역설한다.

마운트시나이 아이칸 의과대학Icahn School of Medicine at Mount Sinai의 정신적 외상 스트레스 연구 책임자인 레이철 예후다Rachel Yehuda 박사 연구팀이 시행한 대규모 연구에 따르면, 홀로코스트 생존자들의 자손은 코르티솔의 수치가 낮다. 코르티솔은 몸이 트라우마에서 회복되도록 돕는 호르몬이다. 홀로코스트 생존자들의 자손은 스트레스 호르몬의 수치 분포가 같은 나이의 보통 사람들과는 달라서 불안장애가 생기기 쉬운 상태임이 밝혀졌다. 홀로코스트 생존자들뿐 아니라 노예, 참전자, 심각한 트라우마를 겪은 사람들의 자녀들 역시 건강한 상태여도 폭력 사건을 목격하거나 충격적인 일을 겪은 뒤에는 외상 후 스트레스 장애(PTSD)가 나타날 가능성이 크다.

진화적 관점에서 이런 부류의 후성적 변화는 부모가 겪은 것과 비슷한 환경에 미리 생물학적으로 대비하여 생존을 돕는 작용으로 볼 수도 있다. 하지만 실제로는 오히려 직접 겪지 않은 트라우마 증상이 발현되기 더 쉬운 상태가 돼버린 것이다.

인간의 마음을 연구하는 사람들에게 이런 연구 결과는 전혀 놀랍지 않다. 충격적인 경험이 다음 세대의 정신에 엄습해서 놀랍고 묘한 방식으로 발현되는 경우를 임상에서 접하기 때문이다. 사랑하는 가족과 우리를 길러준 부모는 우리 안에 살고 있다. 우리는 그들의 감정적 고통을 경험하고, 그들의 기억에 대한 꿈을 꾸고, 명시적으로 전해 들은 적 없는 내용을 알고 있는데, 이런 것들은 우리가 이해하기 힘든 방식으로 우리 삶을 형성한다.

우리는 들어본 적이 없는 사건들을 포함한 가족의 트라우마를 물려받는다. 헝가리 태생의 정신분석학자인 마리아 토록Maria Torok과 니콜라스 에이브러햄Nicolas Abraham은 자녀 세대가 부모에게서 전해 들은 바가 전혀 없는데도 불구하고 부모가 겪은 비탄과 상실을 다양한 방식으로 느끼는 현상을 두고 '유령(phantom)'이라고 일컬었다. 제대로 처리되지 않은 부모의 트라우마와 관련된 감정은 자녀 세대 안에서 사는 유령(남에게 말한 적 없으며 말할 수 없는 것의 유령)이다. 우리가 물려받는 것은 완전히 살아 있지는 않지만 그렇다고 죽은 것도 아닌, 이런 '유령 같은' 경험이다. 이런 경험은 가시적이고 실제적인 방식으로 우리 현실에 침범해서 흔적을 남긴다. 우리는 이것을 알고 느끼지만, 그 근원이 무엇인지는 인식하지 못할 때가 많다.

《침묵을 짊어진 사람들》은 내가 만난 내담자들의 이야기와 사랑과 상실에 관한 나의 개인사, 그리고 개인적 트라우마와 국가적 트라우마의 이야기를 정신분석학과 최신 심리학 연구의 관점에서 엮어냈다. 이 책에서는 우리를 저지하고 삶을 방해하는 과거의 유령을 찾는 여러 방법을 소개한다. 우리가 의식적으로 알지 못하는 모든 것은 다시 체험된다. 그것들은 마음과 몸에 머물러 있다가 두통, 강박증, 공포증, 불면증 등의 증상으로 나타나며, 이런 모든 증상은 마음의 가장 어두운 구석에 밀어두었던 것의 징후일 수 있다.

우리는 어떻게 기억하지 못하는 것이나 직접 경험하지 않은 것들을 물려받고, 마음속에 담아두고, 처리하는 걸까? 존재하지만 제대로 알려지지 않은 것은 어느 정도의 영향력이 있을까? 우리가 정말로 각자의 비밀을 서로 감출 수 있을까? 우리는 다음 세대에 무엇을 물려주는 걸까?

이런 질문들을 비롯한 몇 가지 질문들이 바로 과거의 비밀에 억류되었던 우리의 일부를 해방하는 여정에서 우리가 탐구할 내용이다.

이 책은 내담자와 마주 앉아 깊은 대화를 나누던 소파에서 탄생했다. 물려받은 트라우마를 극복해나가는 과정에 있는 내담자들의 감정적 유산과 상상하기 힘든 트라우마, 숨겨진 진실을 그들의 동의를 얻어 이 책에 소개하고, 내 개인적인 이야기도 보탰다. 이 책은 금지된 감정, 마음이 잊어버렸거나 대수롭지 않게 여기는 기억들, 가족에 대한 진심 어린 마음만으로는 정확하게 알거나 기억하기가 힘들 수도 있는 역사의 조각들을 살핀다. 여기 소개된 각 사례는 미래를 고대하면서 동시에 과거를 조사하는 독특한 방법을 제시한다. 각자의 유산을 풀어놓을 준비가 됐을 때, 우리는 내면에 자리한 유령을 직시할 수 있다.

《침묵을 짊어진 사람들》은 유전된 트라우마의 다양한 양상과 영향, 그리고 그것을 돌파해나갈 방법을 설명한다. 1부는 생존자들의 3대째 후손에 초점을 맞춰서, 조부모의 트라우마가 손주들의 마음과 정신에 어떻게 발현되는지를 살펴본다. 우선 외도가 세대를 넘어 전달되는 트라우마와 어떤 관계가 있는지 알아보면서 금지된 사랑의 비밀을 파헤친다. 뒤이어 성적 학대의 유령, 자살이 다음 세대에 미치는 영향, 그리고 무의식적인 마음에 남아 있는 동성애 혐오에 대해 알아본다. 아울러 욜란다 갬펠Yolanda Gampel 교수가 제시한 '트라우마의 방사성(radioactivity)', 즉 다음 세대의 삶으로 전해지는 재앙의 감정적 '방사선(radiation)'이라는 개념에 대해서도 다룰 것이다.

2부는 부모의 숨겨진 비밀에 초점을 맞춰서, 우리가 태어나기 전이나 아기였을 때 일어났던 말할 수 없는 진실에 대해 알아본다. 우리가 자각하지 못했던 이 진실은 사실 우리 삶에 중대한 영향을 끼친다. 여기서는 형제를 잃은 경험이 어떻게 우리의 마음을 억압할 수 있는지를 설명하고, '환영받지 못한(unwelcome)' 아기라는 개념과 그들이 어른이 된 후에 죽음을 무의식적으로 동경하게 되는 현상을 소개하고, 치료적 관계(therapeutic relationship)에서 드러난 병사의 트라우마와 남성적 취약성을 분석한다.

3부는 우리가 자신에게서 감춰둔 비밀, 즉 너무 위협적이어서 알아볼 엄두가 안 나거나 우리가 완전히 처리할 수 없는 현실을 탐색한다. 여기서 다루는 모성, 충성과 거짓말, 신체적 학대, 우정, 가슴 아픈 상실의 이야기들은 마음속 보이지 않는 곳에 감춰져 있는 것이 우리에게 얼마나 많은 것을 알려주고 있는지를 보여준다.

무언가를 자신에게 비밀로 감춰두는 것은 현실을 왜곡해서 자기 자신을 보호하고, 불편한 정보를 우리 의식에서 멀리 떨어뜨려 놓기 위해서다. 이럴 때 우리는 방어기제를 사용한다. 이를테면 우리는 이중적이라고 느끼고 싶지 않은 사람들을 이상화하고, 우리를 학대했던 부모에게 동질감을 느끼고, 세상을 안전하고 예측 가능한 곳으로 구조화하기 위해 좋은 것과 나쁜 것으로 세상을 구분한다. 또 느끼고 싶지 않은 것이나 너무 걱정스러워서 알고 싶지 않은 자신의 어떤 부분을 남들에게 투영한다.

기억이 하찮게 느껴지고 기억에서 의미가 사라지는 것은 감정의 방어기제인 억압(repression)이 작용한 결과다. 억압은 기억에서 감정적 중요성을 제거하는 방식으로 우리를 보호한다. 그렇게 되면 트라우마는 '대수롭지 않고 중요하지도 않은' 사건으로 마음에 남는다. 생각과 느낌 사이의 이런 단절은 너무 충격적이어서 감당하기 힘든 감정을 느끼지 않게 막아주지만, 한편으로 트라우마가 따로 분리되어 처리되지 않은 상태로 남아 있게 만든다.

방어는 정신 건강에 중요하다. 우리는 방어기제 덕분에 감정적 고통을 관리하고 자신과 주변 세계에 대한 인식을 형성해나갈 수 있다. 하지만 그런 보호 기능은 삶을 고찰하고 충실하게 살아 나갈 능력을 제한하기도 한다. 너무 고통스러워서 완전히 이해하고 처리하기가 힘든 경험들은 바로 다음 세대에 대물림된다. 차마 말할 수 없고 너무 고통스러워서 마음이 소화하지 못하는 이런 트라우마는 각자의 유산이 되어 자손과 그 후손에 이해하거나 통제하기 어려운 방식으로 영향을 끼친다.

이 책에 소개된 개인적인 이야기 대부분은 사람들이 서로 감추고 있었던 과거의 트라우마와 완벽히 말로 전달한 적이 없지만 신비롭게도 사람들에게 알려진 삶의 사건들에 관해 설명해준다. 우리가 완전해지지 못하는 건 바로 이런 전달되지 않은 이야기들, 들리지 않게 감춰졌던 소리들 때문이다. 지금부터 나와 함께 침묵을 깨고, 자유를 제한하는 유령을 찾아내고, 우리가 꿈을 좇고, 창조하고, 사랑하고, 잠재력을 최대한 발휘하는 데 걸림돌이 되는 감정적 유산을 추적해 밝히는 여정을 떠나보자.

I 부

조부모 세대

지난 세대에게 유전된 트라우마

우리에게는 모두 각자의 유령이 있다. 그런데 정신분석학자 마리아 토록과 니콜라스 에이브러햄은 "우리 곁에 붙어 다니면서 우리를 괴롭히는 유령은 죽은 사람이 아니라 다른 사람들이 만들어낸 비밀로 인해 우리 내면에 남겨진 공백이다"라고 언급했다. 여기서 말하는 유령은 연관된 소리나 이미지는 거의 없지만 우리 마음속에 어렴풋이 떠오르는, 세대를 초월해서 마음에 나타나는 비밀과 처리되지 않은 경험을 지칭한다. 실제로 우리에게는 부모나 조부모의 감정적 요소가 깃들어 있으며, 내면에는 조상이 말로 완전히 전달한 적이 없는 상실의 경험이 자리하고 있다. 우리는 그런 감정과 경험을 의식적으로 알지 못하면서도 트라우마를 느낀다. 실제로 가족의 오랜 비밀은 우리 안에 살아 숨 쉬고 있다.

1부에서는 트라우마 생존자의 3대째 후손을 중심으로 살펴본다. 특히 홀로코스트의 여파에 주목해서 억눌렸던 트라우마가 알려지지 않은 두려움으로 바뀌고, 아무에게도 들려준 적 없는 이야기들이 되풀이해서 재연되는 상황을 조명한다. 또 후손들이 어릴 때 겪은 상실의 영향을 조사하면서 조부모가 겪은 성적 학대가 손주의 삶에 어떻게 영향을 미칠 수 있는지를 알아보고, 손자의 마음에 나타난 할아버지의 금지된 사랑의 비밀을 살펴볼 것이다. 삶과 죽음을 배경으로 할 때, 때로는 성적인 측면이 현세로 들어가는 결정적인 길을 제공하기도 한다. 우리가 알아낼 도리가 없는 그런 요인들은 우리를 괴롭히고 혼란에 빠뜨리다가, 결국 자기 자신을 스스로 위로할 수 없게 만든다.

I

불륜 관계에 깃든 삶과 죽음

이브는 일주일에 두 번, 차로 한 시간을 운전해서 나를 찾아온다. 그녀는 운전하는 것을 싫어해서 누군가가 자기를 데리고 와서 밖에서 기다렸다가 상담치료가 끝나면 다시 집에 데려다주면 정말 좋겠다고 했다. 재밌고 유쾌한 사람일 필요도 없고, 말 한마디 나누지 않아도 상관없었다. 그녀는 그저 조수석에 가만히 앉아서 차에서 흘러나오는 음악을 듣고 있을 수만 있어도 충분히 만족스러울 것이라고 했다.

운전자 옆에 조용히 앉아 있겠다는 이브의 말을 들으니 슬픔이 밀려드는 느낌이었다. 아무도 방해하지 않고 아무 말썽도 일으키지 않으면서, 존재하지 않는 듯 조용하고 착하게 굴려고 애쓰는 그녀의 어릴 적 모습이 머릿속에 그려졌다.

상담치료를 처음 시작할 무렵, 가장 어릴 때의 기억이 무엇이냐고 이브에게 물었다. 그녀는 이렇게 답했다. "다섯 살 때, 교문 앞에서 엄마를 기다리고 있었어요. 그런데 엄마가 데리러 오는 걸 잊어버리신 거예요. 저는 거기 앉아서 엄마가 나를 떠올릴 때까지 기다려야 한다고 생각했어요. '참아야 해'라고 혼잣말 하면서요."

어린 시절의 첫 기억에는 그 이후 심리치료에서 주요하게 작용하는 요소가 감춰져 있는 경우가 많다. 심리치료를 받겠다고 결심한 이유와 내담자가 자신을 보는 견해가 흔히 이 첫 기억으로 드러난다. 모든 기억은 그 첫 기억 이전과 이후의 억압된 기억 속에 숨어 있다.

내가 보기에 이브의 첫 기억은 누군가에게 잊히는 경험을 의미했다. 대화를 나누면서 나는 그녀가 보호자 없이 홀로 남겨지는 일이 잦았으며, 감정적인 교류가 없고 아이들이 자주 방치되는 가정환경에서 4남매 중 첫째로 자랐다는 사실을 알게 됐다.

나는 이브에게 마음이 끌렸다. 40대인 그녀는 긴 갈색 머리를 어깨 위로 늘어뜨리고 있었으며, 초록색 눈은 커다란 짙은색 선글라스에 가려져 있었다. 이브는 상담실에 들어서면서 선글라스를 벗고, 소파에 풀썩 앉았다. 수줍은 미소를 지으며 인사하는 그녀의 오른쪽 뺨에 보조개가 보였다. 그녀는 소파에 앉아 하이힐을 벗고, 맨발로 책상다리를 했다. 그녀는 아름다웠고, 때때로 어린 소녀 같은 눈빛으로 나를 바라볼 때는 어쩌면 좋을지 잘 모르겠다는 표정을 지었다.

나는 이브의 엄마가 결국 그녀를 데리러 왔을지 궁금했다.

엄마가 영영 나타나지 않을지도 모른다는 두려운 마음을 감추고 교문 앞에서 엄마를 기다리는 이브의 기분이 어땠을지 상상해보았다.

이브에게 물었지만, 그녀는 침묵했다. 기억이 없는 듯했다. 상담치료 중에 그녀는 종종 의식에서 분리되어서, 앞에 앉아 있으면서도 내 말이 전혀 들리지 않는 사람처럼 창밖을 응시했다. 그녀에게는 어딘지 숨 막힐 듯한 분위기가 감돌았고, 가끔은 생기가 전혀 없어 보였다.

이브는 자주 다른 생각에 빠져들었다. 강렬한 감정을 표현하는 것에 신중했고, 중간중간 긴 침묵에 빠졌다.

그녀를 바라보면서 나 역시 그녀의 운전사 역할을 맡은 것이 아닌가 하는 생각이 들었다. 그녀의 인생에 관여한 어른으로서, 시간에 맞춰서 데리러 가고, 상황을 처리하고, 가야 할 곳으로 그녀를 데려다주는 사람 말이다. 그녀가 나를 응시하거나 이야기를 꺼내기까지 시간이 걸릴 수도 있음을 알고 있었기 때문에, 나는 잠자코 앉아 있었다.

"어제도 그 사람과 함께 있었어요." 그녀는 애인인 조시 이야기로 상담을 시작했다. 그녀는 조시를 일주일에 몇 번씩 만난다.

조시는 동료들이 퇴근하는 저녁 8시쯤, 사무실에서 사용하는 메신저 애플리케이션 라인Line에 접속해서 그녀에게 사무실로 오라는 메시지를 보낸다. 이브는 그와 안전하게 연락을 주고받을 방법이 필요했다고 내게 설명했다.

"조시가 처음 이 앱을 사용하자고 말했을 때, '라인'이 아니라 '라잉Lying'으로 잘못 듣고는 속으로 '무슨 애플리케이션 이름이 이렇게 이상하지?'라고 생각했어요." 그녀는 잠시 웃고서 농담조로 이렇게 말했다. "임산부들을 위한 인터넷 카페처럼, 바람피우는 사람들이 정보와 조언을 주고받는 채팅방 같은 게 있으면 좋겠어요. 왜 이런 서비스를 제공하는 곳이 없을까요? 바람을 피우면서도 어떻게 해야 가정생활을 지속할 수 있을지를 잘 몰라서 쩔쩔매는 사람이 수백만 명은 될걸요." 그녀는 미소를 짓고 있었지만, 얼굴은 그 어느 때보다도 어두워 보였다.

그녀는 내 얼굴을 쳐다보지 않고서 말했다. "저하고 조시는 저녁에 만나는 것에 대한 알리바이를 확보하려고 스피닝 피트니스 클럽 소울사이클SoulCycle에 회원으로 가입했어요. 땀에 젖은 채로 집에 와서 바로 샤워하기에 좋은 핑곗거리죠." 그녀는 잠시 멈췄다가 덧붙였다. "제 몸에서 그의 체취를 씻어낼 때는 늘 마음이 슬퍼져요. 그의 체취가 묻은 채로 잘 수 있으면 얼마나 좋을까요."

이브는 진정하려고 애쓰는 듯 깊은숨을 들이쉬고, 슬쩍 웃으며 이렇게 덧붙였다. "조시는 소울사이클이 '알리바이 패키지'를 팔면 큰돈을 벌 거라고 생각해요. 가짜 회원권을 할인된 가격에 파는 거지요."

이 모든 상황이 전혀 우습지 않다는 것을 알았지만, 나는 그녀의 말에 미소로 답했다. 위트를 곁들여서 상황을 설명하는 그녀의 말에는 혼란, 죄의식, 두려움이 가득했다. 갑자기 그녀가 대화에 완전히 집중하자, 그녀의 강렬한 고통이 느껴졌다. 그녀가 생생히 살아 있다고 나는 생각했다. 그녀의 의식은 대화에 완전히 집중해 있는 듯했다. 나는 불륜에 대해 더 이야기하고 싶은지 그녀에게 물었다.

첫 번째 상담치료 시간에, 이브는 결혼해서 아이가 둘 있다고 말했다. 딸은 막 열두 살이 됐고, 아들은 아홉 살이었다. 그녀는 최근 일어난 끔찍한 일을 계기로 도움이 필요하다는 사실을 깨달으면서 상담을 받기로 했다고 말했다. 그러고 나서 조시 이야기를 꺼냈다.

이브는 조시의 사무실에서 일주일에 며칠씩 저녁 시간을 함께 보낸다. 조시는 정해진 틀을 고수하는 성격이어서, 두 사람은 만날 때도 늘 같은 방식으로 시간을 보냈다. 먼저 섹스를 하고, 음식을 주문하고, 배달 음식이 도착하면 식사를 한 뒤에 그가 차로 이브를 집까지 데려다주었다.

이브는 두 사람의 성행위에 관해서 처음에는 머뭇거리면서 이야기를 꺼냈다가 이내 더 자세하게 설명했다.

"조시하고 관계를 가질 때 저한테는 통제권이 전혀 없어요." 이브는 이렇게 말하면서, 내가 말뜻을 이해하는지 확인하려고 내 얼굴을 쳐다봤다. 그녀는 그에게 굴복할 때 장악당하는 느낌이 든다고 했다. 그가 자신에 대한 모든 것과 자기 몸에 관한 모든 것을 아는 것 같고, 그가 지배하는 상황에서는 통제력을 잃어도 괜찮을 것 같은 기분이 든다고 했다.

"그 사람하고 있으면 다시 살아난 기분이 들어요. 무슨 뜻인지 아시겠어요?" 그녀는 굳이 답을 기다리지 않았다.

이브가 풀어놓는 전체적인 이야기에서 삶과 죽음은 처음부터 강력한 요소였다. 이브와 나는 섹스, 죽음, 보상의 관계와 이것들이 이브의 가족사와 연결된 묘한 방식을 파헤쳐 나갔다. 그녀의 어머니는 열네 살 때 암으로 어머니를 여의었다고 한다. 이브의 어머니는 2년 동안 죽어가는 어머니를 간호했으며, 어머니가 돌아가실 때 그녀의 일부도 함께 죽었다. 이브와 나는 성적으로 굴복하는 행위가 보살핌을 받고, 생명을 유지하고, 정신적 외상을 입은 과거를 고치고 싶어하는 그녀의 갈망과 어떻게 이어져 있는지를 차츰 깨달았다.

이브는 손목시계를 쳐다보더니 신발을 신고 상담을 마칠 준비를 했다. 그러고 나서 뒤로 물러나 등받이에 등을 기대고서 조용히 말했다.

"헤어질 시간이 돼서 조시가 집까지 태워다 줄 때면 마음이 울컥해요. 전 그와 섹스하는 게 좋고, 그가 운전하는 차를 타는 게 좋아요."

그녀는 잠시 다시 침묵했다가 거의 속삭이듯이 중얼거렸다. "운전대를 잡은 그의 진지한 표정을 바라보면 제가 지금껏 만난 사람 가운데 가장 멋있는 남자라는 생각이 들어요. 그에게 키스하고 싶지만 그래서는 안 된다는 걸 알지요. 이제는 그의 사무실에 있는 게 아니니 다른 사람들 눈에는 제가 차량 공유서비스를 이용하는 것처럼 보여야 하니까요.

조시는 제가 사는 집에서 몇 블록 떨어진 곳에 저를 내려

줘요. 그에게 잘 가라고 인사를 건넬 때면 조금은 침통한 마음이 들어요. 정신없이 바쁜 일상으로 다시 돌아가는 게 정말 싫어요. 제가 아무 말 하지 않아도 그는 제 기분이 정확히 어떤지를 알고서 이렇게 말해요. '내가 얼마나 사랑하는지 잊지 마. 다음 주 수요일에 다시 만나는 거야. 수요일은 금방이야. 당신이 생각하는 것보다 훨씬 빨리 지나갈 거야.'

제가 침울한 표정을 지으면, 그는 제 생각을 읽어요. 수요일이 몇 년 뒤처럼 느껴지고, 그때까지 그가 함께할 수 없다는 것에 대해 수많은 생각과 감정에 빠져 있을 거란 걸 말이죠. 그러면 그는 이렇게 말했어요. '나는 우리가 쓰는 앱에 있어. 물리적으로는 함께하지 못하더라도 거기서 함께할 거야.'"

이브는 선글라스를 썼다. "그러면 보통은 이쯤에서 감정을 접고, 차에서 내려요." 그녀가 그와 헤어지기 위해 감정을 단절한다는 사실에 주목했다. 그리고 그녀는 그 이야기를 하면서 바로 내 눈앞에서 그런 행동을 또 보였다. 그녀는 깊은 침묵에 잠겨 있다가 자리를 떴다.

~

내 상담실을 찾아오는 내담자들 대다수는 내가 섹슈얼리티를 주제로 글을 쓰고 강의를 한다는 사실을 알고 찾아온다. 나는 배우자의 불륜에 망연자실해진 사람들, 바람을 피웠거나 피우고 있는 사람들, 가정이 있는 사람과 사귀는 사람들을 많이 만난다. 사연과 동기는 저마다 다르지만, 이들 모두는 자기 자신의 비밀이나 인생에서 서로 엮여버린 사람들의 비밀과 고투하면서 극심한 고통에 시달리는 양상을 보인다.

모든 관계에 거래적인 측면이 있다는 것은 알지만 그래도 나는 사랑을 믿는다. 나는 두 사람의 애착에 강력한 힘이 있다고 믿고, 신뢰의 기본 바탕 중 하나는 충실함이라고 생각하며, 파괴적이면서도 창조적인 힘을 모든 관계의 일부로 받아들인다. 우리는 사랑하면서도 때로는 사랑하는 사람들을 증오한다. 또 사랑하는 사람을 믿으면서도 그가 안길지도 모를 상처와 아픔을 두려워한다. 성장을 위한 목표 중 하나는 긍정적인 느낌과 부정적인 느낌을 통합하는 능력이다. 즉 애정 어린 마음으로 미워하고, 실망과 분노의 순간을 인정하면서 사랑할 수 있어야 한다. 파괴적인 욕구를 더 많이 인식하고 인정할수록, 더 완전히 사랑할 수 있다.

정도의 차이는 있지만, 인생의 중심은 사랑과 선함, 인생 자체를 망치고 파괴하려는 욕망과 에로스Eros 사이의 긴장이다. 여기서 에로스는 섹스뿐만이 아니라 생존하고, 창조하고, 자손을 낳고, 사랑하려는 욕구를 나타낸다. 그런 팽팽한 긴장은 관계를 포함한 우리 삶의 모든 측면에 존재한다.

심리적 인식은 이런 파괴하려는 욕망과 사랑하려는 욕구를 확인해서 의식하고, 우리 각자와 조상의 선택에 의문을 제기하도록 이끈다. 불륜 문제에 있어서 이런 작업은 다층적이며 파괴와 죽음, 생존과 삶 사이를 언제나 명확하게 구분할 수 있는 것도 아니다.

사람들이 심리치료를 받는 중요한 한 가지 이유는 자신에 관한 미지의 진실을 찾기 위해서다. 이런 탐색은 자신이 진정으로 어떤 사람이며 부모는 어떤 사람이었는지를 알아보려는 의지에서 시작하며, 여기에는 앎에 대한 두려움도 늘 함께한다. 이브는 왜 조시와 이런 관계를 맺게 된 걸까? 이런 일이 왜 지금 일어난 걸까? 조시와의 관계에서는 어떤 부분이 그녀의 생존 욕구 및 생명력을 되찾고자 하는 욕구와 관련되어 있으며, 어떤 부분이 죽음과 파괴에 연관된 걸까? 그녀의 현재 삶은 어떤 식으로 자신의 어머니와 할머니의 삶을 반영하고 있는 것이며, 또 어떤 식으로 그녀 자신뿐 아니라 상처 입은 어머니와 죽어가는 할머니를 치유하려고 하는 것일까?

비록 처음에는 눈에 안 보이지만 불륜은 늘 관계에 해를 끼치며, 그런 점에서 불륜은 파괴적이다. 그런데 사람들이 외도를 하는 건 관계를 파기하거나 관계에서 벗어나고 싶어서 뿐만이 아니라, 때로는 역설적으로 결혼 관계를 유지하기 위한 것이기도 하다. 실제로 불륜은 관계에서 힘의 균형을 맞추거나 충족되지 않은 욕구를 채울 방편으로 흔히 쓰인다. 대체로 불륜은 성적인 욕구에서 나온 행위이거나 적대감과 분노 같은 부정적인 감정을 표출하는 간접적인 수단이지만, 부부관계의 현재 상태를 유지하면서 이런 부정적인 감정으로부터 결혼을 지킬 수단으로 쓰이기도 한다.

특히 공격성처럼 관계에서 허용되지 않는 감정들은 섹스

를 통해 표출된다. 그래서인지 혼외정사는 저돌적인 행위로, 배우자와의 성관계는 조심스럽고 '교양 있는' 행위로 자주 묘사된다. 부부가 무의식적으로 공격성이 표출되지 않도록 서로를 지키면, 두 사람의 관계는 무감각해진다. 그리고 둘 사이에 공격성이 표출될 여지가 없으면 대체로 성관계도 사라지게 된다.

삶과 죽음 사이의 이러한 변증법적 긴장은 성적 욕구, 특히 오래된 남녀 관계에도 똑같이 작용한다. 미국 정신분석가 스티븐 A. 미첼Stephen A. Mitchell은 저서 《사랑은 지속될 수 있을까?》(Can Love Last?)를 통해 성생활에서의 모험과 안정감 사이의 충돌에 대해 논한다. 미첼은 남녀의 사랑, 활력, 성생활은 인생을 살 만하게 만들 뿐 아니라 삶을 일구고 음미할 가치가 있게 만드는 요소라고 강조한다. 그에 따르면 로맨스는 살아 있음에 대한 실존적 흥분과 상당히 깊은 관련이 있다. 그러나 시간이 흐르면 성적 로맨스의 활력은 크게 저하되고 무감각한 상태로 쉽게 퇴화한다. 로맨스는 오래된 관계에서 느껴지는 익숙함과 안전함이 아니라 위험, 미스터리, 모험을 즐기기 때문이다.

미첼은 '함께 있을 때 가장 안전한 느낌이 드는 사람에게 계속해서 성적 욕구를 느낄 수 있을까?'라는 의문을 제기하고, 장기적인 사랑의 비결은 안전과 위험, 익숙함과 새로움 사이의 미묘한 균형에 있다고 말한다. 심리치료사 에스더 페렐Esther Perel은 《왜 다른 사람과의 섹스를 꿈꾸는가》라는 제목의 혁신적인 책에서, 가정에 대한 애착과 성적 욕구 사이의 역설을 자세히 설명하고, 부부가 모험을 위한 유희적인 공간을 만들어 관계에서 성적 흥분을 지속할 방법을 제안한다. 그녀는 불륜의 복잡성을 이해하기 위해 이러한 주제를 비롯한 다른 여러 주제를 전개해 나간다.

정신분석적 조사는 연약한 가슴을 탐색하는 복잡하고 미묘한 여정이다. 위험과 안전, 파괴와 건설, 삶과 죽음, 여러 세대를 거쳐 내려온 곤경은 각자의 여정에서 각기 다른 방식으로 나타난다.

첫 번째 상담에서 이브는 선글라스를 벗지 않았다. 그녀는 다리를 꼬고 소파에 앉은 채 흐느꼈다.

"인생을 망쳐버렸어요." 그녀가 말했다. "어쩌면 이미 끝장난 건지도 몰라요. 어떻게 해야 할지 모르겠어요."

그녀는 남편이 좋은 사람이고, 만족스러운 결혼 생활을 하고 있다고 말했다.

"사실 저는, 남편을 사랑해요." 그녀가 말했다. "가족들도 모두 얼마나 사랑스러운지 몰라요. 애들도 아주 착하고요. 우리 가족은 제가 늘 꿈꿨던 모습 그대로 너무 훌륭해요. 원하는 걸 모두 가졌는데 제가 너무 탐욕스럽게 구는 것 같아요." 그러고 나서 그녀는 이성적인 통제력을 잃어버렸다는 것을 깨달은 날 밤의 이야기를 털어놓았다.

"보통 때는 사무실에서 잠깐씩만 만나는데 그 주말에는 마침 그 사람 부인과 제 남편이 모두 멀리 볼일을 보러 가게 돼서, 둘이 하룻밤을 보낼 좋은 기회라고 생각했어요. 한 번도 함께 밤을 보낸 적이 없어서 저희 둘 다 설레면서도 불안한 마음이었던 것 같아요."

이브는 베이비시터에게 아이들을 밤새 돌봐달라고 부탁했다. 조시는 사무실 건너편에 있는 호텔에 방을 예약해뒀다. 당시 이브의 남편은 마음만 먹으면 언제든 위치 추적 앱을 열어서 그녀가 있는 곳을 쉽게 알아낼 수 있었다. 열두 살이 되면서부터 걸어서 혼자 학교에 다니는 딸의 안전을 위해서 그해 초반에 부부 모두 위치 추적 앱을 깔아두었기 때문이다.

"그 앱이 큰 문제가 됐어요. 제가 어디 있는지를 가족들이 늘 지켜볼 수 있다는 걸 알기 때문이었죠. 미덥지 않게 들릴지 모르지만, 전 거짓말 하는 걸 정말 싫어해요." 그녀는 거의 변명조로 이야기했다. "저로서는 거짓말을 하기보다는 아무런 설명을 하지 않는 게 더 나아요. 그래서 그날 밤에 휴대폰을 꺼놓기로 했어요." 그녀는 한숨을 쉬었다. "세상에, 정말 엉망진창이지요."

말을 멈춘 그녀의 눈에 눈물이 고였다.

"조시와 보낸 밤은 상상했던 것보다도 훨씬 좋았어요. 제 기분이 어땠는지를 말로 표현하기가 힘들어요. 인간이 그런 감정을 느낄 수 있다는 것조차 몰랐을 정도니까요. 드디어 평화로운 곳에서 단둘이, 영원처럼 느껴지는 긴 시간을 함께 보낼 수 있게 된 거였죠. 서로에게 완전히 헌신하는 진짜 연인이 된 기분이었어요. 몇 시간 동안 섹스를 하면서 조시의 귀에 계속해서 이렇게 속삭였어요. '사랑해. 당신은 나를 너무너무 행복하게 만들어.'

그는 '나도 알아, 자기야. 나도 정말 행복해'라고 말했어요.

그 순간에 너무 완벽하게 느껴지던 그 작은 호텔 방을 두고, '여기가 우리 집이 될 수 있을까?'라고 그에게 물었어요." 이브는 고개를 들어 나를 바라봤다. "선생님께 지금 이 이야기를 하다 보니, 제 모든 소망을 그런 시시한 호텔 방에 투영했었다는 걸 깨닫게 되네요. 진짜 바보천치 같아요. 침대에 누워서 그의 어깨에 머리를 기대고 있으니 아무 생각도 안 났어요. 그 순간에는 다른 어떤 것도 존재하지 않는 듯했지요. 정말 행복했어요."

그녀는 이야기를 잠시 멈췄다가, 내 쪽을 쳐다보지 않은 채로 이야기를 계속했다. "조시의 품에 안기면 뭔가 특별한 기분이 들어요. 그의 손길에는 특별한 뭔가가 있어요. 짜릿하고 강렬하면서도 너무 부드러워서, 그와 함께 있으면 완전히 정신을 잃게 돼요. 평생 경험한 적 없는 느낌이에요. 하지만 그게 문제였던 것 같아요. 그날 밤의 경험이 그토록 끔찍하게 끝났던 것도 그 때문이에요." 그녀는 한숨을 쉬었다.

"아침 6시에 일어나 호텔을 나서면서 휴대폰을 켰어요. 그랬더니 음성 메시지가 열 개나 와 있고, 베이비시터가 보낸 문자도 잔뜩 있었어요. 아들이 천식 발작을 일으켜서 병원에 가 있다고요. 다급히 병원에 전화를 걸면서 흐느껴 울기 시작했죠. 제가 그런 일을 벌어지게 했다는 게 믿어지지 않았어요. 바로 그 순간에 저는 삶의 통제력을 잃었고, 큰 문제에 빠졌다는 것을 깨달았어요. 그때 심리상담을 받아야겠다고 마음먹은 거예요." 그녀는 나를 쳐다보면서 간절한 목소리로 물었다. "전 이제 어떻게 해야 할까요? 말씀해주세요, 선생님. 제가 그를 사랑하는 게 미친 짓인가요?"

프로이트는 사랑에 빠진 내담자들을 상담하는 것이 가장 하기 싫은 일 중 하나라고 글에서 언급한 적이 있다. 프로이트가 보기에 사랑은 어리석은 감정이며, 사랑에 빠진 사람들은 현실과 동떨어져 있고 부분적으로 정신병이 진행된 상태였다. 그는 이 단계에 있는 내담자들은 사랑과 성적인 감정 외에 다른 모든 감정적 현실과 교류하지 못하는 상태가 되어서 진정한 인식이 거의 불가능해진다고 믿었다.

어빈 얄롬Irvin Yalom은 저서 《나는 사랑의 처형자가 되기 싫다》의 첫머리에서, 자기도 사랑에 빠진 환자를 상담하는 것이 달갑지 않다고 말한다. 다만 그는 부러움 때문일 거라고 추측하면서 "나도 남들처럼 사랑의 황홀감을 갈망한다"고 솔직히 털어놓았다.

심리치료사는 부모의 침실을 엿보는 아이와 마찬가지로, 내담자의 연애 사건을 목격하고 소외감과 질투를 느끼는 '제3자(outsider)'임에 틀림없다. 하지만 심리치료사는 자신을 오로지 소외된 제3자하고만 동일시하는 것이 아니라, 사랑에 빠진 당사자(insider)와도 동일시한다.

그렇지만 환자의 사랑이 사회 통념에 어긋나고 그와 연관된 도덕적·윤리적 요소가 많으면 상황이 복잡해진다. 심리치료사는 대부분의 사람들과 마찬가지로 불륜의 사랑에 대해 여러 감정을 느낄 수 있다. 이들은 도덕적 갈등이나 죄책감을 느끼거나, 배신당한 배우자와 동일시되기도 한다. 원하는 것을 할 수 있는 내담자에게 부러움을 느낄 때도 있다. 내담자를 '더 나은 사람'으로 만들고 불륜을 끝내도록 돕고 싶어질지도 모른다. 심지어 내담자가 애인과 함께 도망치는 로맨틱한 환상을 품을 수도 있다.

이런 복잡한 마음을 품고 이브의 이야기를 들으면서, 진실을 추구하는 과정은 항상 고통스럽다는 사실을 떠올렸다. 진실을 찾아 나갈 때는 속도를 늦춰서 인생을 돌아보고, 행동하는 대신 성찰하게 된다. 불륜의 진정한 의미는 무엇인가? 이브가 그녀의 외도 뒤에 어떤 힘이 작용하는지 안다면 그것을 감당할 수 있을까? 어릴 때부터 내면에 고통이 있었으며 외도가 그 고통을 완화해주는 것으로 보인다는 사실을 깨닫는다면 그녀는 견딜 수 있을까? 어머니와 할머니의 삶이 외도에 어떻게 작용하는지를 그녀가 알아볼 수 있을까? 그녀는 살아남을 수 있을까?

이브는 다음번 상담에 5분 늦게 도착했다.

"늦잠을 자서 가까스로 시간에 맞춰 왔어요." 상담실에 들어서면서 그녀가 말했다. "차가 너무 많이 막혔고, 게다가 주차할 자리도 없더라고요. 그래서 '시간 맞춰 가려면(make it) 기적이 필요하다'고 생각했죠."

그녀의 말을 들으면서 고통스러운 자기 성찰의 과정을 시작하기 싫어서 상담실에 오고 싶지 않았던 건 아닌가 하는 생각이 들었다. 하지만 나는 그녀가 제시간에 맞춰서(made it) 상담에

온 것뿐 아니라, 그녀가 인생을 살며 이룩해온(made it) 것들이 사뭇 놀랍기도 했다.

"자신이 지금껏 삶을 잘 꾸려왔다는 것이 놀라울지도 모르겠어요. 좋은 직업을 가진 유능한 어른이 됐고, 사랑스러운 남편과 두 아이를 두었으니 말이에요. 어쩌면 기적처럼 느껴질지도요." 내가 말했다.

그녀는 미소지었다. "가끔은 어떻게 이런 일이 일어났는지 잘 모르겠어요. 이게 실제 제 인생이라는 게 안 믿어져요. 피상적인 말처럼 들릴지 모르지만, 제 외모에 대해서도 가끔 의아한 생각이 들어요. 어릴 때 저는 부모님이 자주 하셨던 말씀처럼 '어딘가 이상해 보이는' 못생긴 아이였거든요." 그녀는 내 얼굴을 쳐다보면서 말을 이었다. "그런데 사실, 이제는 아무것도 모르겠어요. 다시 어릴 때의 저로 돌아간 느낌이에요. 주변에 아무도 없고, 아무것도 가진 게 없는 아이로요. 제가 이룬 모든 걸 망치고 있는 기분, 두 번째 기회는 없을 것 같은 기분이에요. 제가 원하는 걸 다시 이룰 수는 없을 거예요."

이브는 어린 시절의 기억이 별로 없다. 혼자 있었던 때가 많았고 남동생 세 명과 함께 쓰던 방에 있는 책상 밑으로 기어들어가 혼자서 놀았던 기억이 있다. 그녀는 종이를 오려 만든 인형으로 인형 놀이를 했다. 인형 가족은 대가족이었는데, 그녀는 나중에 아이를 많이 낳아서 서로 사랑하고 보살펴주는 가족을 꾸리고 싶다는 생각을 자주 했다. 책상 밑 공간은 그녀의 집이었다. 아무에게도 방해받지 않고 상상 놀이를 하고 싶어서, 책상을 담요로 덮고 그 밑에 숨어서 놀았다.

"정말 많이 반복했던 인형 놀이 장면이 하나 있어요. 늘 똑같은 줄거리였지요." 그녀가 말했다.

"여자아이 생일인데, 가족들이 아무도 생일 축하한다는 말을 건네지 않는 거예요. 가족들은 이 아이를 무시하고, 모욕하고, 공격했어요. 인생 최악의 날을 맞은 그 아이는 집 한쪽 구석에 앉아서 소리 없이 울어요."

이 장면은 언제나 모든 것이 한순간에 뒤바뀌는 대반전으로 끝을 맺었다. 가족들에게 냉대받던 그 아이는 모든 것이 오해였으며, 사실은 자신을 위해 준비한 엄청난 깜짝파티를 숨기기 위해 가족들이 일부러 그렇게 행동했던 것이었음을 알게 된다.

"그 아이는 전부 가족이 꾸민 일이었다는 걸 깨달아요." 이브는 어린애 같은 말투로 이야기했다. 어릴 때 모든 것이 하루아침에 바뀌기를 바라고 있었던 그녀의 마음을 읽을 수 있었다. 대변신을 꿈꾸는 마음은 어린 시절 환상에서 중요한 부분이었다. 그녀는 추한 외모가 아름다운 외모로, 절망이 희망으로, 무력감이 힘으로, 증오가 사랑으로 바뀌고, 죽은 줄 알았던 모든 것이 생생히 살아 있는 것으로 바뀌기를 꿈꿨다. 그리고 그런 일이 실제로 일어났다. 인형 놀이 속의 아이는 아름답고, 힘 있고, 성공한 여성으로 변신했다. 그녀는 늘 원했던 가족을 꾸렸다. 하지만 딸이 열두 살이 됐을 때 갑자기 공허함을 느꼈다. 마치 내면이 죽어가는 듯했다.

"그러던 중에 조시를 만났어요." 그녀가 말했다. 그녀는 잠시 말이 없다가 고개를 돌려 창밖을 바라봤다. "그는 제가 어린 아이라도 되는 것처럼 저를 돌봐줘요." 그러고는 혼잣말하듯 작은 소리로 말했다. "지금껏 아무에게도 받아본 적 없는 따뜻한 보살핌을 그에게서 받았어요. 엄마가 외할머니를 돌봤을 때 이렇게 하지 않았을까 상상했던 그런 지극 정성을 다해서요."

나는 이브가 연상하는 과거의 회상을 따라서 그녀 가족의 역사 속으로 함께 걸어 들어갔다. 병든 외할머니가 방 침대에 누워 있고, 그 옆에 당시 열두 살이었던 이브의 엄마 사라가 누워 있다. 나는 이야기를 들으며 이브가 조시와 밀회를 시작한 시점이 이브의 딸이 그때의 사라, 즉 이브의 엄마와 똑같은 나이였음을 짚고 넘어갔다.

당시 이브의 외할머니는 간암으로 2년째 투병 생활 중이었다. 방사선 치료와 항암 치료를 받고 나서 잠시 차도가 있었지만, 암은 재발했다. 이후 항암 치료를 몇 차례 더 받았지만 상태는 점점 악화했다. 그러다가 이브의 엄마가 열네 살이었을 때 외할머니는 돌아가셨다.

"엄마는 저처럼 4남매 중 첫째였고, 나머지 세 명은 모두 남동생이었어요. 엄마는 외할머니의 병간호를 맡은 책임 있고 헌신적인 딸이었지요. 외할머니가 고열을 앓으면서 온종일 침대에 누워 있으면, 엄마는 수건을 얼음물에 적셔서 외할머니를 닦아주면서 어떻게든 열을 떨어뜨리려고 애썼어요. 하지만 아무 소용이 없었죠. 시간이 지날수록 아침부터 나기 시작한 열은 밤새 떨어지지 않았어요. 당시 외할아버지는 거실에 나가서 따로 주무셨어요. 그래서 엄마가 외할머니 옆에 붙어서 밤새도록 할머니를 보살피고, 낮에도 학교가 끝난 뒤에 곧바로 집으로 뛰어와서 병시중을 들었어요.

외할머니는 마지막 몇 주 동안은 거의 눈도 못 뜨셨어요. 눈을 떴을 때는, 허공을 바라볼 뿐 아무것도 못 보는 것 같았대요. 옆에 자기 딸이 누워 있다는 것조차 잘 모르는 듯했죠. 피부는 누렇게 변하고, 입은 다물어지지 않는 듯 열린 상태로 있었어요. 간에 있던 독소가 뇌로 들어가서 정신이 잘 안 들고, 가끔은 말이 안 되는 소리를 중얼거렸다고 해요. 예를 들어 집에서 키우는 개가 없었는데도 개에게 먹이를 줘야 한다고 말한다든지 하면서요. 엄마는 어릴 때 키웠던 개 이야기를 하는 건가 생각했지만, 할머니가 어릴 때 개를 키웠는지는 엄마가 알 수 없었죠."

"엄마는 자기 엄마의 죽음을 결코 극복하지 못했던 것 같아요." 이브가 말했다. "엄마는 외할머니가 돌아가시기 전 마지막 며칠 동안의 이야기를 제게 몇 번이고 반복해서 해줬어요. 저에게 얘기하면 그 기억이 더 잘 정리될 것으로 생각했거나, 홀로 고독에 빠지고 싶지 않아서 제게 그 이야기를 아주 상세히 알려야겠다고 여겼던 것 같아요."

엄마는 외할머니가 세상을 뜨기 직전 며칠 동안은 학교에 가지 않았다. 그저 외할머니 곁에 누워서 숨소리를 들으려고 애썼다. 아직 살아 있고 말소리를 들을 수 있다는 사실이 위안이 됐다. 하지만 엄마는 더 이상 외할머니를 만질 수 없었다. 몸이 너무 예민해져서 부드럽게 쓰다듬는 것조차 고통스러울 수 있기 때문이었다.

병원 간호사가 외할머니를 살피러 매일 집에 방문했는데, 어느 날은 엄마를 다른 방으로 부르더니 외할머니가 며칠이나 몇 주 내로 돌아가실 것이라고 말했다. 그러면서 앞으로 예상되는 진행 과정이 적혀 있는 작은 초록색 책자를 건넸다. 하지만 엄마는 그 말을 곧이듣지 않았다. 자기가 곁에 함께 있으면 외할머니를 살릴 수 있을 것으로 생각했다. 자신의 호흡을 엄마의 호흡에 계속 맞추기만 한다면, 둘이서 영원히 함께 숨 쉴 수 있으리라 믿었다.

엄마의 열네 번째 생일날에 외할머니는 한숨 소리처럼 들리는 깊은숨을 일곱 번 쉬고서, 마지막 숨을 내쉬었다. 얼굴에 옅은 미소를 지었지만, 거기에 더는 생명이 붙어 있지 않았다.

이브는 이 이야기를 마치 자기 엄마의 죽음에 관해 말하는 것처럼 전달했다. 내 눈에는 눈물이 고였지만 그녀는 눈물을 글썽이지 않았다. 이브는 나를 쳐다보면서 깊은숨을 쉬었다. 아직 살아 있다는 것을 확실히 해두고 싶었던 걸까?

그녀는 불편하게 말을 이었다. "조금 전에 외할머니에게 병이 생겼을 때 엄마가 열두 살이었고, 제가 조시와 만나기 시작할 때 제 딸이 열두 살이었다는 말을 하셨잖아요. 지금까지는 그런 식으로 두 사건을 연상해본 적이 없었어요. 조시하고 섹스를 할 때 저는 항상 울어요. 가끔은 조시에게 저를 차에 태우고 어딘가 멀리 데리고 가달라고, 제 목숨을 구해달라고 말하지요."

"상처 입은 부모와 자신을 치유하기 위한 필사적인 시도로 섹스를 이용하는 경우가 종종 있어요." 내가 말했다. 이브는 울기 시작했다.

"정말 끔찍하네요." 그녀가 속삭이듯 말했다. "열두 살 때 엄마가 병에 걸리고 결국 세상을 뜬다면 당연히 상처가 남았을 거예요." 그녀에게 열두 살 무렵의 기억이 있는지 물었다.

이브는 놀란 얼굴로 나를 쳐다봤다. 그녀에게는 어린 시절 기억이 별로 없었다.

"참 이상해요." 그녀가 말했다. "저희 엄마는 저를 키워주신 분이고, 늘 집에 있으면서 우리 남매를 돌봐주셨는데…. 엄마하고 보낸 시간에 대한 기억이 없네요." 이브는 잠자코 창밖을 바라봤다. 의식이 다시 다른 곳에 가버렸다는 것을 알아차리고, 나는 그녀의 정신이 돌아오기를 조용히 기다렸다. 이브가 무감각하게 지냈던 어린 시절, 그리고 외할머니의 죽음과 그것이 이브의 어머니에게 미친 영향의 관계를 내가 찾아낸 건 바로 이 순간이었다.

나도 모르게 이런 질문을 던졌다. "엄마는 살아 있나요?"

이브는 화들짝 놀란 표정이었다. 만일 엄마가 죽고 없다면 내가 이미 알고 있을 터였고(이브가 말했을 테니 말이다), 내가 질문의 답을 이미 안다는 걸 우리 둘 다 알고 있었다. 그런데도 나는 그렇게 질문했다. 이는 그녀의 엄마가 어떤 측면에서는 죽은 상태라는 사실을 암시했다. 즉 이브의 엄마는 외할머니의 침실에서 외할머니와 함께 죽었고, 그래서 나중에 제대로 된 엄마의 역할을 결코 할 수 없었을 것이라는 의미였다.

"갑자기 뭔가 기억나는 게 있어요." 이브가 말했다. "엄마가 살아 있느냐고 선생님이 질문하셨을 때, 어린 시절 기억 중에서 가장 충격적인 이미지가 떠올랐어요. 죽은 개의 이미지요. 어떤 관련이 있는지는 모르지만요.

제가 열두 살이었을 때, 집 근처 길거리에서 작은 강아지 한 마리를 발견했어요. 그래서 그 강아지를 잠깐 쓰다듬어 주고서 다시 집으로 돌아가려는데, 그 강아지가 저를 따라오더라고요. 기분이 너무 좋았던 기억이 나요. 강아지가 저를 사랑해주는 기분이 들어서, 강아지를 다시 안아 들고 집에 데려가 보기로 했어요. 엄마가 집에 강아지를 들이는 걸 아주 싫어해서 안 좋아하실 거란 건 알았지만, 강아지를 집에서 키우자고 엄마를 설득하기 위해 무슨 일이든 하겠노라 마음먹었죠.

집에 도착해서 컵에 물을 따라서 강아지에게 주고, 엄마를 찾으러 갔어요. 엄마는 방에 누워 계셨죠. 지금 생각해보니, 엄마는 늘 침대에 누워 계셨어요."

이브는 "어떻게 지금껏 이 사실을 까맣게 잊고 있었던 걸까요"라고 덧붙이고는 계속 이야기를 이어나갔다. "저는 엄마 침대에 걸터앉아서 작은 목소리로 이렇게 말했어요. '엄마, 길에서 강아지를 발견했어.'"

나는 이브의 말을 들으면서, 외할머니가 돌아가시기 전에 개에 관한 이야기를 언급했다는 점을 떠올렸다. 이브는 계속해서 말했다.

"엄마는 눈을 감은 채로 이렇게 웅얼거렸어요. '발견했다

는 게 무슨 말이야?'

저는 이렇게 말했어요. '길에서 나를 따라오는데, 거기 그냥 내버려두려니 마음이 너무 불편했어. 우리가 이 강아지를 키울 수 있지 않을까도 싶고, 그리고….'

그러자 엄마가 제 말을 가로막았어요. 여전히 눈을 감은 채로요. '우리는 안 키울 거야'라고 완고하게 말씀하셨죠. '있었던 자리에 도로 데려다 놓고 와.'

'하지만 엄마,' 저는 울음을 터뜨렸어요. '그럴 수 없어. 이 강아지는 부모도 없고, 돌봐줄 사람이 아무도 없어. 약속할게, 엄마. 엄마는 아무것도 안 해도 돼. 내가 다 할게. 혼자 알아서 돌볼게. 제발, 엄마, 제발.'

엄마가 눈을 떴어요.

'이브, 엄마 화나게 하지 마. 지금 엄마가 하는 말 못 들었니? 있었던 곳에 다시 데려다 놔. 이 집에는 개를 안 들일 거야.'"

이브는 망연자실한 얼굴로 흐느끼기 시작했다. "강아지를 다시 길거리에 데려다 놓을 수밖에 없었어요. 그런데 다음 날 우리 집 길 건너편에 그 강아지가 죽어 있는 걸 봤어요. 사람들에게 들으니 자동차에 치였다고 하더라고요. 이 모두가 강아지가 저를 따라오려다가 벌어진 일이라고 생각했어요."

이브는 엉엉 울었다. 나도 애써 눈물을 삼켰다. 그녀가 느꼈을 분노와 무력감이 느껴졌다. 버려진 강아지는 이브의 엄마처럼 엄마가 없었고, 돌봐줄 사람도 없었다. 길거리로 다시 내쳐진 강아지는 몇 번이고 다시 버려져서 세상에 홀로 돌아다니며 누군가가 자신을 입양해서 삶을 바꾸어주기를 바랐던, 어릴 때의 그녀 자신과도 같았다.

죽은 강아지는 모든 죽음의 상태를 상징했다. 이브는 돌아가신 외할머니, 정신적으로 충격받고 감정적으로 죽은 어머니, 죽은 그녀 자신, 이 모두를 내면에 품고 있었다.

프랑스의 정신분석학자 앙드레 그린André Green은 우울한 상태로 주로 지내며 감정적 교감이 없고 아이에게 감정적으로 대응해주지 않는 엄마를 가리켜 '죽은 어머니(dead mother)'라고 칭했다. 그린은 죽은 어머니를 정신이 다른 곳에 가 있고, 정서적으로 무감각하며, 정신적 외상을 입은 상태로 묘사했다. 그의 설명에 따르면 어머니의 감정적인 죽음은 대개 상실 때문이며, 그럴 때 아이는 어머니를 소생시키기 위해 어머니와 연결되는 것에 여생을 투자한다. 버림받는 것을 가장 두려워하는 아이의 경우에는 계속해서 어머니와 연결되려고 애쓰며, 어머니와 가까워진 기분을 느끼기 위해 자신의 일부를 위태롭게 만드는 일을 포함해서 뭐든지 하려고 들 것이다. 그러다가 아이가 어머니의 생명력을 되살리는 것을 포기하면, 이번에는 자신의 생명력을 포기하는 방법으로 연결을 회복하려고 애쓴다. 아이는 생기 없는 무감각한 상태에서 어머니를 만나고, 그에 따라 감정적으로 죽은 상태를 발달시킨다.

생기 없이 무감각한 상태가 여러 세대에 거쳐서 나타나는 상황은 이브의 심리 모든 곳에서 발견된다. 이브에게는 그런 감정적 유산이 있어서, 자신을 생기 없는 어머니와 동일시한다. 그래서 마음 깊은 곳에서 비통하고, 생기 없고, 수치스러운 기분을 느꼈다. 그녀는 어릴 때 삶을 창조하고, 엄마가 되고, 아이 100명을 낳는 꿈을 꾸면서 그런 감정을 바꿔보려고 했다. 그녀는 한 번에 열 명씩 열 번에 걸쳐 출산한다면 100명은 꽤 현실성 있는 목표치가 될 것으로 생각했다. 그러면 서로의 품에 파고드는 한 무리의 강아지 같은 가족을 이룰 터였다. 이브는 겹겹이 쌓인 죽음과 고투하면서, 사랑으로 가득한 삶을 그렸다.

보상(reparation)을 바라는 마음은 이브의 성적 욕구에 영향을 끼쳤다. 섹스는 가족 트라우마의 중심으로 그녀를 적극적으로 끌어들이는 역할을 했다. 성행위를 통해서 우리는 심연, 슬픔, 절망에 닿을 수 있다.

"조시는 제 위로 올라가서 꼼짝 못 하게 제 양팔을 잡아요. 그러고 나서 몸 전체를 부드럽게 어루만지지요." 이브가 말했다. "그런 다음 저를 있는 힘껏 안아주고, 움직이지 못하게 저를 침대에 묶어요. 그렇게 되면 모든 결정권은 조시가 가지고 저는 그저 그가 제 영혼을 소중히 다뤄줄 것으로 믿을 수밖에 없지요. 저는 조시가 저를 기분 좋게 만들어주기를 기다려요."

이브는 조시와 섹스를 하며 죽음에 직면하고, 그에 맞서 싸웠다. 그녀는 이번에야말로 승리해서 모든 피해와 굴욕을 해소하고 과거와 현재, 미래의 생기 없는 내면의 상태를 회생하고 바로잡을 것이라고 고집했다. 그녀의 무의식적 환상은 모든 것이 회복되고 용서될 수 있으며, 딸이 열두 살이 되었을 때 이런 반복된 순환을 종식하고 완전히 생기 있는 상태를 유지할 수 있다는 것이었다.

보상은 삶에서 나타나는 에로스의 충동이다. 보상은 창조성의 가장 강한 요소이며, 사랑하는 사람들을 치유하고 피해를 바로잡으려는 소망에 기초한다. 그러므로 보상은 희망을 만들어내고, 더 살아 있는 기분을 느끼고, 상실을 애도하도록 돕는다. 하지만 '조적 보상(manic reparation)'은 보상의 한 형태로, 생산적이기보다는 방어적이다. 조적 보상은 행동 지향적이고 끝없이 반복된다는 특징을 나타내며, 승리와 완벽한 복구에 목표를 두므로 결코 목표를 달성하지 못한다. 조적 보상은 완전히 새로운 시작이란 없고, 용서와 회복에는 고통도 포함된다는 사실을 무시한다.

조시는 이브의 인생에 드리운 상실을 바로잡을 수 없었다. 오히려 작별인사를 할 때마다 그녀는 무력해졌고 과거의 상실감을 다시 느꼈다. 심리치료를 통해서 이브는 이기고 있다고 생각했던 싸움이 실제로는 자신이 피하려고 애쓰던 과거의 반복이었음을 깨달았다. 목숨을 구해준다고 생각했던 것이 오히려 그녀를 자기 아이들에게 감정적으로 대응해주지 못하는 생기 없는 엄마로 만들었으며, 과거를 고치는 것이 아니라 반복하고 있다는 것을 그녀는 인식했다. 아들이 죽을 뻔한 상황이었음을 깨달았을 때 이브는 그런 악순환을 멈추고, 이미 끝난 일은 되돌릴 수가 없으며 그저 관련된 감정을 처리하고 애도할 수 있을 뿐이라는 고통스러운 진실과 현실을 직시해야 했다.

상담치료 시간이 끝나고, 이브는 신발을 신고 가방을 열어

자동차 열쇠를 손에 쥐었지만 선글라스를 곧바로 끼지는 않았다. 대신 잠시 말없이 앉아 있다가 미소를 지었다.

"있잖아요, 선생님. 오늘은 제가 직접 운전해서 돌아갈 것이 기대되네요. 운전석에 앉는다는 건 목적지를 제가 선택할 수 있다는 의미인데, 전에는 왜 이 사실을 깨닫지 못했는지 모르겠어요. 집에 갈 수도 있고 안 갈 수도 있고, 모든 건 제 선택에 달려 있네요."

이브가 상담실을 나가는 모습을 바라보면서, 만난 뒤 처음으로 그녀에게서 희망을 느꼈다.

2

언어의 혼란

19년 전에 나에게 상담을 받았던 라라에게서 이메일이 도착했을 때, 나는 전혀 놀라지 않았다. 라라의 부모가 갑자기 치료를 중단하고 태평양 연안으로 이사했을 때 그 아이의 나이는 겨우 열 살이었다. 그 이후로 지금까지 라라의 특별한 사연을 기억하고 가끔 그 아이를 떠올리며 어떻게 지내고 있을지 궁금해 했다는 생각이 들었다. 메일 수신함에서 라라의 이름을 보았을 때는 거의 내가 예견했던 일처럼 느껴졌다.

"저를 좀 만나주실 수 있는지 해서 연락드렸어요." 라라의 이메일은 이렇게 시작했다. "전 이제 스물아홉 살이고, 선생님을 만나서 하고 싶은 얘기가 아주 많아요. 혹시 저를 기억하세요?"

라라를 기억하지 못하기란 힘들었다. 그녀는 내가 뉴욕시에서 정신분석치료 병원을 개원했던 초기에 만났던 환자였다.

나는 2년 동안 정기적으로 라라를 만났는데, 미해결 상태로 남은 그녀의 가족 문제가 떠오를 때마다 마음이 자꾸 불편해져서, 지금까지도 그녀 생각이 뇌리에서 떠나지 않고 있었다.

라라는 내가 치료했던 성적 학대 사례들 가운데 가장 혼란스러운 경우 중 하나였다. 시간이 흐른 뒤 여러 세대에 걸쳐 내려온 유전적인 측면이 성적 학대에 어떻게 작용하는지를 연구하면서, 나는 라라의 사례를 더 잘 이해할 수 있을 것 같았다. 아마도 그런 내 생각을 라라에게 알리고 싶은 마음이 계속 들어서 그녀가 연락을 취해오기를 바랐던 것이 아니었는가 싶다.

라라를 상담하기 시작할 무렵 나는 아동 성적 학대에 관해 연구하고 있었다.

내 스승 중 한 분이자 컬럼비아대학교에서 유아기 아동을 연구하는 베아트리체 비브Beatrice Beebe는 "대부분의 연구는 '나를 찾는 과정'(me-search)이다"라고 말한 것으로 유명하다. 이 말의 의미는 우리가 잘 인식하지 못할지 모르지만 모든 심리학 연구는 자기 자신과 자신을 키워준 사람들을 이해하고 치유하는 탐색의 과정이라는 뜻이다.

연구를 시작할 때 나는 내가 찾는 것이 무엇인지 명확하게 알지 못했다. 나 자신과 주변 세상에 대해 내가 꼭 알아야 할 것은 무엇일까? 나에게 필요한 '나를 찾는 과정'은 무엇일까?

그 이후로 나는 우리 모두는 깊은 내면에서 자기 마음의 미스터리를 풀기 위해 끊임없이 노력한다는 진실한 믿음을 갖고 내가 가르쳤던 모든 학생에게 이 질문을 던졌다. 감정은 늘 지적 연구의 동기로 작용한다. 심지어 우리가 주변 세상을 합리화할 때조차도 말이다.

나는 헝가리의 정신분석학자 샨도르 페렌치Sándor Ferenczi가 '언어의 혼란(the confusion of tongues)'이라고 지칭한 개념에 관심을 두고 연구를 시작했다. 페렌치가 성경의 바벨탑 이야기에서 빌린 이 용어는 아이들이 사용하는 다정함의 언어와 학대 가해자가 사용하는 욕정의 언어 사이의 혼란을 지칭한다. 애정과 착취의 역설은 성적 착취에 관한 가장 보편적인 혼란 중 하나이며, 아이를 어리둥절하게 만들고 고통스럽게 한다. 가해자는 단순히 아이를 위협하고 겁주는 것이 아니라 아이가 특별한 사람이 된 듯한 기분을 느끼게 만든다. 나는 아이들이 하는 놀이가 그들의 감정적 경험과 취약성에 관해 어떤 정보를 알려주는지에 연구의 초점을 맞췄으며, 그중에서도 특히 보편적 의미를 감정을 자극하는 소재로 전하는 이야기, 즉 동화를 소재로 하는 역할놀이를 기록하는 데 관심이 있었다. 나는 연구 사례인 아동 환자들과의 상담치료에 동화 <빨간 모자>를 활용하기로 했다.

연구 계획서가 승인되고 약 일주일이 지났을 때 라라가 상담치료를 위해 상담실을 찾았다. 라라는 "오늘은 우리가 뭘 하면 좋을지 생각해뒀어요"라는 말로 상담을 시작했다.

나는 라라와 주로 '가족' 역할놀이를 했다. 라라는 자기가 엄마 역할을 할 테니 나에게 딸을 맡아달라고 했다. 나는 역할놀이를 통해서 라라가 가정환경에서 얼마나 고통스러워하는지를 단순히 알기만 한 것이 아니라 감정으로 느꼈다. 내가 역할을 맡은 딸은 라라와 마찬가지로 엄마인 한나와 아빠 제드, 그리고 아홉 살 많은 배다른 오빠 이선과 함께 살았다. 이 역할놀이를 통해 나는 그들 중 아무도 내게 말로 설명해줄 수 없었던 것들을 알게 됐다. 바로 가족 모두가 혼란과 두려움을 겪고 있었으며, 라라가 가족 모두와 관련된 비밀을 간직하고 있었다는 사실이다.

"어떤 식으로 진행하면 좋을까?"라고 내가 묻자, 라라는 놀라운 답을 내놓았다. "'빨간 모자' 놀이를 해도 돼요?"

이런 우연의 일치가 일어났다는 데 놀라서 나는 어리벙벙해졌다. 내가 연구 주제로 <빨간 모자> 이야기를 골랐다는 것을 라라가 어떻게 알았을까? 막 일주일 전에 연구 계획 승인을 받은 참이었는데 말이다.

나는 내담자들과 더 많은 경험을 나눌수록 우리가 무의식적으로 주변 사람들과 연결되어 있다는 사실을 더 많이 알게 됐다. 이 사실을 처음 경험한 것은 라라를 상담하면서였지만, 라라가 처음이자 마지막 경험은 아니었다. 그 이후로도 내담자들을 상대하면서 묘한 우연의 일치를 여러 차례 경험했다. 꿈, 공상, 동시성을 통해서 내담자와 나는 서로 알고 있는 것보다 서로에 대해 더 많이 알고 있다는 사실을 깨달았다.

라라가 미소 지으며 말했다. "그럼 선생님이 딸이고 제가 엄마가 되는 거예요."

나는 수납장을 열었다. 막 새로 장만한 작은 인형들이 있었다. 빨간 원피스를 입은 소녀, 엄마, 할머니, 늑대였다.

"할머니하고 늑대는 어떻게 할까? 누가 하지?"

내자 묻자 라라는 잠시 생각에 잠기더니 이렇게 말했다.

"늑대는 필요 없어요. 우리 이야기에는 늑대가 안 나오거든요."

라라와 첫 상담치료를 하기 전에, 나는 라라의 부모인 한나와 제드를 만났다.

아이들과 상담할 때는 늘 부모를 먼저 만나서 아이와 가족에 대한 정보를 얻고, 치료 과정과 목표를 논의한다. 치료를 받는 대상은 아이지만 도움이 가장 많이 필요한 건 대개 부모다. 아이는 가족의 현실을 겉으로 드러내는 '지목된 환자(identified patient, IP)', 즉 가족 중에서 외관상 '병든' 구성원이 된다. 이런 아이들은 보통 가족 전체의 문제를 짊어지고 표출한다. 대부분의 가정에는 무의식적으로 증상을 짊어지도록 배정된 구성원이 한 사람씩 있다. 다시 말해 온 가족의 병적인 측면이 그 한 사람의 구성원에게 투영되는 것이다.

라라는 그 가족의 '지목된 환자'였다. 당시 초등학교 2학년이었던 라라는 아침마다 속이 울렁거린다며 배를 잡고 울면서 학교에 안 가겠다고 엉엉 울곤 했다. 부모는 라라가 사회 불안증(social anxiety)을 겪고 있다고 믿었다. 라라를 만난 뒤에 나는 그녀의 불안을 조금 다르게 이해했다. 라라는 엄마를 걱정했으며, 그래서 엄마와 분리되기가 힘들었다. 학교에 가기 싫은 것이 아니라 괴로워하는 엄마를 보호해야 한다고 느껴서 엄마와 함께 집에 있으려 했던 것이다.

초기 상담 시간에 한나와 제드는 범상치 않은 무서운 이야기를 내게 해주었다. 라라가 다섯 살 때 라라의 외할머니인 마샤가 라라를 성추행했다는 혐의로 이선을 고소했다는 이야기였다. 이선은 당시 열네 살이었으며, 사회복지국 담당자가 집에 찾아와 조사를 벌였다고 한다. 하지만 성추행 정황은 확인되지 않았고, 고소는 취소됐다. 그 뒤로 마샤는 이선을 여덟 차례나 더 고소했다. 매번 조사가 이뤄졌지만 증거가 발견되지 않아서 공소된 적은 없었다.

"가족이 결딴났어요. 어떻게 해야 하고 누구를 믿어야 할지 알 수 없었죠." 한나가 첫 상담 시간에 내게 말했다. "그 일이 일어난 뒤로는 잠을 제대로 잘 수가 없었어요."

제드는 한나를 쳐다보고서, 이선을 키운 사람은 한나라고 내게 말했다. 제드의 첫 부인은 이선이 일곱 살 때 세상을 떠났고, 한나가 제드와 결혼하면서 이선의 엄마가 됐다. 한나는 이선을 사랑했다.

"장모님이 라라를 성추행한 혐의로 이선을 고발한 뒤로 집안의 모든 것이 달라졌어요." 제드가 말했다. "모두 서로를 의심하고, 누가 거짓말을 하는 건지, 누구를 믿어야 할지, 누구를 보호하고 누구에게 책임을 물어야 할지 알 수가 없었죠."

한나는 울음을 터뜨리며 말했다. "이선이 그런 일을 했을 리 없어요. 정말로 그렇게는 믿지 않아요. 저는 그 아이를 너무 잘 알고, 제 어머니도 잘 알아요. '이런 일'에 관해서라면 엄마가 약간 정신 나간 사람처럼 굴 수도 있어요."

"'이런 일'이라는 건 무엇을 말씀하시는 건가요?" 내가 물었다.

제드가 손을 뻗어서 한나의 손을 잡았다. 그녀는 대답하지 않았다.

"이 상황이 가족들 사이에서 큰 긴장을 유발했어요." 제드가 말했다. "한나는 침울해졌고, 모두 다 자기 탓이라고 생각해요."

"무엇 때문에 자책하는 건가요?" 내가 물었다.

"라라의 엄마는 바로 저예요." 한나가 흐느끼며 말했다. "그러니 무엇이 진실인지를 제가 알고 있어야 하잖아요." 한나는 화장지 한 장을 뽑아 들고 나를 쳐다봤다. "모르겠어요. 어쩌면 제가 틀렸고, 제 어머니 말이 맞아서 뭔가 끔찍한 일이 바로 제 눈앞에서 벌어졌던 건지도 몰라요. 제 딸을 어떻게 보호해야 할지 모르겠어요."

긴 침묵이 흐른 뒤에 한나가 말했다. "어쩌면 제 딸에게 해를 끼치지 못하게 경계해야 할 사람은 바로 어머니인지도 몰라요. 사랑하는 제 어머니요. 그런데 왜 어머니는 이선에게 죄를 돌렸을까요? 대체 왜 그러셨을까요?"

한나와 제드는 정말로 어떤 일이 일어났는지를 누군가가 말해주기를 바랐다. 그들은 진실을 간절히 알고 싶어했다.

"라라는 이 상황에 대해서 무엇을 알고 있지요? 뭔가 아는 게 있나요?" 상담을 마치기 직전에 내가 물었다.

제드는 한나를 쳐다봤고, 두 사람은 한참 동안 말이 없었다.

"1년 전쯤에 저희 어머니가 집에 찾아와서, '이선이 너를 성추행해왔다'고 라라에게 말했어요." 한나는 한숨을 내쉬었다.

"어머니는 라라에게, 지금껏 라라를 도우려 애써왔다고 말했어요. 어머니 표현으로는 '라라의 절규를 세상에 소리 높여 알리려고' 했지만 아무도 어머니 말을 들어주지 않았다고 하면서요. 어머니는 라라에게 이선과 절대 둘이서만 있어서는 안 된다고 말했어요."

제드가 고개를 끄덕였다. "그때부터 라라는 학교에 가기 싫어했어요. 라라가 사람을 두려워하게 된 게 아닌가 싶어요. 그래서 상담치료를 받게 해야겠다고 결정한 거예요."

초기 상담 시간이 끝나자 머리가 빙빙 돌고 속이 울렁거렸다. 내가 느끼는 이런 징후가 라라가 겪었다는 증상과 완벽히 똑같다는 사실을 깨달았다. 나는 라라를 어서 만나보고 싶어졌다.

다음 날 라라가 아빠 제드와 함께 상담치료실에 찾아왔다. 긴 검은 머리를 뒤로 묶은 라라는 아빠 손을 잡고 서 있었다. 라라는 나와 눈을 맞추지 않았다.

"상담실이 근사하네요." 라라가 얼굴에 수줍은 미소를 띠고 상담실을 둘러보면서 조용히 말했다. 나는 처음 만난 순간부터 라라가 마음에 들었다.

그 첫 번째 상담치료 시간에, 라라는 가족에 대해서 말하면서 이선이 자기를 부적절하게 만졌다는 이유로 고소를 당한 일을 태연하게 설명했다.

"외할머니는 오빠를 안 좋아해요." 라라가 말했다. "너무 싫어서 감옥에 보내고 싶어하는 건지도 몰라요."

라라는 이 사실을 마치 자신과는 관계없는 일인 듯, 아무런 감정 없이 말했다. 그러고는 상담실 한쪽 구석에 있는 인형들을 보더니 가지고 놀아도 되냐고 물었다.

우리는 1년 동안 상담치료 시간에 대화를 나누면서 역할놀이를 했다. 나는 놀이를 관찰하면서 라라가 자신의 세상과 감정적 경험, 취약성에 대해 내게 무엇을 가르쳐주는지에 귀 기울이려고 애썼다.

라라가 정말로 성추행당한 사실이 있는지 그 여부가 확실하지 않았기 때문에 나는 이 사례를 내 연구에 넣지 않기로 결정한 상태였다. 그러던 중에 라라가 '빨간 모자' 놀이를 하자고 제안하니 놀랄 수밖에 없었다.

"가장 좋아하는 동화거든요." 라라가 씩 웃으며 말했다. "그런데 우리 이야기에는 늑대가 없어요, 기억하시죠?"

동화 <빨간 모자>는 그림 형제에 의해 각색되기 한참 전인 1697년에 샤를 페로Charles Perrault의 작품으로 첫선을 보였다. 페로의 작품은 설화를 각색한 것인데, 빨간 모자를 쓴 소녀가 늑대와 처음 대면할 때 늑대를 '늑대 아저씨(Mister Wolf)'라고 지칭함으로써, 늑대가 인간을 상징한다는 사실을 내비친다.

페로의 버전에서는 빨간 모자가 할머니 집에 도착했을 때 늑대가 침대에 누워서, 빨간 모자에게 옷을 벗고 침대에 함께 눕자고 말한다. 빨간 모자가 옷 벗은 늑대의 몸을 보고 깜짝 놀라서 "할머니, 팔이 왜 이렇게 길어요?"라고 말하자, 늑대는 "너를 더 잘 안아주려고 그러지"라고 대답한다. 페로의 버전에서는 늑대가 빨간 모자를 먹어치우는 것으로 이야기가 종결되고, 그 뒤에 '조신한 소녀는 남자가 접근할 때 조심한다'는 교훈을 전하는 짧은 시가 덧붙여진다. 그리고 늑대와 관련한 언급도 덧붙인다. 늑대는 여러 형태를 취하는데 그중 친절한 늑대들이 가장 위험하며 특히 길에서 어린 여자아이들을 뒤밟고 집까지 따라 들어가는 늑대들을 주의해야 한다고 말한다.

페로는 성적 유혹, 강간, 살인의 내용이 가득한 민간 설화를 약간 순화된 형태로 수정했다. 그의 버전은 뭔가 특별한 것을 주는 척하면서 피해자를 해치고, 성도착을 일종의 사랑으로 내세우는 친절한 늑대의 기만적인 본성을 이야기한다. 세월이 흐르면서 <빨간 모자>는 그보다 더 정제된 형태로 성적 비유가 완전히 빠진 채 아이들을 위한 동화로 탈바꿈했다.

동화는 보통 아이들이 세상을 체계화하고 안전한 기분을 느끼는 데 도움이 되도록 좋은 사람과 나쁜 사람을 구별하지만, <빨간 모자> 이야기에 나오는 '친절한 늑대'는 아이들을 어리둥절하게 만들고, 무엇이 위험하고 무엇은 위험하지 않은지 확신할 수 없게 한다. 학대당한 아이들은 그들 자신이 나쁘고, 무언가를 잘못했다고 느끼게 된다. 사랑과 성도착 사이의 이런 언어의 혼란은 오랜 세월 동안 이 아이들을 괴롭힌다.

"선생님이 빨간 모자예요." 라라는 이렇게 말하면서 빨간 원피스를 입은 소녀 인형을 내게 건넸다.

그녀는 "빨간 모자는 할머니를 찾아갈 거예요"라고 말하고서 이렇게 속삭였다. "그 아이는 할머니가 나이 든 여인이라고 생각하지만, 사실 할머니는 늑대예요."

"늑대라고?" 나는 라라가 했던 말을 반복하면서, 우리 이야기에는 늑대가 없다고 계속 말했었다는 사실을 떠올렸다.

"보면 아실 거예요." 라라는 뭔가를 숨기고 있는 것처럼 씩 웃었다. "제 말이 무슨 뜻인지 곧 알게 될 거예요. 할머니한테는 비밀이 많아요."

하지만 놀이에서 우리는 할머니의 비밀이 무엇인지를 알아내지 않고, 할머니 집에 가지도 않았다. 대신에 라라는 빨간 모자인 나에게 자신이 데리러 올 때까지 나무 밑에 앉아서 기다리라고 지시했다.

"곧 돌아올게요." 라라가 단호한 어조로 말했다.

그리고 라라는 내게 등을 돌리고 혼자서 놀기 시작했다. 나는 한참 동안 그냥 잠자코 앉아서 기다려야 했다. 숲에서 홀로 길을 잃고, 타인의 비밀에 어쩔 줄 몰랐던 어린 라라의 역할이 내게 맡겨졌던 것이었다.

라라가 돌아오기를 기다리며 침묵 속에 앉아 있으려니 사탕 가게 앞에서 부모님이 데리러 오기를 기다리던 어릴 때의 나로 돌아간 기분이었다. 나는 '나를 찾는 과정(me-search)'의 방으로 들어갔고, 내가 찾고 있던 것이 무엇인지를 깨달았다. 그리고 갑자기, 내가 항상 알고 있던 것이 떠올랐다.

내가 라라보다 어린, 일곱 살 때의 일이었다. 나는 집에서 먼 곳에 있는 새로운 학교에서 2학년을 시작했다. 신학기 첫 주에 부모님은 조만간 학교 가까이에 있는 새 아파트로 이사할 계획이며, 그전까지는 하교 시간에 맞춰서 데리러 갈 테니 사탕 가게 앞에서 기다리라고 말씀하셨다.

그래서 나는 부모님의 말씀대로 매일 학교가 끝나면 길모퉁이에 있는 사탕 가게까지 걸어가서 기다렸다. 사탕 가게 주인인 모세는 흰 콧수염을 기른 다정하고 나이 지긋한 노인이었다. 나는 모세 아저씨를 좋아했다. 나는 그 아저씨도 나를 좋아한다고 믿었고, 아저씨가 사탕을 주어서 특히 더 좋았다.

어린아이였던 내가 사탕보다 더 좋아하는 건 없었다. 엄마는 몸에 좋은 음식을 먹이기 위해서 집에 사탕을 들고 들어오는 것을 허락하지 않으셨다. 엄마는 얇게 자른 사과와 건과일을 접시에 담아서 간식으로 가져다주면서, "자연이 만든 사탕"이라고 이야기하시고는 했다.

모세 아저씨가 처음으로 내게 사탕을 주었을 때 나는 뛸 듯이 기뻐서 사탕을 순식간에 먹어치웠다. 아저씨는 나를 쳐다보면서 웃었다. "사탕을 진짜 좋아하는구나."

다음 날 그는 가게 뒤편 냉동고에서 아이스크림을 하나 꺼내왔다. "어떤 맛을 좋아하니?" 아저씨의 양손에는 아이스크림 콘이 하나씩 들려 있었다. "바닐라? 아니면 초콜릿?"

나는 바닐라 아이스크림을 손으로 가리켰다.

"네가 바닐라 아이스크림을 고를 걸 내가 어떻게 알았을까?" 그는 이렇게 장난치고는 가게 뒤로 와서 뭘 좀 골라보라고 내게 말했다.

"원하는 건 뭐든지 고르게 해줄게." 그가 말했다.

모세 아저씨는 늘 미소를 지었고, 그의 키스는 간지럽고 축축했다. 가끔 아저씨의 부인이 가게에 오면 아저씨는 가게 앞에 내가 앉을 수 있게 의자를 하나 가져다 놓고, 부인이 가게를 떠날 때까지 나를 못 본 척했다.

아빠가 나를 데리러 오면, 모세 아저씨는 참 착한 아이라고 말하고 손을 흔들며 인사했다. "내일 보자."

나는 부모님이 오실 때까지 거기서 기다리는 것이 좋았지만, 시간이 지나면서 구역질 날 것 같은 기분이 들기 시작했다.

"아저씨가 너한테 사탕을 너무 많이 주나 보다." 엄마는 이렇게 말하곤 했다. "그래서 배가 아픈 거야."

하지만 속이 울렁거렸던 건 그 때문이 아니었다. 왜인지는 나도 잘 몰랐다. 그저 아저씨가 나를 너무 꽉 껴안을 때는 기분이 안 좋았다. 그렇더라도 나는 여전히 아저씨가 좋았다.

3학년이 되면서 나는 아저씨를 더는 좋아하지 않게 됐다. 새집으로 이사한 뒤에는 그 가게 근처로 가지 않으려고 했다. 몇 년이 한참 지난 뒤에야 나는 모든 상황을 종합해볼 수 있었고, 2학년이 시작되고 처음 몇 달 동안 나에게 무슨 일이 일어났던 건지 이해할 수 있었다. 이 이야기는 아무에게도 하지 않았다. 이 일이 실제로 일어났는지 아니면 내가 상상한 것인지 확신할 수 없었다.

프로이트는 기억을 끊임없이 변하고 시간이 흐르면서 수정되는 유동적인 실체로 여겼다. 그는 이런 역학을 '사후성(nachträglichkeit)'이라고 지칭했다. 사후성은 어릴 때 겪은 충격적인 사건이 인생을 살아가면서 새로운 의미들로 여러 층위를 이룬다는 의미다. 프로이트는 특히 아동에 대한 성적 학대에 주목했는데, 이런 성적 학대 사건은 아이가 나이가 들어 특정 발달 단계에 이르면 회고적으로 재생되는 특징이 있다. 아동기의 성적 학대가 늘 아이에게 충격적인 사건으로 받아들여지는 것은 아니다. 아이는 처리할 수 없고 이해조차 할 수 없는 상황을 감당하기 힘들어한다.

시간이 지나면서 충격적인 경험은 재처리된다. 아이는 발달 단계마다 학대를 다른 관점에서 보고 달리 이해하게 된다. 학대당한 아이가 10대가 되고 성인이 됐을 때, 처음으로 성관계를 갖거나 아이를 낳았을 때, 그리고 자녀가 자신이 학대당했던 나이가 됐을 때마다 학대 사건은 조금 다른 관점에서 재처리될 것이다. 애도의 과정은 계속해서 변화하고, 의미의 새로운 단계들이 축적된다. 시간이 지난다고 반드시 기억이 흐려지는 것은 아니다. 기억은 다른 형태로 나타나고 다시 나타나기를 거듭하며, 사실적이면서도 동시에 비사실적인 기억으로 경험된다.

라라를 처음 만난 때로부터 19년이 흐른 9월 중순의 어느 흐린 날, 나는 그녀를 다시 만날 참이었다. 그날은 내 생일이기도 했다.

그동안 나는 아이 세 명을 낳아 키웠다. 아이를 대상으로 하는 치료는 중단하고, 이제는 어른들만 상담한다. 내 상담치료실은 맨해튼 시내에, 19년 전에 사용했던 상담실과 같은 동네에 있었다.

상담실 문을 열자 키 큰 젊은 여성이 서 있는 모습이 보였다. 처음엔 누군지 알아보지 못했다.

"꽤 많이 컸지요?" 라라는 내 마음을 읽기라도 한 듯이 미소 지으며 말했다. "이메일에 그렇게 빨리 답을 주시고, 저를 만나주셔서 감사해요."

라라는 소파에 앉아서 내부를 둘러봤다.

"상담실이 근사하네요."

얼굴에 띤 미소와 이 첫 마디가 기억났다.

"나를 처음 만났을 때랑 완전히 똑같은 말을 하네." 내가 말했다. 나는 겉모습을 통해 그녀를 최대한 파악해보려고 했다. 검은색 티셔츠와 길이가 긴 검은색 실크 치마, 스니커즈 차림에 파란색 매니큐어를 바른 손톱이 눈에 띄었다. 예전에는 곱슬머리였던 것 같은데 지금은 긴 생머리를 하고 있었다. 그때 이후로 무슨 일이 있었을지를 파악해보려고 애썼다. 지금껏 어디에서 지냈을까? 행복할까? 정말로 어떤 일이 벌어졌던 것인지를 알아냈을까?

"오늘이 선생님 생일이시지요?" 라라는 놀랍게도 이렇게 말했다.

나는 고개를 끄덕이고 미소 지었다. 세월이 흘러도 안 바뀌는 것이 있다. 라라는 여전히 내가 생각했던 것보다 나에 대해서 더 잘 알고 있었다.

"걱정 안 하셔도 돼요. 제가 선생님 마음을 읽는 건 아니니까요." 라라는 마치 내 마음을 읽기라도 한 듯 이렇게 덧붙였다. "선생님을 찾으려고 구글에서 검색했거든요. 위키피디아에 가장 먼저 나오는 내용 중 하나가 선생님 생일이더라고요. 선생님이 제 약속을 오늘로 잡아주셔서 아주 기뻤어요. 선생님께 선물을 꼭 드리고 싶었거든요."

일반적으로 심리치료사들은 내담자에게서 선물을 받지 않는다. 내담자와 맺은 계약은 명확하다. 시간당 비용을 지불하고 받는 전문적인 서비스 외에는 서로 아무것도 주고받지 않고, 이원적인 관계도 맺지 않는다. 하지만 정신분석학자와 내담자는 '무의식 탐색'이라는 공동의 목표를 공유한다. 그러니 내담자가 선물을 가져오면 이유가 무엇이며 선물이 무엇을 의미하는지 알아보고 싶은 건 당연한 일이다. 하지만 실제로 선물을 분석하는 것만큼 선물에 담긴 호의를 묵살하고 퇴색해버리는 행동은 없다.

라라는 가방을 열어서 작은 인형을 꺼내 내게 건넸다. 빨간 원피스를 입은 소녀 인형, 즉 빨간 모자 인형이었다.

라라는 또다시 나를 놀라게 했다.

"기억하세요?" 라라는 갑자기 어린아이였던 옛 시절의 말투로 내게 물었다.

"물론이지. 늘 기억하고 있었어." 내가 말했다.

우리는 서로를 바라봤다. 나는 오랜 세월 전만큼이나 지금의 그녀가 마음에 들었다. 무슨 이유로 나를 찾아왔는지 궁금해졌다.

"선생님 도움이 필요해서 왔어요." 미처 묻기도 전에 라라가 내 의문의 답을 내놓았다.

우리는 상담을 그만뒀던 때의 상황부터 이야기를 시작했다. 라라는 가족이 미국 서부로 이사했다고 말했다. 아주 급작스럽게 벌어진 일이어서 작별인사를 할 기회조차 없었다고 한다.

"돌아보면, 우리 가족은 도망쳤던 건지도 몰라요." 그녀가 말했다. "가족들이 겪었던 불행에서 도망치려고 했던 거죠. 그런데 불행이 저희를 따라와서 이사한 뒤에 오히려 상황이 더 나빠졌어요."

라라의 부모인 한나와 제드 사이의 갈등은 견딜 수 없는 지경에 이르렀고, 4년 뒤에 파경을 맞았다. 제드는 일자리를 잃고 새로운 직장이 있는 덴버로 이사해야 했다. 한나는 우울증이 심해져서 병원에 입원까지 했다. 라라는 홀로 외롭게 지내다가 열네 살 때부터는 외할머니 마샤와 함께 살았다.

라라의 이야기를 들으니 슬프고 걱정스러웠다. 살던 곳을 다시 떠나서 어머니, 아버지와 모두 떨어져서 살게 됐을 때 과연 어떤 심경이었을까? 외할머니에 대한 감정이 복잡했는데, 그런 외할머니와 살아야 했을 때 기분이 어땠을까?

"사실, 그때부터 상황이 나아졌어요." 라라가 말했다. "외할머니가 저한테 아주 잘 해주셨거든요. 할머니와 살면서 삶이 훨씬 편해졌어요. 엄마가 외할머니를 왜 그렇게 좋아했는지 알 것 같더라고요. 할머니는 제게 큰 힘이 되어주셨고, 새로운 생활환경에 적응하는 것이 제게 얼마나 힘든 일인지를 이해해주셨어요. 저를 정성껏 보살피고 필요한 건 뭐든지 마련해주셨고요. 일주일에 한 번씩 할머니하고 함께 병원에 가서 엄마를 보고 오고, 한 달에 한 번은 아빠를 만나러 갔어요. 그러다가 엄마가 퇴원한 뒤에 어느 시점엔가 할머니하고 계속 지내기로 결심했지요."

라라의 이야기를 들으면서 라라의 엄마인 한나가 자신의 어머니를 두둔하고, 가정 붕괴의 책임이 자기 어머니에게 있다고 믿지만 그렇더라도 자신은 어머니를 사랑하며 결코 어머니에게 전적인 책임을 돌릴 수는 없다고 말했던 기억이 났다. 제드는 자신의 부인이 장모님과 인연을 끊기를 바랐지만, 한나는 거부했다. 그런데 이제 라라가 외할머니에 대해서 자기 엄마와 똑같은 감정을 표현하고 있었다. 우리 놀이에서 외할머니는 나쁜 늑대였지만 그 뒤로 상황이 변했다.

"외할머니는 러시아에서 8남매와 함께 자랐어요." 라라가 말했다. "외할머니가 막내고, 형제 중에서 교육을 받은 사람은 외할머니 혼자뿐이었죠. 외할머니는 교육을 중요하게 생각해서, 저에게 대학원에 진학하라고 권유하셨어요. 실제로 박사 과정 학비도 할머니가 내주실 거예요." 라라는 수줍게 미소 지었다. "앞으로 심리학을 공부할 거예요. 박사과정에 막 합격했거든요." 그러더니 피식 웃었다. "어쩌면 선생님 같은 사람이 되고 싶었는지 몰라요. 사실 어릴 때 심리치료 상담을 받는 시간이 제가 유일하게 외로움을 느끼지 않는 순간이었거든요. 선생님이 저에 대해서 정말로 알고 싶어하신다는 느낌이 들었어요."

라라는 숨을 깊이 들이쉬었다. 피곤해 보였다. 엄마처럼 우울증에 빠지지 않고 대신 호감 가고 마음 느긋한 사람이 되려고 얼마나 애쓰는지가 느껴졌다. 그녀는 늘 다른 사람들의 생각과 감정을 주의 깊게 살피고 남들에게 짐이 되기보다는 주변 사람들을 돌보는 사람이 되려고 애썼다.

"아까 내 도움이 필요하다고 말하지 않았니?" 이렇게 묻는 내 목소리는 평소보다 부드럽고 다정했다. "편히 말해봐. 오늘은 어떤 일로 나를 찾아온 거야?"

라라는 한참 동안 창밖을 바라봤다.

"제 기억으로는 예전 상담실 큰 창문 너머로 그레이스 교회가 내다보였어요." 창밖에 시선을 둔 채로 라라가 말했다. "길 건너에 커피숍이 있었는데, 매주 상담치료가 끝나면 아빠하고 그 커피숍에 들렀어요. 아빠는 보통 페퍼민트 차와 크루아상을 주문하고 저는 바게트를 주문해서 초코잼을 잔뜩 발라서 먹었어요. 서로에게 시선을 두지 않고 묵묵히 그저 먹기만 했지요. 아빠가 제게 상담치료가 어땠느냐고 물었던 적은 한 번도 없어요. 두려워서 알고 싶지 않았던 건지도 모르죠. 그리고 저는 엄마가 평소에 못 먹게 했던 초코잼에 정신이 온통 팔려 있어서 다른 생각은 아무것도 안 했어요. 초코잼은 상담치료가 끝났을 때 느끼던 씁쓸한 마음을 덜어줬어요. 헤어짐은 제게 늘 힘든 경험이었죠.

길 건너편에 앉아서 상담실이 있는 건물을 빤히 쳐다보면서, 선생님이 건물 밖으로 걸어 나와서 손을 흔들어주면 얼마나 좋을까 생각했던 기억이 나요. 제 상담 이후로는 선생님이 다른 환자를 아예 안 만났으면 좋겠다고도 생각했어요. 그리고 뭐라도 좋으니 아빠가 뭔가 이야기를 꺼내고 제게 말을 걸어주기를 바랐지요. 단 한 가지라도 물어봐주면 완전한 침묵 속에 앉아 있을 필요는 없을 테니, 그것만으로도 충분했을 거예요. 잼을 좋아하는지, 어떤 잼이 가장 좋은지 아빠가 물어봐주면 얼마나 좋을까 싶었어요. 그러면 저는 헤이즐넛 초코잼을 좋아한다는 뜻으로 잼을 손으로 가리키거나, 아니면 상담치료 시간이 끝날 무렵에 선생님하고 빨간 모자 인형 바구니에 몸에 안 좋은 사탕을 잔뜩 채워 넣었다는 얘기를 했을 거예요. 아빠가 씩 웃으면서 '매주 초코잼을 사달라고 하는 걸 보니 초콜릿을 무척 좋아하는가보다'라고 제게 말해주면 얼마나 좋을까 싶었어요. 하지만 아빠는 아무것도 묻지 않았어요. 제가 먹는 음식이나 저와 관련된 일들에 아빠가 정말 관심을 기울이고 있는지 알 수가 없었어요."

라라는 잠시 말을 멈추고 나와 눈을 맞췄다.

"제 어린 시절에는 그 누구에게도 물어보지 못한 질문들이 많아요. 그 질문들의 답을 알고 있을 만한 어른이 없었죠. 저 혼자서는 해결할 수 없었던 미스터리가 있었어요." 라라가 말했다. 나는 그녀가 무엇을 두고 그런 말을 했는지 알 것 같았다.

그때부터 나는 라라를 일주일에 한 번씩 만나기 시작했다. 그녀는 박사과정을 시작해서 학위 논문의 주제, 즉 '나를 찾는 과정(me-search)'의 주제를 찾고 있었다. 그녀의 마음은 언급된 적이 없는 질문들로 우리를 이끌었다. 연구 질문은 그녀가 경험한 결핍에서 나올 것이며 진실 또한 그러할 터였다.

어느 겨울날에 라라가 옛날 사진을 한 장 들고 찾아왔다. 사진 속 그녀는 열세 살이었는데, 운동복을 입고 어깨에 배낭을 멘 채로 카메라를 보며 웃고 있었다.

"부모님이 아직 이혼을 안 했을 때 찍은 사진이에요." 라라가 말했다. 사진 속 그녀 얼굴은 낯이 익었다. 내가 알던 어린 시절의 라라와 아주 비슷한 얼굴이었다.

"이날은 절대 잊지 못할 거예요. 첫 월경을 시작했던 날이거든요. 엄마가 제 사진을 찍고서 외할머니한테 전화를 걸어서 '이모가 찾아왔다'•라고 했던가? 여튼 이 말과 비슷한 우스운 말을 했어요." 라라가 잠시 말을 멈췄다.

• '월경'을 가리키는 영어 표현 중 하나인 "Auntie's visiting"을 표현한 듯하다. — 편집부

"그날 엄마와 외할머니가 처음으로 싸우는 소리를 들었어요. 엄마는 울면서 외할머니에게 소리를 질렀죠. 전화에서 할머니가 뭐라고 하셨는지는 들을 수 없었지만 뭔가 아주 안 좋은 말을 하셨던 게 분명했어요. 할머니가 엄마를 크게 화나게 만든 그 상황이 아주 속상하고 가슴 아팠어요. 모두 저 때문에 비롯된 일이었으니까요.

제 기억에 엄마에게 직설적으로 물어봤던 건 그때가 유일했어요. '엄마, 대체 무슨 일이야?'

엄마는 '아무것도 아니야. 그저 엄마하고 할머니 사이에서 생긴 일이야'라고 대답했죠. 하지만 저는 물러서지 않았어요. '뭐라고 그러셨는데? 엄마는 왜 우는 거야?'"

라라의 말에 따르면, 외할머니는 엄마에게 '라라의 머리를 짧게 자르라'고 했다고 한다.

"엄마는 그렇게 얘기하고서 다시 울음을 터트렸어요. 어린 여자아이에게 할 수 있는 가장 끔찍한 행동이라면서요. 엄마는 제 머리를 자르라는 할머니의 말이 터무니없다고 생각했어요. 엄마가 제 나이 무렵에 처음 월경을 시작했을 때, 외할머니가 엄마를 미용실로 데려가서 아무런 설명도 없이 머리를 짧게 잘랐다고 해요. 엄마는 거울을 보며 '세상에, 남자 같잖아'라고 말하면서 흐느껴 울었다고 하더라고요.

'할머니는 왜 그러셨던 거야?' 제가 물었지만 엄마는 대답을 안 했어요. 다시 물어봤지요. '엄마, 엄마가 내 나이 때 할머니는 대체 엄마한테 왜 그런 행동을 하신 거야?'

'가끔은 할머니를 이해하기 힘들 때가 있어' 엄마가 대답했어요. '러시아의 전통이나 어릴 때 했던 경험에서 이상한 믿음을 갖게 된 건지도 몰라.'"

우리 두 사람 모두 침묵했다. 라라가 나와 같은 생각을 하고 있는지 궁금했다. 할머니가 여자가 아닌 남자처럼 보이게 만드는 방법으로 딸을 보호하려고 했던 것이었음을 라라도 눈치챘을까? 라라의 외할머니는 딸에게 했던 것처럼 손녀를 성적 학대에서 보호하려고 했던 걸까?

아무도 진상을 알고 싶어하지 않았다. 그래서 아무도 그 일에 관해 묻지 않았다.

나는 계속 침묵을 지키면서, 라라가 가족의 역사에 관해 질문할 준비가 됐을지 속으로 생각해봤다.

우리가 부모에 관한 모든 것을 알고 싶어한다는 것은 근거 없는 믿음이다. 아이들은 부모에 대해서 너무 많이 알게 되는 것에 대해 보통 상반되는 감정을 느낀다. 아이들은 부모의 성생활에 대해서는 알고 싶지 않아 하며, 자신의 역사와 관련한 사적인 내용은 듣지 않으려고 할 때가 많다.

"정말로 무슨 일이 있었던 건지 알아내야겠어요." 라라는 단호하게 이렇게 말하고, 사진 속의 아이를 손가락으로 가리켰다.

사진 속 아이는 가식적인 미소를 짓고 있었다.

"외할머니는 항상 저를 보호하려고 했어요." 라라가 긴 생머리를 손으로 만지면서 말했다. "저를 성추행했다고 오빠를 신고했는데, 부모님이 이혼한 뒤로는 그 일이 모두 잊혔고, 아무도 그 일을 언급하지 않았어요. 참 이상한 일이에요."

라라는 심각해 보였다. 갑자기 스물아홉 살보다 훨씬 나이가 많은 사람처럼 느껴졌다. 손목시계를 힐끔 쳐다보고 상담 시간이 얼마나 남았는지를 계산하는 듯했다. 자신의 역사에 대해서 찬찬히 생각하려면 시간이 필요할 터였다.

"할머니하고 같이 살 때 할머니가 저를 겁주곤 했어요." 라라가 말했다. "저에게 조심해야 한다고 누누이 얘기하셨어요. 이상한 말을 하시면서요. 예를 들어 속옷을 제대로 안 챙겨 입고 침대에 누우면 성기 안으로 벌레가 들어갈 수 있다고 하시는 거예요. 소곤거리면서 그런 말을 하셨는데, 그럴 때면 토할 것 같이 속이 울렁거렸던 기억이 나요. 할머니가 제 몸에 관해서 말씀하실 때는 꼭 속삭이셨어요. 성에 대한 할머니의 기준은 아주 이상했어요. 부적절한 행동을 정상처럼 이야기하고, 정상적인 행동은 변태 같은 행동처럼 얘기하셨거든요. 속삭이며 말씀하시는 걸 들으면 아주 꺼림칙한 기분이 들었어요. 마치 할머니의 음흉한 비밀이 밤이 되면 드러났다가 아침이 되면 다시 사랑스러운 할머니로 돌아오는 것 같았어요."

"열 살 때 '빨간 모자' 놀이를 하면서, 할머니한테는 비밀이 많다고 네가 이야기했었는데." 내가 말했다. "'보면 아실 거예요'라는 말을 몇 번이고 반복해서 했었지. 그런데 우리는 그 비밀이 뭔지를 밝혀내지 못했어. 아마도 지금의 너는 지금껏 누구도 한 적 없는 질문을 해볼 준비가 됐을 거야."

라라는 외할머니인 마샤를 만나러 갔다. 그녀는 마샤의 어린 시절에 대해서 알아보고 거기서 자기 자신의 답을 찾을 수 있기를 희망했다.

마샤는 가진 것이 거의 없고 집안 환경도 엉망인 가정에서 자랐다. 부모님은 아침 일찍 일하러 나갔다가 밤늦게 들어왔기 때문에, 당시 열세 살이었던 큰언니가 마샤의 주 보호자였다. 마샤는 엄마가 자기를 낳고 싶어하지 않았다는 느낌을 항상 받았고, 아이를 너무 많이 낳은 것을 속으로 후회하고 있었다고 라라에게 말했다. 마샤는 수줍음을 많이 타는 성격이었고 학교에서는 모범생이었다. 공부를 잘하는 아이가 되는 것은 특별하고 중요한 사람이 된 기분을 느끼기 위해 마샤가 취한 방법이었다.

어느 날 밤, 마샤는 악몽을 꾸었다. 당시 열 살이었던 마샤는 종종 악몽을 꿨지만 그럴 때마다 부모님을 깨우면 화를 내실 터여서 부모님 방에 찾아갈 수 없다는 걸 잘 알고 있었다. 마샤는 열다섯 살인 오빠 침대로 슬그머니 들어갔다. 오빠는 누구보다도 똑똑했고 재밌고 용감해서 그녀가 가장 존경하는 사람이었다.

오빠는 마샤에게 키스를 했다.

그 뒤로 오빠는 며칠에 한 번씩 마샤의 침대로 찾아왔다. 마샤는 잠든 척하고 아무런 소리를 내지 않았다. 오빠는 마샤를 가볍게 쓰다듬으면서 만졌지만, 해치거나 상처 입히지는 않았다. 아침이 되면 오빠와 마샤는 아무 일 없다는 듯이 행동했다.

마샤가 열세 살쯤 됐을 때 처음 월경을 시작했는데, 그때 마샤의 엄마는 아무것도 아니라는 말투로 이제부터는 오빠가 침대에 오지 못하게 해야 한다고 마샤에게 말했다.

"어머니가 알고 있었단 말이야?" 말하는 도중에 끼어들지 않을 수가 없었다. 라라 역시 그 사실을 알고 받은 충격에서 아직 헤어나지 못한 상태였다.

라라가 고개를 끄덕였다. "네, 그런데 할머니는 자기 엄마하고 한 번도 그 일에 관해서 얘기 나누지 않았대요. 그리고 할머니는 아무한테도 이 이야기를 안 했다고 하셨어요."

처리되지 못한 경험은 늘 인생에 모습을 드러낼 방법을 찾아내며, 몇 번이고 반복해서 재현된다. 마샤의 억압된 기억은 처리되지 못한 기억이 표출되는 전형적인 방식을 따라 그녀의 삶에 나타났다. 이런 기억은 마음에 예기치 않게 숨어들어 나중에 발생한 사건들 속에서 촉발된다. 라라와 이선의 친밀한 관계는 마샤의 트라우마를 일깨웠고, 자신은 보호받지 못했지만 라라만큼은 지켜야겠다는 충동을 불러일으켰다. 이로써 마샤는 그녀 스스로 자신이 바랐던 부모의 모습이 될 수 있었다. 라라의 머리를 짧게 자르라고 했던 것은 라라를 보호하려는 의도였다. 한나가 월경을 시작했을 때 딸을 보호하는 조치라고 믿고 따랐던 것과 똑같은 방식으로 말이다. 마샤는 라라를 통해서 자신이 온전히 수용하고 처리할 수 없었던 성적 학대의 트라우마를 다시 체험했다.

성적 학대는 우리가 알고 있는 가장 혼란스러운 트라우마적 경험 중 하나다. 성적 학대가 세대 간에 영향을 미치는 방식은 독특하다. 각 세대는 다음 세대가 격한 감정에 휩싸이도록 하고, 이전 세대의 성적 트라우마로 만들어진 드라마는 그대로 자손들에게 전해진다.

다음 세대는 보통 피해자가 어릴 때 성적 대상화됐던 것과 똑같은 방식으로 성적으로 대상화된다. 그러면 자녀는 통합되지 못한 부모의 성 관념에 당혹스러워한다. 라라가 설명했듯이 잠잘 때 속옷을 입는 것처럼 아무런 문제가 없는 사소한 것에도 성적인 의미가 가득해진다. 자신의 감정을 이해하려고 애쓰는 어른은(이 경우에는 라라의 외할머니) 무엇이 안전하고 안전하지 않은지에 대한 혼란을 아이에게 그대로 전달한다. 그리하여 이전 세대가 느낀 순결한 행동과 변태적인 행동 사이의 혼란은 성적 유혹, 문란함, 금기가 뒤섞인 형태로 다음 세대에게 전해진다. 다음 세대는 성적으로 침해당한 것 같은 막연한 느낌을 지속적으로 느끼면서 자란다. 그러다가 나중에 심리치료를 받고 나서야 그 느낌이 성적 학대와 관련된 가족사에서 맨 처음 경계가 무너졌던 사건과 관련이 있음을 이해하게 된다.

주디스 앨퍼트Judith Alpert 박사는 <영속적인 어머니들, 영속적인 경험: 강간과 역사에 관하여>(Enduring Mothers, Enduring Knowledge: On Rape and History)라는 논문에서 성적 학대가 다음 세대의 마음에 어떻게 나타날 수 있는지를 설명한다. 그녀는 자신의 어린 시절 경험을 바탕으로, 트라우마적인 생각과 '기억'을 부모와 조부모에게서 어떻게 물려받을 수 있는지, 그 기억들이 어떻게 아이의 마음에서 자신의 것으로 나타날 수 있는지에 대해 논한다. 기억이 대물림되는 이런 현상은 아이와 부모 모두에게 혼란을 안긴다. 이럴 때 우리는 라라의 경우에서처럼 모든 세대(할머니, 엄마, 아이)를 성적 학대의 피해자이자 세대를 거쳐 대물림된 성적 학대의 피해자로 고려해야 한다.

처리되지 않은 트라우마를 다시 체험하고 있었던 마샤는 라라의 오빠가 성적으로 라라를 학대하고 있다는 생각으로 가족 모두에게 엄청난 충격을 주었다. 라라는 감정에 점점 더 깊이 휩싸였다. 마치 외할머니의 억압된 감정을 다시 체험하는 것 같았다. 가족 내에서 트라우마가 계속해서 되새겨지고 성과 관련된 문제를 너무 일찍 접하면서 라라는 자기 몸이 침해당하는 기분을 느꼈다. 성적 학대의 현장은 그렇게 재연됐다.

"지난주에 할머니를 만나서 할머니의 어린 시절 이야기를 듣는데 눈물이 나오더라고요. 그런데 할머니는 울지 않으셨어요." 라라가 눈물을 흘리며 말했다. "선생님이 제 얘기를 들어주시듯이 할머니 이야기를 들어드리려고 했어요. 또 제게 어떤 얘기든 해도 괜찮고, 할머니를 어떤 식으로든 판단하지 않을 것이며 제가 할머니에 대해서 진심으로 알고 싶어한다는 사실을 할머니에게 이해시키려고 노력했어요."

"도중에 할머니가 말씀을 멈추시고는, 더 이상은 말하고 싶지 않다고 하셨어요. 하지만 할머니는 계속해서 말씀하셨고, 저는 아무 말도 안 했어요. 할머니는 애초에 오빠 침대에 찾아간 건 자기라면서, 모든 걸 자기 탓으로 돌렸어요. 그러더니 이번에는 당신의 기억을 의심하시더니, 그때는 상황이 달랐다면서 당신의 설명이 실제보다 좀더 과장되었다고 말씀하셨죠.

자러 가기 전에 할머니는 따뜻한 차와 직접 만든 초콜릿 케이크를 가져다주셨어요.

'네가 초콜릿을 얼마나 좋아하는지 할머니가 잘 알지'라고 하시면서 안아주셨죠. 그러고 나서 제가 할머니 얼굴을 확실히 쳐다볼 수 있게 제 어깨를 양손으로 잡고서 이렇게 말씀하셨어요. '라라, 내 문제로 괴로워하지 말거라. 나한테 나쁜 일이 일어났다고 네가 슬퍼하지는 않았으면 좋겠다. 이보다 더 나쁜 일을 겪은 사람들도 많잖니. 인생이란 게 다 그렇고, 할머니 인생도 별로 특별하지 않으니 말이다.'

저는 '그 오랜 세월 동안 비밀을 간직하고 있느라 얼마나 힘드셨어요, 할머니'라고 말하면서 할머니를 있는 힘껏 껴안아 드렸어요. 하지만 할머니는 그저 계속 고개를 끄덕일 뿐이었어요. '비밀을 간직한 게 아니야. 기억 못 할 때도 많았거든. 비밀은 저절로 간직된 거야.'"

"저, 연구(me-search) 주제를 찾은 것 같아요." 라라가 눈물을 훔치면서 내게 말했다.

라라는 근친상간과 성적 학대를 당한 이전 세대가 다음 세대에게 일어난 사건을 지나치게 확대해석하거나 오해하는 현상에 관해 연구하기로 했다. 이런 현상은 비이성적이고, 영문을 알기 힘들고, 공식적으로 표출되지 않은 경험이기 때문에 연구하기가 쉽지 않지만, 라라는 어린 시절 이 일을 직접 겪은 사람이었다. 나와 라라는 세대 간의 대물림을 받아들이는 하나의 방법으로, 그 경험들을 처리하며 다른 사람들도 그 경험을 수용하고 처리할 수 있도록 돕는 것임을 잘 알고 있다. 악령은 대체로 빛을 비추면 사라지니 말이다.

3

섹스, 자살, 애도의 수수께끼

"전 저주받았어요."

레오나르도가 내 눈을 똑바로 보면서 속삭였다. "무슨 말인지 아시겠어요?" 그러더니 단호하게 말했다. "아시죠. 당연히 아실 거예요."

레오나르도는 2년 전에 연인인 밀로와 헤어진 직후에 나를 찾아왔다. 첫 달에는 울음을 그치지 못했다. 그는 밀로와 잘 안 맞는 사이였다는 건 알지만 그렇더라도 헤어짐의 고통은 참기 힘들다고 했다.

2년이 흘렀지만 고통은 줄어들지 않았고, 여전히 무력감과 공허함을 느꼈다. 그는 다른 사람을 만날 준비가 아직 안 됐으며 슬픔이 영원히 계속될까 두렵다고 내게 말했다.

"어째서인지 도통 벗어날 수가 없어요." 그가 말했다. 우리는 그가 느끼는 비통함이 단순히 밀로와 관련된 것은 아니라는 데 동의했다. 그래서 연인과 결별하면서 그가 무엇을 잃은 것인지 알아내고자 했다.

헤어짐은 애도의 과정이 필요한 감정적 죽음이다. 우리는 헤어짐을 통해 사랑했던 사람만 잃는 것이 아니라 인생, 미래, 꿈꾸고 희망했던 모든 것을 잃는다. 그런데 우리는 **누구**를 잃었는지는 알지만, **무엇**을 잃었는지는 잘 모를 수 있다.

레오나르도와 나는 그가 계속해서 느끼는 큰 슬픔이 무엇에 대한 것인지 알아내려고 애썼다.

"이젠 그만 정리하고 싶어요. 밀로와 사귄 기간은 고작 1년인데, 벌써 2년째 힘들어하고 있잖아요." 짜증을 내며 그가 말했다. "선생님이 제 뇌 프로그램을 새로 짜서 원하지 않는 기억을 지워주실 수 있으면 얼마나 좋을까요. 그러면 과거를 깨끗이 잊고 새로운 인생을 시작할 수 있을 텐데요."

계속되는 고통 때문에 과거를 지워버리고 더는 돌아보고 싶지 않아 하는 그의 마음이 이해가 갔다. 그는 과거에 사로잡혀 있었다. 하지만 그 이유가 무엇인지는 우리 두 사람 모두 확실히 알 수 없었다.

"이제는 밀로를 사랑하지 않아요. 그런데도 제 일부를 잃고 불완전한 상태로 인생을 살아내야 하는 기분이에요. 그리고 너무 고통스러워요." 그가 말했다. "사람들은 어떻게 자신의 일부를 영원히 잃은 기분에 빠지지 않고 상실을 극복하지요? 다들 상실의 아픔을 완전히 극복하기는 하는 걸까요?" 그는 수수께끼

같은 상실의 슬픔을 직설적으로 파고들었다.

프로이트는 상실에 관한 의견을 제시하면서 몇 차례 수정된 견해를 내놨다. 그 과정에서 그가 꾸준히 탐구했던 질문 중 하나는 사랑하는 사람을 어느 정도까지 놓아 보낼 수 있는지, 혹은 그러지 못하고 사랑하는 대상에 자신의 일부를 늘 연결해두는 건 아닌지의 문제였다.

상실에 관한 프로이트의 견해는 자신이 느낀 슬픔을 이해하고자 했던 그의 의도에서 영향을 받았다. 그는 스페인 독감 합병증으로 세상을 뜬 딸 소피와 네 살이 조금 넘은 어린 나이에 비극적인 죽음을 맞은 손자 하인리를 포함해, 아끼는 사람을 잃는 고통을 여러 차례 겪었다. 프로이트의 전기에 따르면, 그가 인생을 살면서 눈물을 쏟아내고 우울증에 빠졌다고 묘사했던 유일한 시기는 손자의 죽음을 겪었던 때였다.

처음에 프로이트는 떠나보낸 사람과의 연결을 끊고 그를 놓아 보내는 것이 애도의 핵심이라고 설명했다. 그런 견지에서 건강한 애도의 과정이란, 죽은 이와 재회하고 싶은 마음(그는 이를 '죽음의 본능'이라고 지칭했다)보다 삶에 대한 의지가 더 커지면서 떠난 사람에게 쏠려 있는 에너지인 '카섹시스'•에서 서서히 분리되고 풀려나는 것으로 볼 수 있다.

나중에 프로이트는 애도(mourning)와 우울(melancholia)을 구별하는 쪽으로 견해를 발전시켰다. 그는 애도할 때는 세상이 불

• cathexis: 어떤 특정한 관념이나 기억, 사고, 행동에 정신적 에너지가 집중되는 것을 뜻하는 정신분석학 용어.

행하고 공허해 보이지만 우울해지면 당사자 자신이 불행하고 공허하게 느껴진다고 설명했다. 우울할 때는 외부 세계에 대한 관심이 사라지고 사랑할 여력이 없어지며 자존감이 떨어진다. 프로이트에 따르면, 그런 우울은 떠나보낸 사람에게 감정을 쏟아붓는 것을 중단하지 않고 그와 자신을 심리적으로 동일시함으로써 내면에 계속 담아두는 무의식적인 과정이다. 내가 그 사람이고 그 사람이 나라면 상실은 없다. 떠난 사람을 내면에 담아두는 행동은 상실을 부정하면서도 동시에 우울감에 빠진 사람을 상실에 영원히 사로잡히게 만든다. 그 결과, 자신의 삶에 관심과 노력을 쏟아부으려는 의지와 활력을 잃게 된다.

프로이트가 구분한 애도와 우울이라는 두 가지 범주는 상반되는 것처럼 정의되지만, 현실에서 이 두 가지 조건은 사람마다 다르게 나타난다. 애도의 과정은 다층적이며, 죽음이나 이별로 헤어진 사람과의 심리적 동일시가 어느 정도는 늘 나타난다. 실제로 많은 이들은 레오나르도와 마찬가지로 사랑하는 사람과 헤어지면서 자신의 일부가 함께 사라진 것 같은 기분을 느낀다. 그들은 죽은 사람과 함께 죽어가는 기분을 느끼고, 떠나보낸 사람과의 암울한 동일시로 힘겨워한다.

프로이트와 그 이후 많은 이들은 건강한 애도란 무엇이며 사랑하는 사람을 어느 정도까지 실제로 놓아 보낼 수 있는가라는 질문에 답하기 위해 지속적으로 노력해왔다.

프로이트는 1929년, 스위스의 정신과 의사이자 실존적 정신분석학의 창시자인 루드비히 빈스방거Ludwig Binswanger에게 보낸 편지에 이렇게 썼다.

> 우리는 그러한 상실을 겪은 후에 느끼는 극심한 슬픔이 계속 이어질 것임을 알고 있습니다. 어디서든 위안을 받지 못할 것이고 떠난 사람을 대신할 무언가를 절대 찾지 못할 것이라는 사실도 압니다. 무언가가 공백을 메워서, 완전히 채워졌다 해도 그것은 여전히 다른 무언가로 남아 있지요. 그런데 사실 그래야만 합니다. 그것이 포기하고 싶지 않은 사랑을 영원히 유지할 수 있는 유일한 방법이니까요.

여기서 프로이트는 떠나보낸 사람의 부재를 서서히 극복하는 와중에도 자신이 사랑했던 그 사람은 늘 존재한다고 강조한다. 우리의 일부는 이별을 정리하고 받아들이지만, 숨겨진 또 다른 일부는 그 사람을 향한 사랑에 연결되어 있는, 그 사랑에 충성하는 '다른 무언가'로 남게 된다.

인생을 살면서 우리는 이별과 상실을 돌아보고 또 돌아본다. 매번 다른 마음 상태에서 상실을 애도하고 또 애도한다. 그 사람에 대해서 생각하고, 새로운 단계로 옮겨가고, 다른 각도에서 감정을 처리한다. 그리고 상실을 받아들이고 새로운 의미를 부여한다.

이별의 과정에서는 다른 사람에 대한 애착을 서서히 내려놓을 필요가 있다. 많은 경우에 '우울이 동반된 슬픔(melancholic grief)'이라고 불리는 감정은 완전히 이해할 수가 없고, 그래서 놓아버리지 못하는 상실에서 생긴다. 레오나르도와 나는 그가 여전히 완벽히 알거나 확인할 수 없는 무언가를 어떤 식으로 애도하려고 하는 것인지 궁금했다. 인식하지 못하는 상실을 애도하는 것은 불가능하지만, 애도의 과정이 없다면 그 사람의 인생은 죽음에 의해 꼼짝없이 갇히게 된다.

"선생님도 아시다시피 제가 저주받은 기분이라고 항상 말해왔잖아요." 다음 상담치료 시간에 레오나르도는 잔뜩 짜증이 나 있었다. "이제는 밀로가 꿈에서까지 저를 쫓아다녀요."

그는 또 밀로 꿈을 꿨다고 말했다. 꿈속에서 밀로는 레오나르도의 이름을 부르며 화장실 문을 두드렸다고 한다.

"이 꿈이 무슨 의미인지조차 모르겠어요." 레오나르도가 말했다. "밀로는 제가 화장실 문을 열 수밖에 없도록 결연하게 문을 두드렸어요." 이제 그는 화가 치밀어 오른 듯했다. "억지로 저를 화장실 밖으로 나오게(come out) 만들려고 말이죠."

"밖으로 나오게 만들려고요." 나는 그의 말을 되풀이했다. 우리 두 사람 모두 그 표현이 동성애자라는 그의 성적 지향과 연관성이 있음을 인식하고 있었다.•

"아시다시피 우리 집에서는 제가 게이인 것이 아무런 문

• '커밍아웃(coming out)'은 동성애자임을 공식적으로 밝히는 것을 뜻하는 말이다.

제가 없어요. 제 어머니는 사실 제가 여자 친구를 집에 데려오지 않아서 좋아하시는 눈치였고, 아버지는 돌아가시는 날까지 뭐든지 기꺼이 용납하고 이해해주셨어요. 제가 행복하기만 하면 된다고, 그게 제일 중요하다고 늘 말씀하셨죠." 레오나르도는 잠시 생각에 잠겼다가 이렇게 덧붙였다. "솔직히 저는 아버지가 어릴 때 당신의 아버지가 자살하셨기 때문에 그랬던 거라고 생각해요. 그저 제가 행복하게 지내기만을 바라셨죠. 아버지는 슬픔을 두려워하셨어요."

나는 그가 무슨 말을 하는지 잘 알고 있었다. 레오나르도의 할아버지는 레오나르도의 아버지가 어릴 때 스스로 목숨을 끊었다. 그는 마흔 번째 생일을 며칠 앞두고 욕실 문을 걸어 잠근 뒤 목을 맸다. 당시 아홉 살이었던 레오나르도의 아버지 짐은 화장실 문을 계속 두드리다가 울면서 어머니에게 달려갔고, 어머니가 아버지를 발견했을 때는 이미 손쓸 수 없는 상태였다.

"4년 동안 이 일은 가족들 간의 비밀이었죠." 레오나르도가 말했다. "할머니는 절대로 사람들에게 진실을 이야기하지 않으셨어요. 그저 갑작스럽게 세상을 떴다고 말씀하셨죠. 자세한 정황을 캐묻는 사람이 있으면 화장실에서 심장마비가 와서 익사했다고 거짓말을 하셨어요. 가족들은 이 사건이 뭔가 끔찍한 걸 의미하기라도 하듯 매우 부끄러워했죠."

"가슴에 담아두기 힘든 비밀이었겠네요." 내가 말했다. 레오나르도는 고개를 끄덕이며 "제가 꾼 꿈은 뭘 말하고 있는 걸까요?"라고 물었다.

"꿈에서 화장실 문을 두드린 건 밀로였어요." 내가 말했다.

레오나르도는 어리둥절한 표정이었다. "네, 밀로가 제발 문을 열라고 애원했어요. 할아버지가 돌아가신 날 어린 아버지가 그랬을 거라고 제가 상상했던 것과 똑같이요. 정말 이상하네요. 어떤 의미라고 생각하세요? 밀로와 제가 헤어진 것이 할아버지의 자살과 어떤 관련이 있을까요?"

아직은 답을 찾지 못했지만, 레오나르도가 유추했듯 그의 꿈에서 화장실 문을 두드리던 밀로가 아버지를 대신한 것임은 나도 알고 있었다. 레오나르도에게 이와 관련한 이야기를 조금 더 해달라고 말했다.

"아버지는 할아버지가 침울해 있었고 더는 살고 싶지 않아 했다는 걸 마음 깊은 곳에서 알았던 것 같아요. 할아버지가 자살할 것이라고 짐작했다는 말을 하려는 게 아니에요. 그저 아버지는 당신이 할아버지를 구할 수 있기라도 했듯이 오랜 세월 죄책감을 느끼며 사셨어요. 아버지는 이 이야기를 제게 여러 번 해주셨죠. 심지어 인생의 말년이 되어서까지도 계속 그 얘기를 꺼내셨어요. 사건을 감추려고 했던 할머니에 대한 반발심이었는지 모르겠지만, 아버지는 할머니와는 달리 이 일을 비밀로 해두지 않았어요. 제가 다섯 살 때였나, 할아버지가 어떻게 돌아가셨느냐고 물어봤는데 아버지는 사실대로 이야기해주셨죠. 자식인 제가 비밀을 알지 못한 채 성장하는 걸 원치 않으셨던 것 같아요."

"그 이야기를 다시 한번 해주시겠어요?" 내가 물었다. "할아버지가 돌아가시던 날을 아버지가 어떻게 회상하셨는지 얘기해주세요."

"아버지가 이 이야기를 너무 많이 해서 마치 영화를 보듯 그 장면이 머릿속에 떠올라요." 그가 말했다. "아버지가 화장실 문을 두드리면서 할아버지를 부르고, 제발 문을 열라고 애원하고 있어요. 그다음 장면은 밤에 아버지가 베개에 얼굴을 파묻고 울면서, 할아버지 목숨을 살리지 못한 자기 자신을 원망하는 모습이에요. 자기가 힘이 조금만 더 셌다면 문을 부수고 들어갈 수 있었을 것이라거나 아니면 아버지가 아들인 자신을 더 많이 사랑했다면 자신을 두고 떠나지 않았을 거라고 생각하면서요."

레오나르도의 눈에 눈물이 가득 고였다. "집에 어린아이가 셋이나 있는데 자살하는 건 너무 극단적인 행동이잖아요. 잘 모르겠어요. 할아버지를 안쓰럽게 여기고 싶지만, 생각할 때마다 너무 화가 나요."

자살, 그중에서도 특히 부모의 자살은 가족 구성원의 생존에 심각한 영향을 미친다. 남겨진 가족들은 엄청난 충격, 슬픔, 분노, 수치심 같은 상반된 감정에 휩싸인다. 그리고 엄청난 죄책감에 시달리기 때문에 이를 바깥으로 투영하는 식으로 그 감정을 수습한다. 죄책감은 비난으로 바뀌고, '누구 잘못인가?'라는 질문은 견딜 수 없는 죄책감을 해소하기 위한 주요 통로가 된다.

전통적으로 자살은 원래 다른 사람에게 겨누어졌던 살인 충동을 자신을 향해 돌리는 것으로 설명된다. 이 파괴적인 행위는 다음 세대에게 상당한 유산을 남긴다. 후손들은 자살이라는 유령을 품고 살아가며 영혼의 어둠, 과거로부터 내려온 숨겨진 비밀, 자살 충동으로 힘겨워한다. 그리고 그들 가운데 많은 이들은 처리되지 않은 죄책감을 덜어내기 위해 다른 사람들의 건강과 행복에 과도하게 신경을 쓴다. 떠난 사람을 살렸을지 모를 방법으로 다른 사람들의 목숨을 구할 수 있을 거라는 환상을 품는 것이다.

이렇듯 자살은 가족 신화•가 될 수 있으며, 가족 신화에는 보통 답을 구하지 못한 질문들이 가득하다.

나는 레오나르도에게 질문을 건넸다. "할아버지의 자살 뒤에는 어떤 배경이 있었을까요? 그분은 어째서 세상을 등지게 되었을까요?"

"저도 속으로 그런 질문을 자주 해요." 레오나르도가 대답했다. "제가 생각한 말도 안 되는 이론을 한번 얘기해볼게요." 그는 이렇게 말하고 긴 침묵에 빠졌다.

"뭔가 감춰둔 비밀이 있는 것처럼 들리네요?" 내가 말했다.

레오나르도는 웃었다. "비밀이라고 할 것도 없어요. 제가 늘 해온 엉뚱한 생각이 있는데, 밀로하고 농담처럼 자주 얘기했었죠. 이런 생각이 들더라고요. 할아버지가 사실은 동성애자였고, 가족이 감췄던 진짜 비밀은 할아버지가 자살했다는 것이 아니라 할아버지가 보통 사람과는 다른 성적 지향을 가졌다는 사실이라고요."

레오나르도가 떠나고 나서, 그의 가족사에 알려지지 않은

• family myth: 가족 구성원들이 공유하는 가족의 과거사나 가족 구성원에 대한 왜곡된 신념과 기대.

사실이 겹겹이 쌓여 있다는 느낌이 들었다. 또 레오나르도에게는 할아버지와 할아버지를 죽음으로 이끌었다고 그가 믿는 상황에 대한 숨겨진 심리적 동일시가 있었다는 생각도 들었다. 레오나르도는 그러한 숨겨진 동일시로 인해 내가 그의 꿈에서 짚어냈었던, 그 무의식적인 임무를 맡게 되었다. 그는 가족들을 수치심과 자살의 운명에서 벗어나도록 이끌어야 했다.

~

다음 상담 시간에 레오나르도와 나는 가족사를 들여다보면서 할아버지와 레오나르도 사이에 어떤 은밀한 동일시가 존재하는지를 알아보았다. 우리는 돌아가신 할아버지가 레오나르도의 내면에 들어와 있는 느낌과 레오나르도 자신과 가족 전체를 위해서 무언가를 해야 할 것 같은 느낌을 분석했다.

답을 아직 얻지 못한 질문이 많았지만, 레오나르도와 내가 할아버지의 성적 지향에 대해 더 많은 이야기를 나눌수록 레오나르도의 마음에서 밀로가 차지하는 비중은 점점 줄어드는 듯했다. 시간이 흐르고 우울증세가 서서히 가라앉음에 따라, 레오나르도는 자신의 가족에게 비밀이 있음을 확신하게 됐고, 이제는 진실을 알아내야 할 때라고 결심했다.

"제가 정신이 이상해서 가족에 관한 말도 안 되는 추론을 한 거라고 생각하기는 싫었어요." 어느 날 아침에 나를 만난 자리에서 레오나르도가 말했다. 전날 있었던 사촌 결혼식에서 고모에게 진실을 묻기로 결심한 과정을 설명하던 중이었다.

"아버지의 여동생인 고모 두 분과 고모의 자식들을 비롯한 친척들이 모두 그 자리에 있었어요. 저는 친척들을 정말 좋아하는데 그렇게 만나니 참 반갑더라고요. 그리고 아시다시피 저는 결혼식도 아주 좋아하고요." 그는 웃음 지으면서 "'죽음이 두 사람을 갈라놓을 때까지 영원히'라는 애수 섞인 표현이 정말 로맨틱하잖아요?"라고 장난스럽게 말했다. 나는 그가 로맨스와 죽음에 대한 환상을 품고 있다는 것을 알 수 있었다.

"고모들이 할머니와 아주 사이가 좋았거든요. 그래서 할아버지가 돌아가시기 전 몇 년 동안 어떤 일이 있었는지를 알아볼 기회라고 생각했죠. 그러면 무엇이 제 머릿속의 공상일 뿐이고 무엇이 사실인지를 알아낼 수 있을 테니까요. 그런데 어떻게 된 줄 아세요. 우선 좋은 소식은 제가 정신이 이상했던 게 아니라는 사실이에요. 나쁜 소식은 제가 상상했던 것보다 상황이 훨씬 심각했다는 거고요.

결혼식을 마치고 고모가 저한테 와서 눈물을 흘리면서 할아버지가 살아 계셔서 오늘 이 자리에 함께했으면 얼마나 좋겠냐고 말씀하셨어요. 그러면서 결혼식이 진행되는 동안 내내 할아버지 생각을 했다고 하셨죠. 이야기를 꺼낼 좋은 기회였어요. 저는 고모에게 할아버지가 더 오래 사셔서 자식과 손주들이 크는 것을 봤으면 좋았을 텐데 안타깝지 않은지 물었어요.

'하늘에서 편히 계셨으면 좋겠다.' 고모가 말씀하셨어요. '난 아기였을 때라 아버지 밑에서 자란 기억이 없어. 알다시피 네

아버지인 우리 큰오빠가 나한테는 아버지나 마찬가지였지.'

저는 고모한테 단도직입적으로 물어봤어요. '할아버지는 왜 스스로 목숨을 끊으신 거예요? 이유를 아세요?' 고모는 주저하는 기색이 없었어요. '엄청난 사연이 있었단다. 요즘하고는 아주 다른 시절이었어. 지금의 너처럼 원하는 방식대로 인생을 살아가는 건 그 당시에는 불가능했지.'"

"선생님과 제가 이 이야기를 한참 전부터 해왔던 게 얼마나 다행이었는지 몰라요." 레오나르도가 말했다. "그 덕분에 바로 이해할 수 있었거든요. 고모가 무슨 말씀을 하시는지 알아들었죠. 처음에는 조금 신경이 거슬렸어요. 고모가 동성애자들이 이제는 아무런 거리낌 없이 살아갈 수 있게 됐다는 뜻으로 말씀하시는 것처럼 들렸거든요. 사실은 그렇지 않은데 말이죠. 그래서 그렇지 않다고 말하려는데 고모가 제 말을 끊고 이렇게 말씀하셨어요.

'아버지는 동성애자라는 사실을 비밀로 감췄는데 어머니가 그 사실을 알게 됐어. 막내인 나를 임신한 상태에서 남편이 과거에 남자와 성관계를 했었다는 사실을 알게 된 거지. 그 사실이 어떻게 밝혀졌는지는 어머니가 말씀하신 적이 없어. 그저 추문이 있었다는 것만 들었지. 몇 달 뒤에 내가 태어났고, 그 뒤에 아버지가 스스로 목숨을 끊으셨던 거야.'"

레오나르도는 말을 멈췄다. "믿어지세요?" 그가 물었다. "그 말을 듣고 나서 든 첫 번째 감정은 안도감이었어요. 이렇게 생각했죠. '제가 정신 나간 사람이 아니어서 다행이에요. 신이시

여, 감사합니다.' 그런 뒤에는 이런 생각이 들었어요. '세상에, 불쌍한 할아버지. 얼마나 끔찍한 심정이었을까.' 그러고는 할아버지가 과거에 남자와 성관계를 했다고 표현한 고모의 말에 화가 났어요. 마치 감정이 있는 완전한 사람이 아니라는 듯, 할아버지를 그렇게 멸시하다니요."

레오나르도는 한참 동안 말없이 앉아 있다가 입을 열었다.

"이제는 동성애자인 저를 인정한다고 제게 확실히 알리는 것이 아버지에게 왜 그렇게 중요했는지 이해가 가요. 저는 이 문제가 할아버지의 자살과 관련 있다고 항상 느꼈지만 어떻게 연결이 되는 건지는 몰랐어요. 참, 말씀드릴 게 또 있어요. 제 생각에 할아버지는 어떤 남자와 사랑에 빠져 있었고, 그래서 자살하셨던 것 같아요. 아마 그 남자와 사귀고 있었는데, 헤어지라는 압박을 받은 게 아닐까 해요. 가족들은 할아버지의 문제는 오로지 섹스와 관련이 있다고 치부하면서 깎아내렸죠. 그렇게 해야 동성애를 나쁜 것으로 몰아갈 수 있으니까요. 하지만 할아버지의 문제는 정체성에 관한 것이었어요. 사랑과 상실에 관한 이야기란 말이에요. 선생님은 이해하시죠?"

레오나르도는 고개를 들어 나를 쳐다봤다. 그의 눈에는 눈물이 고여 있었다.

"제가 꿨던 꿈의 내용을 이제 알겠어요." 그가 말했다. "죽음처럼 느껴지는 그 이별로부터 할아버지를 구하고 싶어했던 아버지의 소망이었죠."

"할아버지 자신이 완전히 애도할 수 없었던 일종의 죽음으로부터 말이죠." 내가 말했다.

철학자 주디스 버틀러Judith Butler는 '애도 가치(grievability)'라는 개념을 설명한다. 어떤 사물, 삶, 관계가 가치 있게 여겨지지 않으면, 그것들이 사라졌을 때 사람들이 상실을 잘 인식하지 못할 것이라는 견해다. 상실이 뚜렷하게 인식되는 것은 오로지 우리가 슬퍼하고 애도할 가치가 있다고 여기는, 문화적으로 인정받는 삶뿐이다. 어떤 삶, 어떤 사랑, 어떤 인종, 어떤 성적 지향, 어떤 정체성은 가치가 덜한 것으로 여겨지거나 아예 삶으로 인정받지 못한다. 버틀러는 "애도는 그 삶이 중요하다는 것을 전제로 할 때 가능하다"라고 했다.

존재하지 않는다고 여겨지는 것을 애도할 방법은 없다. 따라서 어떤 사랑이 존재하지 않는다고 여겨졌을 때, 그 사랑은 애도 가치가 없으며 애도의 당사자는 혼란스럽고 슬픔을 가누기 힘든 상태로 남겨진다.

레오나르도의 경우처럼, 충분히 애도하지 못한 상실은 다음 세대의 무의식에 처리되지 않은 형태로 남아 버린다. 후손들은 자신의 것이 아닌 오래된 상실을 처리하고, 원래 비통해할 수 없었던 것을 애도해야 하는 상황에 놓인다.

나는 레오나르도와 함께 이별의 상실과 관련된 맥락을 종합적으로 그려나갔다. 동성애자로 살아가는 삶과 정체성으로 힘겨워했던 할아버지, 사회 통념에 어긋나는 사랑의 상실을 애도할 수 없었던 그의 상황과 자살, 아버지가 자신을 더 많이 사랑했다면 자신을 남겨두고 떠나지 않았을 것으로 믿으며 비탄에 빠진 어린 아들 짐.

처리되지 않은 상실이 여러 단계에 걸쳐 있었으며, 알려진 비밀(할아버지가 자살했다는 사실) 뒤에는 감춰진 또 다른 비밀(할아버지가 동성애자였다는 사실)이 있었다.

레오나르도의 아버지 짐은 자기 아버지가 돌아가시기 며칠 전에 아버지의 생신 때 드리려고 직접 만든 선물을 오랜 세월 간직해왔다. 그는 아버지를 하루 동안 행복하게 해드리고 그가 계속 살아 있길 바라는 헛된 희망으로 작은 도자기 꽃병을 만들었다. 짐은 어릴 때는 물론이고 평생 이 꽃병에 집착했다. 짐이 세상을 떴을 때 레오나르도는 이 꽃병을 물려받아서 옷장 선반에 보관했다.

그런데 그가 물려받은 것은 이 꽃병만이 아니었다. 상징적으로 보자면, 레오나르도의 옷장에는 이전 세대의 트라우마와 처리되지 않은 상실이 그의 물건들과 함께 보관되어 있었다. 어떤 것이 레오나르도 자신의 것이고 자신의 것이 아닌지를 구별하기 힘들어질 때까지 말이다.

레오나르도는 가방을 집어 들었다. "알고 보면 제가 저주받은 게 아닐지도 모르겠어요." 상담실을 나서면서 그가 말했다. "어쩌면 이건 슬프지만, 희망적인 결말로 마무리되는 이야기일 뿐인지도요."

~

다음 상담 시간에 레오나르도가 기쁜 표정으로 문을 열고 들어섰다. "지난 한 주는 아주 좋았어요. 게다가 새로운 사람을 만났고요." 그가 말했다. "힘이 솟는 기분이에요."

그는 가방을 열었다. "보여드릴 게 있어서 가져왔어요." 그는 신문지 여러 겹으로 둘둘 말아 싼 작은 상자를 꺼냈다. "너무 놀라워서 이걸 꼭 보여드리고 싶었어요."

상자 안에는 파란색 도자기 꽃병이 들어 있었다. 아버지가 만든 꽃병이었다.

"지금껏 여러 해 동안, 저는 어린 제 아버지가 할아버지 생일에 할아버지가 가장 좋아하는 색깔인 파란색으로 만든 이 선물을 들고 있는 장면을 상상했거든요. 어릴 때 늘 봤었고, 아버지가 돌아가신 뒤로는 제 옷장에 보관했던 물건이죠."

레오나르도는 말을 잠시 멈췄다가 안도의 한숨을 내쉬었다. "지난번 상담치료를 받은 이후에야 제가 이걸 무엇에 사용해 왔는지 깨달았어요."

그는 꽃병을 내게 건넸다. 안을 들여다보니 짝이 안 맞는 커프스단추 세 개가 보였다.

나는 어리둥절해서 레오나르도를 쳐다봤다.

그는 짝을 잃어버린 커프스단추가 나올 때마다 꽃병 안에 넣어뒀다고 설명했다.

우리는 서로 얼굴을 쳐다봤다. 레오나르도는 어깨를 으쓱하고서 미소지었다.

"이 단추들은 그 오랜 세월 동안 거기서 잃어버린 짝이 돌아오기만을 기다리고 있었던 거예요."

4

트라우마의 방사성

이스라엘에서 홀로코스트 추모일인 욤 하쇼아Yom Ha'Shoah는 국경일이다.

4월 중순 무렵인 이날에는 매년 모든 국민이 2분간 침묵을 지키는 행사가 진행된다. 오전 10시를 앞두고 모든 학생은 운동장에 둥그렇게 서서 침묵의 시작을 알리는 사이렌 소리를 기다린다. 사이렌이 울리면 모든 사람이 하던 일을 멈춘다. 길을 걷던 사람들은 걸음을 멈추고, 식당에서 밥 먹던 사람들은 식사를 중단한 채 자리에서 일어나고, 붐비는 고속도로를 달리던 모든 이들은 한쪽으로 차를 세우고 차 밖으로 나와서 가만히 서 있는다. 홀로코스트 때 살해된 600만 명을 기억하기 위해서다.

어릴 때 나와 내 친구들은 사람들에게 끔찍한 일이 일어날 수도 있다는 것을 배웠다. 이는 단순한 진술이 아니라 음식에 넣는 매운 양념처럼 삶의 단골 재료로 자리한 사실이었다. 거의 모든 아파트 건물에는 제2차 세계대전 시절에 유럽에서 온 사람들, 즉 홀로코스트 생존자들이 있었다. 그들의 내력을 알지 못하고, 팔에 새겨진 숫자 문신을 본 것도 아니었고, 사연이 너무 충격적이어서 두려웠지만, 우리는 누가 그런 사람들인지를 대개 알고 있었다.

학교 운동장에 사이렌이 울리면 우리는 친구들과 눈을 맞추지 않으려 애쓰면서 고개를 숙이고 가만히 서 있는 선생님을 흉내 냈다. 우리는 진지한 태도로 임하고, 슬픔을 느끼고, 강제수용소와 가스실을 떠올리고 우리 가족이 거기 있다고 상상하려고 최선을 다했다. 우리는 절대 잊지 않는 것이 중요하다고 배웠다. 하지만 그렇게 열심히 애를 써도 사이렌이 울리면 아니나 다를까 누군가가 킥킥거리기 시작하고, 우리는 웃음이 터져 나오는 걸 막으려고 얼굴을 가리곤 했다.

홀로코스트 추모일 사이렌이 울리는 도중에 터져 나오는 긴장된 웃음은 이스라엘에서 성장기를 보낸 사람들에게는 익숙한 기억이다. 끔찍한 경험담은 국가 정체성의 일부가 되고 특정한 형식의 암울한 유머는 젊은 세대를 특징짓는다.

세월이 흘러 고국에서 멀리 떨어진 뉴욕시에서 일하면서, 나는 나를 찾아오는 내담자 중에 홀로코스트 생존자들의 2대나 3대 후손이 정말 많다는 사실에 놀랐다. 뛰어나고, 능력 있고, 성공한 사람들인 이들에게는 공통점이 있다. 바로 예기치 않은 시기에 예측 불가능한 방식으로 모습을 드러내는 박해의 유령과 함께한다는 사실이다. 이들은 내면에 홀로코스트 생존자들의 트라우마와 죄책감을 안고 산다.

나는 어린 시절의 경험을 통해, 전쟁 때 가족들에게 생긴 일에 대해 부모가 특별히 이야기한 적이 없더라도 후손인 그들의 마음속에는 홀로코스트와 연관된 이미지와 공상이 자주 떠오른다는 것을 알고 있다. 직접 듣지 못했다 하더라도 홀로코스트에 대한 기억은 그들 안에 생생히 살아 있으며, 그 기억에서 퍼져나온 생각과 이미지는 흔히 아무것도 아닌 것으로 치부된다. 나의 경우에는 심리치료를 시작한 지 몇 년이 지나고 나서야 내담자가 이런 생각과 이미지를 품고 있음을 알게 된 적도 있었다. 내담자가 가족의 역사를 전해 듣게 되면, 비로소 우리는 그 역사가 내담자의 현재 삶에 어떤 영향을 끼치고 있는지 알게 된다. 그리하여 우리는 과거가 어떤 방식으로 지금까지 계속 재현되고 있는지, 내담자가 어떻게 하여 가족의 숨겨진 역사를 다시 살아가고 있는지를 확인하게 된다.

레이철의 할아버지는 홀로코스트 생존자였다. 첫 상담치료 시간에 내가 가족사를 물었을 때 그녀가 이에 대해 짧게 언급했지만, 그녀는 이 이야기가 자신의 현재 삶과 관련 있다고 생각하지는 않았다. 그리고 이것 때문에 상담치료를 받으러 온 것은 분명 아니었다.

"그런 아픈 일을 겪은 뒤로 가족들에게 아주 많은 일이 있었어요. 아주 좋은 일들이었죠. 그밖에는 할 말이 없네요." 레이철은 씩 웃으며 미안한 표정을 지었다. "모든 집안마다 나름의 트라우마가 있잖아요. 이건 우리 가족의 사연이고, 그 일은 아주 오래전에 일어났어요. 제2차 세계대전이 일어난 게 벌써 몇 년 전이에요?" 그녀는 나를 보더니 곧바로 답했다. "70년도 넘은 것 같네요. 오랜 세월이 흘렀어요. 할머니 할아버지는 이미 돌아가셨고요."

레이철의 할아버지는 부다페스트에서 태어났고 아우슈비츠 수용소에서 살아남았다. 제2차 세계대전이 끝난 뒤 그는 미국으로 건너가서 레이철의 할머니를 만났다. 레이철의 할머니는 전쟁이 시작될 때 유럽을 탈출한 유대인 가문 출신이었다. 두 사람은 사랑하는 사이가 됐고, 그 이듬해에 외동딸인 레이철의 어머니를 낳았다. 할아버지는 전쟁 때 있었던 일에 대해서 전혀 언급하지 않았고, 레이철의 어머니는 자신의 어린 시절을 교외 지역 주택가에서 평범하게 보낸 삶으로 묘사했다.

표면적으로 레이철 가족의 트라우마는 할아버지가 과거를 뒤로하고 유럽을 떠날 때 종료됐다. 레이철이 상담치료를 받으러 온 것은 다른 문제 때문이었다. 그녀는 아이를 원하기도 하고 원하지 않기도 해서 남편인 마크와 갈등을 겪었으며, 이 문제로 상담을 받고 싶어했다.

나는 우리 부모님이 인생에서 내렸던 선택들에 늘 관심이 많았다. 즉 성관계를 갖고, 사귀고, 결혼해 가족을 이루고, 직업을 갖는 문제에서 부모님이 내렸던 결정에는 어떤 이유가 있었는지 궁금했다. 사람들과 이야기를 나누다 보면 그들이 가지고 싶어하는 것과 받아들일 수 있는 것 간의 격차가 명확해진다. 왜 그토록 많은 사람이 사랑을 찾고 싶어하지만 찾지 못하는 걸까? 왜 직업적으로 좋은 경력을 바라지만 성공하기가 힘들까? 어째서 앞으로 나아가고 싶지만 같은 곳을 빙빙 돌고만 있을까?

원한다고 생각하면서도 그것을 다루거나 받아들이지 못하는 사람들이 많다. 원하거나 원하지 않는 욕구 밑에는 대개 삶을 조종하는 다른 단계(layer)가 있다. 우리 내면에는 눈에 안 띄는 무의식적인 부분이 있어서 의식적인 목표를 거스르거나 목표 달성을 저해할 수 있다. 실제로 바다 수면 밑의 역조•가 가장 강력한 힘으로 작용하듯이, 의식하지 못하는 내면의 모든 측면에는 우리 삶을 관리하고 통제하는 영향력이 있다.

갈등은 변화를 앞둔 상황에서 특히 많아진다. 돈을 벌고, 직업 경력을 쌓고, 아이를 낳고 싶은 소망 뒤에는 변화에 저항하는 마음, 성장에 대한 복잡한 감정, 이별과 상실로 힘겨워하는 상황이 있을지도 모른다. 우리는 연인과 사랑을 나누고 싶어하면서도 그런 기회를 갖는 것에는 거부하거나 저항한다. 상처받고, 버림받고, 통제력을 잃고, 감정에 사로잡히는 일이 없도록 스스로를 보호해야 하기 때문이다. 어떤 사람들은 무의식적으로 원가족에 충실하고 전심을 다하느라 다른 누군가와 진지한

• 逆潮: 물결이 서로 부딪쳐서 물살이 거세지는 곳.

관계를 갖기가 힘들다(특히 자기 가족이 다른 가족들보다 뛰어나다고 생각할 때 이런 현상이 많이 나타난다). 또 어떤 사람들은 부모에게 감정적인 책임을 느껴서 부모를 떠나는 것을 불안해한다. 그래서 자신의 위치가 바뀌지 않을까 염려해 어릴 때의 가족 체계를 유지하면서 가족의 집단적인 믿음과 유산을 충실히 지킨다.

변화는 과거, 즉 어린 시절과 가족 안에서 자신이 맡은 역할, 알려진 자기 자신에 일종의 이별을 고하는 것이다. 발전하고 새로운 것을 창조하려면 과거와 분리되어 미래를 살아가야 하며, 이는 과거를 소중히 간직하는 것과는 대비된다. 처리되지 않은 과거가 있으면 과거를 내려놓고 앞으로의 삶을 살아갈 수가 없다. 이런 과거는 역사의 문지기가 되어 우리를 붙잡아둘 것이다.

진실을 찾는 과정에서 레이철은 자신의 딜레마에 의문을 갖게 됐다. 그녀는 무엇이 진정한 자신의 모습이며 자신의 삶을 이끄는 숨겨진 힘이 무엇인지를 알고 싶어했다. 우리는 아이를 갖는 것과 관련한 문제에서 어떤 느낌이 진짜이며, 어떤 부분이 방어적인 반응인지 알아보고자 했다. 자녀 계획과 관련한 문제를 다룰 때 심리치료사들은 사회적 규범과 심리적 목표를 혼동하지 않도록 큰 주의를 기울여야 한다. 치료사들의 목표는 내담자가 자유롭게 선택을 내릴 수 있게 하는 것이다. 선택의 자유, 이것이 바로 치료를 통해 달성하려는 목표다.

"저는 정말 아이를 낳고 싶어하는 걸까요?" 내가 질문을 하지도 않았는데 레이철은 이 이야기를 꺼내며 심오한 딜레마를 제기했다. 하지만 우리는 시간이 지나고 나서야 이 문제를 완전히 이해할 수 있었다.

이 시점에서 아이를 낳을지 안 낳을지에 대한 언쟁은 오로지 레이철과 남편 사이의 문제처럼 보였다. 레이철의 남편 마크는 아이를 낳아야 한다고 생각했고, 레이철은 어쩌면 좋을지 몰라 마음의 갈피를 잡지 못하고 있었다. 그런데 얼마 안 가서 레이철의 내면에 자리한 갈등이 모습을 드러냈다. 그녀의 내면에는 긍정적인 목소리와 부정적인 목소리가 모두 자리했다. 2세를 가질 것인가 갖지 않을 것인가? 레이철은 자기 자신과 언쟁을 벌이고 있었던 것이 분명했다.

레이철은 두려움을 토로했다. "아이를 낳기에는 너무 끔찍하고 무서운 세상이에요." 그녀가 목소리를 높였다. "생각해보세요. 제가 아이에게 무엇을 약속할 수 있겠어요? 전쟁이 판을 치는 세상이요? 곧 멸망할 행성이요? 인종차별, 혐오, 폭력이 가득한 세상이요? 그리고 제 아이는 또 **자신의** 아이에게 무얼 약속할 수 있겠어요? 고통 속에 사는 사람이 이토록 많은데 아이를 더 많이 낳아야 한다고 생각하는 건 너무 이기적인 생각이에요."

그녀는 뉴욕을 떠나서 다른 나라에 가서 사는 계획에 관해서도 이야기했다. 레이철은 다른 곳에서 살면 자신과 남편 모두 더 행복해질 것으로 생각했다.

"어디로 가서 살고 싶으세요?" 내가 물었다.

"이스라엘이요." 질문이 끝나자마자 곧바로 대답했다. 이때 내 얼굴에 놀란 기색이 내비쳤을 것이다. 그녀가 이렇게 덧붙였기 때문이다. “선생님이 이스라엘에서 건너오신 거 알아요. 그런데 이스라엘에 가고 싶은 게 선생님 때문은 아니에요. 어릴 때부터 늘 이스라엘에 가서 살고 싶었어요. 이유는 잘 모르겠지만요.”

레이철은 내가 떠나온 고국이 그녀가 꿈꾸는 약속의 땅이라고 말하고 있었다.

“제게 아이가 있었으면 이스라엘에 가서 키우고 싶어했을 거예요. 이스라엘에 사는 모든 아이가 홀로코스트에 대해서 배운다는 걸 알고 계셨나요?” 그녀가 물었다.

잠시 정적이 흘렀다. 학교 운동장에 모여 서서 사이렌 소리를 기다리던 기억이 떠올랐다. 2학년 때 홀로코스트 생존자가 학교 수업 시간에 초대됐던 적이 있었다. 그분은 자신이 우리 나이 또래였을 때 맨발로 눈길을 몇 시간이나 걸었던 이야기를 해주셨는데, 나중에 우리는 누군가가 춥다고 불평할 때마다 항상 이렇게 말하면서 서로를 놀렸다. “너 같은 애는 홀로코스트 때 절대 살아남지 못했을 거야.”

5학년 때는 쉬는 시간에 아이들끼리 모여 앉아서 홀로코스트 때 사람들이 나치를 피해 숨어 있었던 장소를 모두 꼽아봤던 기억도 있다. 아이들과 어디에 숨을 수 있을지 이야기를 나누면서, 나는 아기 엄마들이 나치에게 발각되지 않으려고 아기를 조용히 시키느라 갖은 애를 썼다는 이야기를 떠올렸다.

그날 밤에 나는 잠을 이루지 못했다. 나치가 우리 아파트에 들어왔는데 아기였던 내 동생이 우는 상상을 하면서 뜬눈으로 보냈다. 다음 날 나는 동생과 함께 숨는 연습을 했다. 공갈 젖꼭지와 아기용 장난감을 주섬주섬 챙겨서 동생을 데리고 침실 옷장으로 들어갔다. 우리는 그곳에 아주 오랫동안 머물렀다. 소리가 들릴 때마다 손가락을 입에 대고 '쉿' 하고 조용히 시키면서 동생 때문에 발각되는 일이 없도록 연습했다. 그러다가 나중에 엄마가 오는 소리를 듣고 옷장 밖으로 나와서 동생을 다시 아기 침대에 데려다 놓았다. 나는 이 일을 아무에게도 말하지 않고 감춰뒀다가 세월이 한참 흘러서 어른이 된 뒤에야 동생에게 이야기해주었다.

악몽을 꾸면 항상 나치가 등장했다. 나를 비롯해 그 시절의 아이들은 나쁜 사람들이 우리를 찾아내 죽이지 않을까 늘 두려워했다.

"그래요, 이스라엘에 사는 모든 아이들은 홀로코스트에 대해 잘 알지요." 내가 말했다. "어릴 때 홀로코스트에 대해서 더 잘 알았더라면 좋았겠다는 생각이 드나요?"

"네, 그런 마음이 절실해요. 어릴 때 홀로코스트에 대해 듣기는 했지만, 당시 사람들의 삶이 어땠는지나 생사를 넘나들며 겨우 목숨을 건진 사람들의 이야기 같은 건 배우지 않았어요. 사진도 본 적이 없었죠. 줄무늬 죄수복을 입은 아이들 사진 같은 것들은 나중에야 볼 수 있었어요. 예전에는 그저 유럽에서 제 가족에게 무언가 나쁜 일이 있었다는 것만 알고 있었죠."

레이철의 가족은 아이들이 충격을 받지 않게 보호하려고 그 일에 대해서 전혀 이야기를 나누지 않았다. 그래서 레이철은 뭔가 끔찍한 일이 있었다는 사실만 알았을 뿐, 정확히 무슨 일인지는 몰랐다. 하지만 그녀는 말로는 표현할 수 없는 안 좋은 느낌을 받았다. 레이철은 나에게 말해줄 수 있는 어떤 가족사를 알고 있었다면 좋았을 거라고, 아니면 무엇이 실제 사건이었으며 무엇이 자신의 상상일 뿐이었는지를 판단하는 데 도움이 될 구체적인 그림이 있었다면 좋았을 거라고 생각했다.

여기서 중요한 질문 하나가 드러난다. 트라우마 생존자의 다음 세대가 트라우마에 대해 아는 것이 좋을까 모르는 것이 좋을까? 조상의 트라우마가 어떤 방식으로든 우리 마음속에 침투하게 된다는 사실을 고려할 때, 이 문제가 과연 중요하기는 한 걸까?

자신의 고통이 자녀들에게 미치는 영향을 걱정하고 피해를 최소화하려고 노력하는 부모들은 흔히 이런 딜레마에 사로잡힌다. 부모들은 자신의 고통을 아이들이 짊어지지 않게 보호하고 싶어하고, 아이들은 부모가 트라우마를 드러내거나 재체험하지 않게 보호하려고 한다. 부모와 자녀 사이의 이런 무의식적인 결탁은 고통을 피하기 위한 것이며, 이는 무언의 비밀을 억압하는 데 기여한다.

충격적인 사건에 대한 묘사는 감당하기 힘들 정도로 위압적이며, 다른 사람의 트라우마에 관한 이야기를 듣고서 감정적 고통을 느끼는 '2차적 트라우마'를 유발할 수도 있다. 충격적인 이야기나 이미지를 통해 잔혹함이 그대로 전달되기도 한다. 이런 이야기나 이미지는 충격적인 사건을 재연해서 직접 경험하지 않은 이들에게도 정신적 충격을 안긴다.

제2차 세계대전 이후, 이스라엘에서 살아가는 생존자들은 홀로코스트의 이야기를 입에 담지 않았다. 생존자라는 사실이 수치심을 불러일으키기도 했고, 홀로코스트에 대해 언급하는 것이 일반적이고 고유한 문화의 일부로 자리 잡은 것은 시간이 한참 흐르고 난 뒤였기 때문이다. 그런데 이스라엘의 어린이들은 아주 어린 나이부터 홀로코스트의 공포에 노출되어 있었다. 아이들은 단순히 그에 대한 교육만 받는 것이 아니라 정신적 충격도 받는다. 제대로 알지 못하는 채로 홀로코스트의 역사를 살아가며 재경험하는 것이다.

고통을 기억하고 재연하는 것은 유대 전통의 일부이며, 노예 생활과 해방에 대한 '기억'은 유월절(Passover seder)과 같이 행위를 통해 감각적으로 다시 체험하는 여러 종교적 의식과 결부된다. 트라우마의 재현은 과거와 미래, 역사와 운명을 연결한다. 이런 활동은 수동적인 희생자를 능동적인 행위자로, 희생자(victim)를 승리자(victor)로 바꾸어놓는다.

홀로코스트가 종료되고 단 3년 만에 건국된 국가 이스라엘의 정체성은 끝나지 않고 이어지는 유대인 박해의 트라우마와 유대인들의 안전한 보금자리를 만들겠다는 꿈에 바탕을 둔다. 내가 7장에서 더 자세히 논할 수동에서 능동으로의 이러한 역동은 희생자들이 자신의 공격성을 부정하면서 좌절과 무력감에서 벗어나는 것을 목표로 한다.

트라우마를 기억하고 가슴에 새겨두는 과정에는 이런 딜

레마가 있다. 한편으로는 희생자들을 기리고 정체성과 유산을 소중히 여기며, 다시는 범죄가 일어나지 않도록 노력해야 할 필요가 있지만 다른 한편으로 그런 과정에서 과거, 현재, 미래가 하나로 묶인다. 다음 세대는 전 세대와 동일시되기 위해 소집되며, 그러다 보면 조상의 트라우마와 상실에 얽혀들게 된다.

트라우마에 관한 이야기는 늘 과한 것과 불충분한 것, 지나치게 노골적인 것과 비밀스러운 것, 충격적인 것과 억제된 것 사이의 미묘한 선을 타기 때문에 우리는 처리되지 않은, 말할 수 없는 형태의 트라우마를 지니게 된다. 우리는 보통 양극단 사이의 이분법적인 상황에 빠진다. 트라우마를 다룰 때는 조절이 늘 힘든 문제이기 때문이다.

레이철은 더 많이 알았더라면 좋았을 것이라고 내게 말했다. 그녀의 가족사는 함구되었으며, 이 처리되지 않은 트라우마는 입으로 전해지지 않은 억눌린 비밀이 되거나 트라우마와 연관된 상징적인 생각이 되었다. 그런 부류의 비밀은 우리가 전혀 모르는 낯선 기억의 형태로 우리 마음속에 산다. 그런 기억은 확인하거나, 건드리거나, 바꿀 수 없으며, 느껴지지만 인식되지 않는 유령으로 다음 세대에 전해진다.

"어릴 때 겁이 엄청 많았어요. 뭐든 무서워했죠." 레이철은 이렇게 말하고, 한참 동안 침묵했다.

"사실 저는 여섯 살 때부터 베개 밑에 칼을 놓아두고 잤어요." 그녀가 작은 목소리로 말했다. "부모님은 이에 대해 전혀 모르셨어요. 저만 아는 비밀이었죠. 제가 맨 처음에 그렇게 했던 날이 기억나요. 한밤중이었는데, 이미 가족들은 모두 잠들어 있었어요. 저는 부엌으로 가서 서랍을 열었죠. 서랍 안에 있던 주황색 칼을 찾아서 그걸 들고 방으로 갔어요."

"뭐가 두려웠던 건가요?" 내가 물었다.

"그날 밤에 이상한 꿈을 꾸다가 잠에서 깼어요. 제 품에 아기가 안겨 있고 누군가가 우리를 쫓고 있었어요. 저는 아기를 보호해야 해서 아기를 안고서 달아났어요." 레이철은 나를 쳐다보면서 말을 이었다. "이 꿈을 잘 기억하는 이유는, 그날 이후로 오랫동안 똑같은 꿈을 매일 꿨기 때문이에요."

"아기를 데리고 어딘가에 숨었나요?" 나는 아기였던 동생을 데리고 숨는 연습을 했던 기억을 떠올리며 물었다.

"아뇨, 숨을 곳을 찾을 수가 없었어요. 그래서 그냥 계속해서 도망치기만 했죠. 은신처도 없었고, 안전한 느낌이 드는 곳이 없었어요."

레이철이 아기를 품에 안고 죽기 살기로 뛰는 모습이 그려졌다. 그녀는 아주 어릴 때부터 이 꿈을 되풀이해서 꿨다. 이야기를 나누면서 여러 질문이 떠올랐다. 그 아기는 누구일까? 그 아기는 이 세상에서 위험을 느끼는 레이철 자신일까? 그녀는 무엇으로부터 그리고 누구에게서 도망치고 있었을까?

숨을 곳은 아무 데도 없었고, 그 세상에서 아기는 안전하지 못했다.

꿈 이야기를 하면서 연상되는 것은 없었는지 그녀에게 물었다.

"나치요." 그녀가 고개를 끄덕이며 말했다. "마음속에 떠오르는 건 그것밖에 없어요. 어쩌면 저는 부다페스트에 있었고, 나치에게서 도망치고 있었던 건지도 모르겠어요. 저는 매일 밤 그 주황색 칼을 곁에 두고 잤어요. 아침이 되면 칼을 책상에 넣어뒀다가 밤에 잠자리에 들 때 다시 꺼내서 베개 밑에 넣어뒀죠. 이 이야기는 지금껏 아무에게도 해본 적이 없어요."

"어릴 때 불안함을 느꼈고, 지금도 이렇게 불안한 세상에서 아기를 낳는 것을 꺼리고 있는 거군요. 아기가 똑같은 불안함을 느끼지 않았으면 좋겠다고 생각하는 거예요." 내가 말했다.

"아기가 저에게 뭐든지 말할 수 있으면 좋겠어요. 혹시나 무섭다고 하면 아기를 꼬옥 안아주면서 안심시켜주고 싶어요."

레이철은 자기 아이를 상상하기 시작했다. 어릴 때 느꼈던 두려움에 대해서 더 많이 이야기할수록 아기가 자신처럼 불안한 마음으로 살게 될 것 같아서 아기를 낳겠다는 생각을 차마 하지 못했음을 더 확실히 깨닫게 됐다. 아기를 안 갖는 건 아기를 보호하려는 조치였다.

레이철은 한숨을 쉬었다. "공포를 감춰야 했어요. 아무에게도 얘기할 수 없었죠. 저한테 무슨 문제가 있다고 생각하는 게 싫었거든요. 제가 그렇게 두려움에 사로잡혀 있었다는 사실은 어린 시절 저의 가장 큰 비밀이었어요."

나는 레이철이 금지된 비밀을 오랜 세월 간직하고 있었다고 느낄지 모르지만 어쩌면 그녀의 비밀은 다른 사람들의 비밀을 지킬 하나의 방법이었을지 모른다고 말했다.

"할아버지에게는 어떤 비밀이 있었죠?" 내가 물었다.

레이철은 대답하지 않았다. 그저 진지한 표정으로 나를 쳐다보며 들릴락 말락 한 소리로 대답했다.

"글쎄요, 누가 알겠어요."

~

그로부터 몇 달 뒤 레이철은 임신했다. 여자아이를 낳았고, 이름은 '루스'라고 지었다.

갓난아기를 안고 밝은 얼굴로 상담에 찾아온 레이철을 보니 기분이 아주 좋았다. 루스는 나를 보면서 방긋 웃었다.

"역시 반가워서 웃음이 나오는가 보다." 레이철이 아기에게 다정한 목소리로 말했다. "배 속에 있을 때부터 선생님 목소리를 들었잖아. 그치, 기억하지?" 레이철은 손으로 나를 가리키며 말했다. "그래, 엄마가 너를 가질 수 있게 선생님이 도와주셨잖니. 선생님 덕분에 엄마는 내 품에 너를 위한 보호막을 만들 수 있다는 걸 깨달았지."

루스는 레이철 품에 안겨서 잠이 들었다. 아기 이름은 레이철의 엄마가 골라줬다고 했다. 레이철의 엄마는 레이철이 태어났을 때 루스라고 이름 지으려고 했지만, 부모님(레이철의 조부모)이 강력하게 반대했다고 한다. 루스는 홀로코스트 추모일에 레이철의 조부모가 태우던 양초에 적혀 있던 이름이었다.

"루스는 아우슈비츠에서 목숨을 잃은 가족의 이름이에

요." 레이철이 설명했다. "그래서 엄마가 저한테 그 이름을 지어 주려고 했을 때, 외할머니 외할아버지가 안 좋은 생각이라고 반대했던 거예요. 외할머니는 눈물을 글썽이면서 '갓 태어난 아이에게 죽은 사람의 이름으로 짐을 지울 필요는 없지 않겠니'라고 말씀하셨다고 해요. 그러면서 외할머니는 묵묵히 서 계신 외할아버지를 쳐다보셨대요. 엄마는 나치가 승리하지 못했고 유대인을 말살하지 못했다는 가장 중요한 증거가 바로 유대인 아기들이라는 말을 부모님에게 종종 들었다고 했어요. 외할머니는 이렇게 말씀하셨어요. '이 아이는 우리 뒤를 잇는 새로운 세대야. 그러니 밝고 희망적인 이름으로 불려야 하지 않겠니.'"

레이철의 엄마는 부모님을 설득하려고 노력했지만, 더 강하게 주장할수록 외할머니와 외할아버지는 더 속상해했고, 어느 순간 레이철의 외할아버지는 버럭 화를 내셨다.

"새로 태어난 아기는 지난 과거가 아니라 미래와 연결되어야 하는 거야. 우리 손녀는 공포가 아니라 행복과 연결돼야 해. 대체 너는 왜 자꾸 그러는 거니?" 외할아버지는 레이철의 엄마에게 이렇게 큰소리를 치고 방을 나가버리셨다.

"이때가 지금껏 엄마가 봤던 외할아버지의 모습 중에 가장 감정적으로 반응하셨던 때였대요." 레이철이 말했다. "외할아버지는 감정의 기복이 없고 이성적인 분이셨어요. 엄마는 할아버지가 우는 걸 한 번도 못 봤대요. 엄마 말로는 어릴 때 속상해하고 있으면 할아버지가 안아 올려서 거의 숨을 못 쉴 것 같을 때까지 안아주셨대요. 그러고 나서 '기분이 좀 나아졌니?'라고 물어봤대요. 엄마가 고개를 끄덕이면 외할아버지는 엄마를 내려 주었고, 두 사람은 눈도 마주치지 않고 각자 방으로 들어갔다고 해요. 엄마는 할아버지하고 감정에 대해서는 전혀 이야기 나눈 적이 없고, 할아버지의 과거에 대해서는 아무것도 듣지 못하고 자랐어요. 엄마가 아는 사실이라고는 할아버지가 '거기'에 있었고, 가족 모두가 아우슈비츠에서 살해당했다는 것뿐이었죠. 어떻게 할아버지 혼자서 살아남았는지는 몰라요. 아무도 감히 물어보지 못했어요."

레이철과 나는 외할아버지가 과거가 잊히기를 바랐다는 것을 깨달았다. 레이철의 엄마 아빠는 외할아버지와 다툰 이후에 주장을 굽히고 아기 이름을 레이철로 정했다. 성경에서 레이철(라헬, Rachel)은 야곱이 평생 가장 사랑한 사람이었듯이, 레이철의 부모는 아기 레이철이 인생에서 가장 소중한 사랑이 될 것임을 알았다.

레이철의 외할머니와 외할아버지는 레이철이 어릴 때 돌아가셨다. 세월이 한참 흘러서 레이철의 엄마가 아기 이름으로 루스를 제안했을 때, 레이철과 마크는 듣자마자 아주 마음에 들어 했다.

"제 아이가 우리 가족의 역사와 연결되었으면 하거든요. 우리 조상들이 어떤 사람들인지를 제 딸이 알았으면 좋겠어요." 레이철이 내게 말했다. "찾아보니 루스라는 이름은 1930년대 헝가리에서 인기 있는 이름이었대요. 할아버지는 과거를 되새기는 걸 원하지 않으셨겠지만, 후손인 저는 과거를 직시하고, 소중히 간직하고 싶어요." 곤히 잠든 루스를 바라보는 레이철의 얼굴이 환해졌다.

이 무렵 레이철과 마크는 루스를 데리고 이스라엘로 이주할 수 있을지 가능성을 살펴보기 시작했다.

"어릴 때의 꿈을 이룰 거예요." 레이철이 미소지으며 말했다. "운 좋게도 마크가 이스라엘에서 일자리를 구할 수 있거든요. 마크의 친척이 이스라엘에 살고 있다고 지난번에 말씀드렸던가요? 저는 자랄 때 친척이 거의 없었어요. 외할머니는 외동딸이었고, 연락이 안 닿는 숙모가 한 분 계실 뿐이었죠. 아버지 쪽으로도 친척이 없지만, 가족 전체가 알고 지내는 친구가 예루살렘에 있어요. 외할아버지와 함께 홀로코스트에서 살아남은 분인데 외할아버지에게는 형제나 다름없었죠. 전쟁이 끝난 뒤에 외할아버지는 미국으로 이주했고, 그분은 이스라엘로 갔어요. 여름이면 가족들 모두 그분 집에 종종 방문했는데, 그분 딸과 제 나이 또래인 손녀가 있었던 걸로 기억해요. 그분은 이미 돌아가셨겠지만, 그분 가족이 여전히 예루살렘에 있지 않을까 싶어요."

레이철은 휴대폰을 꺼내서 저장된 사진 목록을 찾아보더니 어릴 때 찍은 사진 한 장을 화면에 띄워서 내게 보여줬다. 레이철이 여덟 살 때 다른 여자아이와 함께 찍은 사진이었다. 둘은 손을 잡고 카메라를 바라보며 미소 짓고 있었다.

"예루살렘에 있는 어느 오래된 도시의 시장에서 찍은 거예요." 레이철이 설명했다. "이 아이 이름이 뭐였는지도 기억이 안

나네요. 이번 봄에 예루살렘에 가서 이스라엘로 이사하는 것과 관련된 구체적인 문제들을 처리하려고 해요. 아마 이 가족부터 찾아야 할 거예요. 증손녀를 찾을 수 있으면 정말 좋을 것 같아요. 찾을 수 있겠죠?"

예루살렘에 방문할 날을 몇 달 앞둔 시점이었다. 레이철은 땀범벅이 되어서 잠에서 깼는데, 그날 이후로 그녀에게 야경증(sleep terror)이 생겼다. 그녀는 밤에 잠들자마자 침대에서 벌떡 일어나 공포에 사로잡혀서 비명을 질러댔다. 그녀는 자신에게 무슨 일이 일어나는 것인지 걱정됐고, 어쩌면 좋을지 혼란스러웠다.

야경증은 중추신경계가 지나치게 활성화되어 발생하는 병이다. 연구에 따르면 심리적 외상 후 스트레스 장애(PTSD)가 있는 사람들 대다수가 야경증을 앓는다. 악몽은 끔찍한 내용의 꿈을 꾸는 것이지만, 야경증은 대개 명확한 줄거리나 내용 없이 강력한 공포를 느끼는 증상을 동반한다. 고함을 지르며 잠에서 깨지만, 꿈은 생각나지 않는다. 밤에 고함을 지르며 깼다는 것을 아침에는 대개 기억하지 못하기 때문에, 역사적으로 야경증을 악마에게 사로잡힌 현상이나 유령의 짓으로 여겼던 것도 이해할만하다.

레이철은 화가 났다. 어릴 때처럼 밤이 되면 위험에 처해서 곧 죽을 것만 같은 기분이 들었다. 그녀가 설명할 수 없는 무서운 일이 일어나고 있었다. 이 증상은 그녀가 접근할 수 없는 감정적 요소와 연관된 것이 분명했다. 레이철과 나는 곧 있을 이스라엘 여행과 관련이 있을 것으로 추측했다.

우리가 야경증 증상을 살펴보기 시작하자 증상이 바뀌더니 야경증 대신 과거에 자주 꿨던 악몽을 다시 꾸기 시작했다.

"저는 목숨을 지키기 위해서 아기를 안고 죽을힘을 다해 뛰었어요. 베개 밑에 칼을 놓고 자기 시작했던 여섯 살 때 꿨던 꿈과 완전히 똑같은 꿈이에요." 레이철은 혼란스럽고 좌절한 듯했다. "그 꿈을 더는 안 꾸게 된 건 15년 전쯤부터예요. 그런데 지난 밤에 똑같은 꿈을 꿨어요. 그런데 이제는 정말로 저한테 아기가 생겼고, 꿈에 나왔던 아기는 꼭 루스처럼 생겼더라고요. 이런 꿈을 꾸다니 너무 속상해요." 그녀는 좌절하며 눈물을 흘렸다.

가족 안에서 언급된 적이 전혀 없는 트라우마는 이렇게 그녀의 마음을 침범했다.

텔아비브Tel Aviv 대학의 욜란다 갬펠 교수는 핵물리학 용어를 은유적으로 사용한 '트라우마의 방사성(radioactivity)'이라는 개념을 제안했다. 이는 사회정치적 상황과 섬뜩한 폭력으로 유발된 끔찍하고 파괴적인 영향을 묘사하는 말이다. 우리는 오래전에 아주 먼 곳에서 일어난 일의 영향에서 벗어날 수가 없다. 직접 경험하지 않았고 구체적인 내용을 모르더라도 말이다. 참사에서 비롯된 감정적·물리적 방사성은 마치 방사성 낙진처럼 후대의 삶에 퍼져나간다. 이런 영향은 감정적·물리적 증상, 트라우마와 관련된 연상, 삶에 대한 공격의 형태로 나타난다.

과거의 흔적은 어디에든 있고, 억압된 비밀은 이름 없는 두려움이 된다. 그런 비밀은 형태도 색깔도 냄새도 없는 방사능처럼 우리 안에 살고 있다. 그리고 마음은 이 파괴적인 과거의 심리적 침범을 막아낼 수 없다. 레이철의 경우에는 가족의 트라우마가 실제로 반복해서 나타난 것이었다.

"과거에 일어났던 일에 대해서는 아는 게 아무것도 없어요." 레이철과 나는 서로를 바라봤다. 레이철은 이렇게 덧붙였다. "외할아버지가 아주 맑고 화창한 봄날에 아우슈비츠에 도착했다는 이야기를 했던 적이 있어요. 나무들이 푸르고 평화로워 보였지만, 한 가지 신경에 거슬리는 게 있었대요. 약간 달콤하면서도 낯설고 강렬한 냄새였는데, 돌아보니 죽음의 냄새였다고요."

우리는 둘 다 침묵을 지켰다.

"전쟁이 터졌을 때 외할아버지는 젊은 청년이었어요. 친척들은 모두 전쟁으로 죽었고, 가족 중 외할아버지만 유일하게 살아남았죠."

"외할아버지가 잃은 가족과 친척들은 누구죠?"

"전혀 몰라요." 레이철은 답답한 듯했다. "아우슈비츠의 날씨 이야기를 하고, 함께 목숨을 건진 절친한 친구 이야기도 하셨어요. 하지만 가족 중에 누가 죽었는지는 한 번도 얘기하신 적이 없어요."

"루스가 누구였는지 알고 싶어요." 레이철의 눈이 번뜩였다. “이번 여행으로 악몽이 다시 시작됐다는 건 알지만, 여행을 취소해서는 안 될 것 같아요. 외할아버지 친구의 가족을 수소문해서 진실을 알아내야겠어요. 저 자신과 우리 모두를 위해 꼭 진실을 밝혀야만 해요.”

레이철은 홀로코스트 추모일을 이스라엘에서 보내게 된다는 사실을 의식하지 못한 채 4월 중순으로 여행 일정을 잡았다. 가족사의 흔적을 찾고, 어릴 때부터 마음에 늘 간직해온 충격적인 이미지와 관련된 사연을 밝히기 위해서.

~

이름은 한 사람의 정체성에서 상당히 중요한 부분이다. 나는 내담자들을 처음 만날 때 보통 이름의 의미와 누가 어떤 이유로 그 이름을 골랐는지, 이름과 연관된 특별한 의미나 이야기는 없는지 물어본다. 이름은 감정과 연결되며 부모가 자녀에 대해 품은 희망, 즉 아이가 어떤 사람이 될 것으로 생각하거나 희망하는지를 드러낸다. 그리고 그 아이를 가졌을 때 부모의 느낌도 반영된다. 이렇듯 이름에는 미래의 비전뿐 아니라 과거의 기억도 담긴다.

아기 이름을 지을 때 친척이나 세상을 떠난 사람들의 이름을 따서 짓는 경우도 흔하다. 또 부모가 사랑하거나, 존경하거나, 특정한 성격적 특성을 가진 사람의 이름을 선택하기도 한다. 아이의 이름에는 특정한 기대, 책임, 역할이 반영될 수도 있다.

예를 들어 내가 만난 어느 내담자는 그가 태어나기 바로 전에 돌아가신 외할아버지의 이름을 갖게 됐다. 상담치료를 하면서 그의 어머니가 아들인 그에게 보호자 역할을 부여했고, 그것이 그의 이름과 연결되어 있다는 사실이 밝혀졌다. 그의 어머니는 그를 어릴 때부터 현명하고 어른스럽고 책임감이 있어서 조언을 구하려고 할 때 어머니가 의지하는 아들로 묘사했다. 다른 어떤 내담자는 어머니가 '나의 것(mine)'이라는 의미인 이름을 지어주었다. 알고 보니 아버지가 아이를 갖는 것을 망설여서, 어머니는 아기를 자기 혼자만의 자식으로 느끼고 있었다.

2부에서 설명하겠지만, 자살이나 살인 같은 비극적인 상황으로 목숨을 잃은 사람의 이름을 따서 아이 이름을 짓는 것에는 깊은 의미가 있다. 대개 그런 행동은 떠난 사람을 되살리는 것뿐만 아니라 과거를 고쳐서 트라우마를 치유하려는 소망의 표현이다.

4월 중순에 레이철은 남편과 아이와 함께 이스라엘에 갔다. 미래를 계획하고, 과거를 탐문하고, 루스가 누구였는지 알아보기 위해서였다. 여행을 통해 발견한 사실은 믿기 힘들었지만, 동시에 믿음직했다. 갑자기 모든 것이 이해되는 기분이었다.

예루살렘에서 레이철과 마크, 루스는 외할아버지가 아우슈비츠에서 사귄 친구의 가족을 만났다. 그 친구분은 오래전에 돌아가셨지만 그분의 딸과 손녀와 연락이 닿았고, 그들은 레이철 가족의 연락을 반겼다. 레이철 가족은 예루살렘에 있는 딸의 집에 초대받았다.

"일요일 아침에 만났어요." 레이철이 내게 말했다 "예루살렘에서의 그날은 정말 놀라울 정도로 모든 것이 순탄하게 흘러가는 기분이었어요. 그분 집에 도착했을 때 루스는 아기 띠에 안긴 채 잠이 들어 있었어요. 그분의 안내로 현관 벤치에 앉으려는데, 루스가 잠에서 깨더라고요. 그래서 가족들에게 '저희 아이 루스예요'라고 소개했더니, 따님이 저를 보면서 깜짝 놀라셨어요. 그리고 아무 말 없이 부엌으로 들어가서 차와 쿠키를 내왔어요. 그리고 자리에 앉으면서 이렇게 말씀하셨죠. '아기 이름을 루스라고 지은 건 아주 뜻깊은 일이네요. 저희 아버지가 예전에 루스 이야기를 자주 하셨죠. 레이철의 외할아버지는 루스의 죽음을 결코 극복하지 못했고, 그분의 일부가 루스와 함께 죽었다고 하셨어요.'

뭐라고 말해야 할지 모르겠더라고요. 난처해서 루스가 누군지 몰랐다고는 차마 말할 수가 없었어요. 루스가 아우슈비츠에서 죽은 친척의 이름이고, 할아버지가 매년 홀로코스트 추모일에 그녀의 이름이 적힌 초를 태웠다는 것만 어머니에게 들어서 알고 있다고 그 자리에서 어떻게 얘기하겠어요. 숨을 쉴 수가 없을 지경이어서, 그저 조용히 입을 다물고 있었죠. 마크가 그런 저를 보고, 그 상황에서 무엇이 필요한지를 파악했어요. 마크는 루스에 대해서 아는 것이 있으면 전부 말해달라고 친구분의 따님께 부탁했죠.

그렇게 해서 외할아버지의 비밀을 듣게 됐어요. 그분에게 들은 이야기에 따르면 전쟁이 시작됐을 때 외할아버지는 결혼한 상태였고 루스라는 이름의 딸이 있었대요. 가족이 아우슈비츠로 끌려갔을 때 루스는 아직 어린 아기였죠. 할아버지의 부인과 딸은 할아버지와 헤어져서 여자들 구역으로 끌려갔어요. 할아버지는 그 뒤로 부인과 딸을 다시는 볼 수 없었죠. 수용소에 도착한 지 몇 시간 만에 가스실로 끌려가서 살해당했다는 소식을 다른 사람에게서 전해 들었대요."

레이철이 외할아버지 친구분의 가족들과 이야기를 나누던 중에 사이렌이 울렸다. 딸은 사이렌 울릴 시간이라는 것을 미리 알려주지 않아서 미안하다고 사과했다. 그러면서 이렇게 말했다. "아주 상징적인 순간이네요. 오늘이 홀로코스트 추모일이거든요. 추모일에 사이렌이 울리면 조용히 자리에서 일어나서 살해당한 600만 명을 기억하는 전통이 있어요."

그들은 사이렌이 끝날 때까지 한참 동안 일어나 있었다. 손녀딸이 말했다. "많이 어색하시죠. 사실 저희도 여전히 불편해요." 다정한 목소리였다. "저는 교사로 일하는데, 사이렌이 울리는 동안에 아이들이 보통 낄낄거리며 장난을 치거든요. 제가 어릴 때도 다들 그랬고요. 다른 나라에서 오셨으니 아이들이 감당하기에는 너무 큰 감정이고 아이들은 공포의 감정을 처리하기가 힘들다는 걸 아마 이해하실 거라 믿어요."

설명을 마친 레이철은 나를 보면서 눈물을 흘렸다.

레이철과 나는 중대한 변화를 감지했다. 레이철이 혼자서 간직했던 악몽은 상상할 수 없는 트라우마를 기억하면서 사는 그녀만의 방식이었다. 이제 과거의 이야기가 형체를 갖추면서,

레이철의 유령은 조상으로 바뀌었다. 마침내 악몽을 되풀이해서 경험하는 것이 아니라 사연을 언어로 표현할 수 있게 됐다.

상담실에는 정적이 흘렀다. 전보다 한결 가벼워진 레이철의 숨죽인 눈물과 숨소리가 들릴 뿐이었다.

2부

부모 세대

타인의 비밀

2부에서는 부모의 비밀과 영유아기와 태어나기 전에 일어났던 숨겨진 사실들을 다룬다. 특히 가족들에게 알려지거나 알려지지 않은 형제의 죽음, 그 죽음이 남은 아이들과 그 자녀에게 미치는 영향을 탐색한다. 환영받지 못한 아기, 즉 원하지 않은 임신으로 태어난 아이들과 목숨을 부지하기 위한 그들의 끊임없는 노력에 대해 알아볼 것이다. 또 아버지와 부성애에 대해서 살피고, 더 나아가서 보상과 반복의 관계, 즉 부모의 트라우마를 치유하고 상처받은 영혼을 회복하려는 소망이 오히려 부모의 고통스러운 역사가 다시 실현되고 반복되도록 만들 수도 있다는 점에 대해서도 알아볼 것이다.
애도는 바꾸거나 고칠 수 없는 상황을 받아들이는 능력이 있을 때 비로소 시작할 수 있다. 각자의 상실과 잘못에 덧붙여 부모의 상실과 잘못까지 애도하도록 스스로에게 허용하는 자세는 우리를 삶과 연결하고 새로운 가능성의 탄생을 반가이 맞아들일 수 있게 한다.

5

비밀이 유령이 될 때

노아는 기억할 수 있는 가장 어린 시절부터 죽음에 대한 생각에 항상 사로잡혀 지냈다. 여덟 살 때 그는 날마다 신문 부고란을 읽었다. 그가 자신의 관심사를 어머니와 공유하고 싶어서 “이 사람은 어떤 사람이었을까?”라고 물으면 어머니는 잘 모르겠다는 듯 어깨를 한 번 으쓱하고서 “알 수 없지”라고 대답하곤 했다.

노아는 알고 싶었고, 알아야 했다. 그는 검색하고, 조사했다. 이들은 어떤 사람들이었을까? 누구를 남겨두고 간 걸까? 죽을 때는 몇 살이었을까? 노아도 죽을 수 있을까? 노아의 부모님도 죽을 수 있을까?

그로부터 수십 년이 지나서 노아는 ‘죽은 사람들에 대한 집착’이라고 그가 이름 붙인 증상으로 나를 찾아왔다. 그는 부고란에 오른 사람들에 대해 모든 것을 알고 싶어했고, 나는 그에 대한 모든 것을 알아내야 했다. 노아가 상담실에 부고를 들고 올 때마다 그와 나는 각자 빠진 조각을 찾으며 각자의 퍼즐을 맞췄다.

"이젠 알겠어요!" 집에서 몇 시간씩이나 인터넷을 검색해서 최근에 뜬 부고와 관련된 날짜와 세부 내용을 찾아낸 그가 내게 말했다. "모든 걸 다 알아낸 것 같아요. 이번 건은 여기서 끝내야겠어요."

노아와는 달리, 나는 아직 노아를 파악하지 못했다. 노아의 개인사에서는 아직 많은 조각이 채워지지 않은 상태였다. 나는 조각들이 나타나기를 인내심 있게 기다렸다. 빠진 조각이 조만간 나타날 것임을 경험으로 알고 있었기 때문이다. 내가 할 일은 그저 묵묵히 듣고 맞아들이는 것뿐이었다.

노아는 그의 퍼즐에서 빠진 부분이 있으면 짜증을 냈다. 신문을 펼쳐 들고 마리라는 여성의 부고를 소리 내서 읽다가 말도 안 된다는 표정을 지었다. "내 참, 어이없어서. 선생님, 이것 좀 보세요." 그가 말했다. "대체 왜 이 기사에서는 '로널드'가 두 번째 남편이라고 쓴 걸까요? 인터넷으로 검색해보면 첫 번째 남편의 이름도 로널드였다는 걸 알 수 있는데 말이에요. 마리는 재혼하기 수년 전에 이 첫 번째 남편과 공동 저작한 책을 냈는데, 그걸 번역한 사람이 두 번째 남편인 로널드예요."

그의 말에 어리둥절해진 나는 장난스럽게 '아마도 마리는 이름이 로널드인 사람들만 좋아했나 보다'라고 생각했다. 이렇게 반응할 수밖에 없었던 것은 구체적인 이야기를 듣고도 이해하기가 어려워서 마음이 초조했기 때문이었다. 나는 죽은 사람들의 사적인 내용에 흥미를 갖는 노아를 아직 완벽히 이해하지 못했다.

"남편 두 사람 모두 이름이 로널드였다니, 이게 가능한 일일까요?" 노아가 물었다. 그는 기사에 나온 로널드란 이름을 모두 세어보았다. 이름에 감춰진 뭔가가 있는지 확실히 알아야겠다는 듯 말이다.

노아는 죽은 사람들을 자기 마음에 담아놓고, 그들을 보내주지 않으려 했다. 그는 그들의 이야기를 마치 자기 이야기처럼 받아들였다. 그런 의미에서 그들은 죽었거나 살아 있는 것이 아니라 양쪽 세상 사이를 떠도는 유령으로, 겉으로는 전혀 보이지 않지만 노아의 삶에 존재하고, 이제는 내 삶에까지 존재하게 됐다.

죽은 사람들을 조사하는 노아의 활동에 동참하면서, 나는 죽은 사람들의 유령과 노아의 역사 속 유령이 노아와 나 두 사람 모두를 괴롭힌다는 사실을 자각하게 됐다. 우리는 늘 우리가 바라는 것만큼 많은 내용을 알고 있지 못했다.

하루는 그의 가족을 머릿속에 그려보려고 이렇게 물었다. "태어났을 때 어머니 연세가 몇이셨죠?"

노아가 대답했다. "아마 마흔넷이었을 거예요. 꽤 늦은 나이죠?"

그는 거의 마흔넷이 다 되었는데 아직 아이가 없었다.

"본인의 나이가 많다고 생각하나요?" 내가 물었다.

"많은 편이죠." 그가 대답했다. "40대 중반에 아이를 낳은 부모의 외아들로 자라는 게 쉽지는 않았어요. 그리고 무슨 이유에선지 저는 늘 태어날 때 죽은 쌍둥이 형제가 있었다는 상상을 했어요. 그런 농담을 하면 어머니는 짜증을 내셨어요. 죽음에 대해서 터무니없는 상상을 하는 제 버릇이 또 나오는 거라면서요. 저는 쌍둥이 형제와 제 이름이 모두 노아라고 남몰래 상상했어요. 닥터 수스Dr. Seuss의 그림책에 나오는 물건1(Thing One)과 물건2(Thing Two)처럼, 노아1과 노아2가 있다고 상상했죠."

"그럼 본인은 노아1이었나요? 아니면 노아2였나요?" 내가 물었다.

"당연히 노아2죠. 제가 노아1처럼 생기지는 않았잖아요?" 그가 장난스럽게 대답했다. "그러고 보니 마리의 삶에 등장하는 로널드1과 로널드2가 생각나네요. 마리는 두 사람을 똑같이 사랑했을까요? 로널드1이 그립고, 그 사람이 살아 있으면 얼마나 좋을까 싶어서 로널드2와 재혼했던 건 아닐까요?"

나는 노아의 이야기를 들으면서 외롭게 혼자 컸을 어린 시절의 그를 떠올렸다. 그 아이는 부모의 죽음에 대한 생각과 그가 말한 죽은 형제와 관련된 '기이한 환상'에 사로잡혀 있었다. 노아의 이야기에는 공백이 많았기 때문에 우리는 상담치료를 통해 그 공백을 채우고자 했다. 그래서 과거의 그는 어떤 사람이었는지 추측하고, 꿈과 환상의 의미에 대해 생각하고, 어린 시절 형제를 갖고 싶었던 갈망을 이해하고, 끊임없이 느꼈지만 명확하게 이름 붙일 수 없었던 고뇌를 탐색했다.

시간이 지나면서 노아는 부고의 인물을 조사하는 것을 그만두고, 자신의 심리적 상실과 상징적 죽음에 대해 더 많이 언급하기 시작했다. 우리는 죽은 쌍둥이 형제에 대한 노아의 상상이 그의 '죽은' 부분을 대변하는 것으로 보았다. 그런 부분에는 우울감을 느끼며 세상에서 멀어지려고 하는 성향과 그에게 감정적으로 무정하게 대했던 부모의 태도가 포함됐으며, 두 가지 모두 여전히 그의 삶에 영향을 끼치고 있었다. 특히 그가 생각하는 어머니는 두고 온 무언가에 감정을 모두 쏟아부은 사람처럼 세상과 단절된 삶을 사는 듯했다.

어느 토요일 저녁, 노아에게서 이메일이 도착했다 "아틀라스 박사님, 오늘 아침에 충격적인 일이 두 가지 벌어졌어요. 다음 상담 시간까지 기다릴 수가 없어서 이메일 드렸습니다." 그 첫 번째는 그의 어머니가 그날 아침에 돌아가셨다는 것이었고, 두 번째는 그에게 죽은 형제가 있었다는 사실을 알게 됐다는 것이었다.

그의 이메일은 이렇게 이어졌다. "오늘 아침에 아버지와 포옹하는데 아버지가 할 말이 있다고 하시더라고요. 저에게 마음의 짐을 지우고 싶지 않아서 알리지 않았던 사실이 하나 있다고요. 아버지는 이렇게 말씀하셨어요. '이 사실은 엄마와 나 둘 중에 한 사람이 죽을 때까지는 너에게 절대 알리지 않기로 했단다.'" 그가 알게 된 비밀은 바로 노아보다 1년 먼저 태어났던 형이 있었다는 것이었다. 그의 이름은 노아였다.

"부모님은 아주 작은 무덤 옆에 부모님이 묻힐 묘지를 마련해두셨어요. 내일 어머니를 거기에 묻을 거예요. 노아1은 44년 전에, 태어난 지 여덟 달 만에 거기 묻혔고 몇 달 뒤 태어난 제가 이름을 물려받았어요. 부모님은 제가 형의 죽음으로 마음 아파하거나 큰 충격을 받는 걸 원하지 않으셨어요."

수십 년 동안 찾은 끝에 노아2는 이제 부고를 완성할 수 있게 됐다.

노아가 발견한 진실은 당시 내게도 놀랍게 느껴졌다. 그리고 내가 2015년 4월에 <뉴욕타임스>의 '카우치Couch' 섹션에 그의 사연을 소개한 글을 기고했을 때 독자들이 그렇게 뜨거운 반응은 보일 것이라고는 우리 두 사람 모두 예상하지 못했다. 칼럼이 실린 지 몇 시간 뒤에 그와 비슷한 경험을 공유하는 사람들의 이메일이 속속 도착하기 시작했다.

노아의 비밀스러운 이야기는 알고 보니 다른 많은 이들의 이야기였으며, 그들은 모두 그런 일이 자신에게만 일어난 신비하고 특별한 일이라고 생각하고 있었다. 사람들은 죽은 형제자매 이야기, 나이가 들고 나서야 알게 된 비밀, 이런 비밀이 마음속에서 어떤 식으로 드러났는지를 나에게 알려왔다. 태어날 때 죽은 쌍둥이가 있었다는 것을 나중에 알게 됐으며 그 트라우마가 그들의 삶에 영향을 끼쳤다는 이야기를 전한 사람들도 여럿 있었다. 숨겨진 사실이 마음에 나타나는 방식은 비논리적인 것처럼 느껴지고 때로는 믿기 힘들다. 내게 연락해온 모든 사람이 과거와 현재 사이에, 그리고 원래부터 갖고 있었던 설명하기 힘든 느낌과 가족의 트라우마 사이에 강력한 연결 관계가 있었음을 발견했다. 사람들 대부분은 각자가 의식적으로 인식하지 못하는 정보에 몸과 마음이 반응하는 방식과 가족의 비밀 사이에 존재하는 이런 기이한 동시성을 이해하기 힘들어했다.

그렇게 연락해온 사람 중에는 여기서 벤저민이라는 가명으로 언급할 남성도 있었다. 벤저민은 아주 어릴 때부터 땅속에 묻히는 꿈을 종종 꿨다고 한다. 한밤중에 겁먹은 채로 잠에서 깨면 숨 막히는 고통이 느껴질까 두려워서 다시 잠들 수가 없었다. 벤저민의 부모는 그가 자라면서 이 꿈이 없어지기를 바랐지만, 증상은 오히려 더 심해졌다. 그러다가 열세 살 때 폐소 공포증(claustrophobia)이 생겼다. 특히 지하철을 타야 할 때는 심한 공황상태에 빠졌다. 아무도 왜 그에게 그런 공포가 생긴 것인지 알지 못했다.

벤저민의 외가 쪽 친척들은 홀로코스트에서 목숨을 잃었다. 그래서 벤저민의 어머니에게는 부모, 조부모, 삼촌들이 없었다. 어린아이였을 때 홀로코스트에서 생존한 어머니는 전후에 미국으로 이주했으며, 열여섯 살 때 벤저민의 아버지를 만났다. 이 모두는 벤저민이 어릴 때부터 잘 알고 있었던 사실이다. 그런데 벤저민이 40대가 될 때까지 몰랐던 사실이 하나 있었다. 그의 외할아버지가 생매장당해서 돌아가신 일이었다. 벤저민의 부모는 감정적 유산의 특성을 잘 알지 못해서, 그가 어릴 때 꾸었던 악몽과 발현된 증상을 가족의 충격적인 역사와 연관 지어 생각한 적이 없었다. 마찬가지로 참혹했던 4장의 레이철 이야기에서처럼, 벤저민은 외할아버지의 잔혹한 죽음에 대해 알고부터 그 사실을 몸에 지니고 체험하는 데에서 벗어날 수 있었다. 이처럼 우리 마음이 진실을 기억하면 몸은 잊을 자유를 얻는다.

사연을 보내온 사람 중에는 에이미라는 여성도 있었다. 그녀의 사연에도 악몽이 등장했고, 몸을 통해서 처리되는 기억과도 관련이 있었다. 20대 초반의 어느 날, 에이미는 끔찍한 악몽에서 깨어났다. 그녀가 탑승한 비행기가 추락해서 살아 있는 채로 불에 타는 꿈이었다. 에이미는 아버지 얼굴을 한 번도 본 적이 없다. 어머니가 에이미를 임신했을 때 아버지가 비행기 사고로 목숨을 잃었기 때문이다. 에이미는 아버지의 비극적인 죽음에 대한 사실을 들으며 성장했지만, 그것이 그녀의 삶에 영향을 끼치리라고는 전혀 생각하지 못했다. 어째서 아버지에게 생겼던 충격적인 사건을 마치 그녀 자신이 겪은 사건처럼 경험했던 걸까? 왜 그녀의 꿈에서 불타 죽은 것이 그녀였을까? 악몽은 되풀이됐고, 그 이후로 한 달 동안 잠자리에 들 때마다 죽을 것만 같은 기분이 들었다. 공황 발작이 생겼고, 불타는 비행기의 충격적인 이미지가 머릿속에서 사라지지 않았다. 그러다가 병원에 가서 진료를 받던 중에 놀랍게도 임신을 했다는 사실을 알게 됐다.

에이미의 임신으로 가족 트라우마는 표면으로 떠올랐다. 이를 계기로 아기가 태어나기를 기다리는 동안 목숨을 잃은 아버지의 트라우마, 남편을 잃은 임산부의 트라우마, 아버지 얼굴을 평생 못 보게 될 태아의 트라우마가 모습을 드러냈다. 그녀의 몸은 그녀의 마음이 기억하지 못하는 사실을 알고 있었다.

사람들이 의식적인 마음을 넘어서 서로 연결되어 있으며 비언어적인 방법으로 서로 소통한다는 견해는 심리학에서 줄곧 다루어졌던 주제다. 심리학자들은 세간의 문화와 달리 인간 마음의 이런 측면이 신비한 생각이나 초자연적 현상에 기인하는 것으로 보지 않고, 무의식이라는 근본적인 개념에 바탕을 둔다고 본다.

무의식적 의사소통이라는 개념은 사람이 의식을 통하지 않고, 의도나 인식 없이 다른 사람과 의사소통할 수 있다고 보는 것이다. 이런 견해는 우리 인간이 완전히 인식하거나 통제할 수 없는 방식으로 서로 연결되어 있으며 우리가 의식적으로 아는 것보다 서로에 대해 더 많이 알고 있다는 한층 깊은 사실을 암시한다.

에이미는 결국 유산했고, 보이지 않는 곳에 있었던 슬픔과 처음으로 접촉했다. 그녀는 태어나지 못한 아기를 애도하고, 만나지 못한 아버지를 애도했다. 노아가 그랬던 것처럼, 처리되지 않은 가족의 비극은 에이미가 과거와 무의식적으로 연결되고 전혀 알지 못했던 죽은 이와 동일시하도록 만들었다. 내게 사연을 보내준 이들은 가족의 트라우마를 파헤치고 과거의 상실과 그 상실이 그들의 삶에 끼친 깊은 영향을 심리적으로 처리함으로써, 과거와의 보이지 않는 결속을 풀고 자유롭게 자신의 미래를 창조할 수 있게 됐다.

6

환영받지 못한 아기

존은 누나 제인을 기억하지 못한다. 누나는 존이 태어난 지 몇 달 안 됐을 때 세상을 떠났다. 존은 누나의 비극적인 죽음에 관한 이야기를 줄곧 들으며 자랐다. 제인은 그들이 살던 교외 주택가에서 자전거를 타고 친구를 만나러 가다가 차에 치여 그 자리에서 즉사했다. 당시 제인은 열두 살이었고, 5남매 중 첫째이자 외딸이었다.

존의 형 세 명은 5월 중순 그날 아침에 대한 각자의 기억이 있다. 둘째 형은 어머니가 어떤 원피스를 입고 있었는지를 기억했다. 셋째 형은 사이렌 소리가 잊히지 않는데 그 소리가 구급차의 사이렌인지 제인이 죽었다는 것을 알려주러 온 경찰차의 사이렌인지는 잘 모르겠다고 했다. 첫째 형인 제이크는 어머니가 문밖으로 뛰어나가면서 아기를, 즉 존을 떨어뜨렸다고 장담했지만 아버지는 그런 일은 결코 없었다고 주장했다.

형제들 모두 제인의 죽음 이후에 어머니와 아버지가 완전히 달라졌다고 느꼈다. 마치 암묵적인 합의라도 있는 것처럼, 가족들은 제인에 대한 이야기를 회피했다. 제인의 이름을 언급하면 어머니가 또 어떤 잔소리를 할지 모른다는 걸 알았기 때문이다.

형제들은 모두 아버지에게 자전거를 사달라고 이야기하자 아버지가 자전거를 사주는 편이 좋겠다고 어머니를 설득했던 날을 기억했다.

"특히나 우리 가족에게 벌어진 일 때문에 애들이 자전거 타기를 두려워해서는 안 되지 않겠어? 전문가들에게 물어보면 모두 자전거를 사주는 것이 옳은 일이라고 말할 거야." 아버지는 이렇게 어머니와 언쟁을 벌였다.

그날 밤, 어머니는 가방을 싸놓고 집을 나가겠다고 선언했다. 존은 기차에 몸을 던질 거라고 말하며 문을 나서는 어머니를 형제들이 고함치고 흐느껴 울면서 쫓아갔던 장면을 기억한다.

"엄마, 제발 가지 마."

아이들은 어머니를 길거리까지 쫓아갔다. 어머니가 더 멀리 걸어갈수록 아이들의 울음소리는 더 커졌다.

그 뒤로 형제들은 자전거 사달라는 말을 절대로 꺼내지 않았다.

매년 5월이면 가족들은 제인의 묘소를 찾았다. 존과 형제들은 어머니와 아버지가 비석을 닦는 모습을 바라보면서 무덤 앞에서 조용히 몇 분 동안 서 있다가 다 같이 떠났다.

존은 그 당시 배가 아프고 컨디션이 매우 좋지 않았으며, 뭔가를 잘못했던 것 같은 느낌이 들었던 기억이 있다. 하지만 왜 그런 느낌이 들었던 것인지는 전혀 이해하지 못했다.

마흔다섯 살이 됐을 때, 그에게 신경쇠약으로 보이는 증상이 생겼다.

그리고 6개월 뒤, 존은 심리치료를 받기로 마음먹었다.

존이 나와 처음 만난 날, 그는 신경쇠약 증상 이야기를 꺼냈다. "난데없이 그런 증상이 생긴 거예요. 잘 지내다가 어느 날 갑자기 상태가 엉망이 됐어요."

나는 신경쇠약이 나타나기 전의 삶은 어땠는지 얘기해달라고 그에게 청했다. 그가 어떤 사람인지 더 자세히 알고 싶었다.

존은 몇 년 전에 아내 벨라와 결혼했고, 아직 아기인 딸아이가 있다고 말했다.

"딸아이 이름은 제니예요." 존은 이렇게 말하고 한참 침묵했다. "저한테는 제가 태어난 지 몇 달 안 됐을 때 죽은 누나가 있어요. 누나 이름은 제인이었고요." 그가 말을 이었다. "딸이 태어났을 때 누나에 대한 기억을 간직하고 싶었어요. 하지만 누나 이름을 따서 아기 이름을 짓고 싶지는 않았죠. 그럴 일은 없겠지만 혹시라도 불운이 닥치거나 아기 인생에 안 좋은 방향으로 영향을 끼칠까 두려웠거든요. 아시겠지만 죽은 사람 이름을 물려받으면 안 좋다고 말하는 사람들도 있잖아요."

존은 겸연쩍은 듯했다. "말하고 보니 겁쟁이 같네요." 그가 말했다. "어쨌든 아내와 저는 결국 알파벳 J로 시작하는 이름을 고르기로 했어요."

그의 이름이 알파벳 J로 시작한다는 생각이 문득 들었다. 딸의 이름을 두고 겪은 그의 갈등은 딸아이가 다칠지 모른다는 두려움과 누나 제인의 일부를 세상에 남기고 싶은 무의식적인 바람이 상충하면서 생긴 것이었다.

누나 이야기를 조금 더 해달라고 그에게 부탁했다.

존은 잠시 머뭇거렸다. "아무것도 기억을 못 해요." 그가 말했다. "그러니까 제 말은, 당시에 제가 갓난아기여서 지금 말씀드리는 내용은 전부 다른 사람들에게서 전해 들은 것이지 제가 직접 기억하는 게 아니에요. 전 그저 형들이 진짜 큰 정신적 충격을 받았다고만 들어서 알 뿐이죠. 형들은 누나와 함께 생활해서 누나를 잘 알지만 저는 몰라요. 그래서 그 일이 형들에게 끼친 영향만큼 제게 영향을 끼치진 않았죠."

"가족 모두에게 힘든 경험이지만 본인에게는 그렇게까지 힘든 경험이 아니었다는 말을 하고 싶은 건가요?" 내가 물었다.

그는 뭔가를 생각하는 듯했다.

"힘든 부분이 다른 가족들과는 조금 달랐던 것 같아요." 그가 대답했다. "주변 사람들 모두 당연히 슬픔에 잠겼어요. 아니, 슬펐다는 말로는 부족하겠네요. 마음이 부서지는 듯 아파했죠.

저 같은 경우는, 솔직히 뭐라고 설명해야 할지 잘 모르겠네요. 저는 그냥 홀로 남겨졌어요. 말하자면 방치된 거죠." 존은 씩 웃고 이렇게 덧붙였다. "지금까지 말씀드린 것 말고는 '어릴 때 이런 일이 있었어요'라고 말할 거리조차 없어요. 그게 다예요.

솔직히 어린 시절을 생각하면 떠오르는 장면이 거의 없어요. 누나의 사고 소식을 듣고서 어머니가 저를 마룻바닥에 떨어뜨렸다고 제이크 형이 말했지만, 그런 일은 아마 일어나지 않았을 거예요. 없던 일을 억지로 만들어내고 싶진 않아요." 그가 걱정스러운 얼굴로 말했다. "사람들은 제가 상담치료를 받으면 어린 시절의 전체적인 스토리를 만들 수 있을 거라고 말해요. 그렇게 되는 게 싫은 건 아니지만, 무슨 스토리를요? 그건 데이터도 없이 실증연구를 하는 것이나 마찬가지잖아요. 그렇게 해서는 소용이 없어요. 저는 그걸 말하고 싶은 거예요."

존은 거짓으로 인생 이야기를 꾸며내는 것을 염려했다. 그래서 줄거리가 텅 빈 이야기를 대신 만들어냈다. 어린 시절의 그는 고유의 특성을 가진 인물처럼 비치지 않았다. 그걸 보고 나는 삶에 참여하는 그의 능력에 문제가 있는 건 아닌가 하는 생각도 했다. 마치 세상에 자신이 완전히 드러나는 것을 원하지 않는 것 같았다.

사람들은 대부분 어릴 때 겪었던 특별한 일이나 기억이 어느 정도 있지만, 유아기의 기억이 거의 없는 것도 드문 일은 아니다. 태어날 때와 갓난아기 때의 기억은 특히 더 그렇다. 부모가 2세 계획을 통해서 자신을 낳았는지 아니면 '어쩌다 보니' 낳게 됐는지를 늘 알 수 있는 건 아니다. 심지어 친부모가 누구인지조차 모르는 사람도 있다. 산후 우울증이나 태아기와 영아기에 겪는 여러 위기는 현실과 동떨어진 낭만적인 믿음에 가려지는 경우가 많다. 그러다가 뭔가가 잘못되면 비밀이 생긴다.

세상에 태어나서 보내는 첫해는 아기의 미래에 엄청난 영향을 끼치는데, 그런 중요한 영아기를 탐색하는 과정은 상당히 까다롭다. 왜냐하면 이런 과정은 타인의 묘사에 의존해야 하거나 타인이 무의식적으로 허용할 수 있는 범위 내에서 말하고, 알고, 심지어 기억할 수 있는 것들만을 단서로 얻을 수 있기 때문이다.

영유아기의 비밀은 우리 마음에 흔적을 남기지만 그 흔적과 연계된 스토리가 없는, 형태가 없는 사건이다. 이런 사건들은 우리 존재의 골격을 이룬다. 우리 각자를 형성하는 데 기여하지만 내면에 숨겨져 있어서 여전히 눈에 띄지 않는다.

존과 나는 아주 적은 정보를 가지고 현재 상황을 정리하며 작업을 시작했다. 존에게는 어린 딸이 있고, 그가 아기였을 때 가족들에게 충격적인 사건이 일어났다. 그의 누나 제인과 딸 제니는 우리가 아직 제대로 이해할 수 없는 방식으로 서로 연결되어 있다. 그는 누나의 죽음으로 침울하고 혼란스러운 어린 시절을 보냈다. 그는 자신의 과거를 숙고하기 위해 시간을 냈던 적이 없다. 오히려 과거의 삶에서 최대한 멀리 떨어져서 내달려왔다. 완전히 무너져내린 그 날이 오기 전까지는.

존은 내게 인생의 출발점이었던 아기 시절의 이야기를 해주었다. 유아기를 탐색하는 과정은 과거를 살피는 여정 중에서도 가장 난해하다는 것을 나는 잘 알고 있었다.

그가 떠난 뒤, 나는 그가 의자에 공갈 젖꼭지를 흘리고 간 것을 발견했다.

~

일주일 뒤, 존을 다시 만났다.

"지난번 상담 이후에 마음이 편하더라고요." 그가 말했다. "집에 가서 아내 벨라에게 선생님이 제가 일으킨 문제에 대해서 질문하시지 않아서 얼마나 안도했는지 얘기해줬어요. 제가 그렇게 비정상적으로 굴었다는 게 창피했거든요. 특히나 아이가 태어나서 아빠인 제가 더 강해져야 하는 시점인데 말이에요. 저는 제 아버지만큼 강한 사람이 되고 싶었어요. 아버지는 누나가 죽은 뒤에도 침착함을 잃지 않으셨죠. 그런데 저는 아버지처럼 남자답게 굴지 못하고, 오히려 제 어머니처럼 행동했죠. 아니면 그보다도 더 심각하게, 어른이 아니라 아기라도 되는 것처럼 완전히 무너져 내렸어요. 너무 부끄러워서 그 일만 생각하면 저에게 혐오감이 들어요. 그래서 선생님이 지난번에… 다른 이야기가 아니라 인생의 시작 이야기를 먼저 하게 해주셔서 좋았어요."

그가 말을 멈췄다. 괴로워 보였다.

"인생의 끝에 대한 이야기가 아니어서 좋았다고요? 그 말을 하려던 건가요?" 내가 물었다.

"그런 기분이 들거든요." 그는 눈길을 주지 않고 작은 목소리로 답했다.

"인생의 끝인 기분이 든다." 내가 그의 말을 되풀이했다.

"네, 제니가 태어난 뒤로는 계속 죽음에 대한 생각이 들어요." 그가 말했다.

존의 인생 시작이 누나 제인의 인생의 끝이었던 것처럼, 제니의 인생 시작이 존의 인생의 끝으로 느껴질지 모른다는 생각이 들었다.

"한 사람이 태어나면 다른 사람이 죽는다." 내가 속삭이듯 말했다. 존은 고개를 들어 나를 쳐다봤다.

"네, 그게 바로 지금 제 기분이에요." 그가 고개를 끄덕였다. "하지만 잘못된 생각이죠. 저도 알아요. 모두 함께 살 공간은 충분할 테니까요."

슬픈 감정이 몰려왔다. 정말로 존은 마음속으로 둘 중 한 사람만 살아남을 수 있다고 생각하는 걸까? 그가 태어나서 제인이 죽었다고 믿는 걸까? 이것이 가족들의 은밀한 생각이었을까?

"제가 상담치료를 받게 된 건 죄책감이 느껴져서예요." 그가 말했다. "제 딸이 제가 어렸을 때와 똑같은 경험을 하고 있다는 생각이 들어서 너무 괴로워요. 딸아이도 저처럼 제구실 못하는 우울한 부모를 뒀잖아요. 저는 제 어머니처럼 되고 싶진 않아요."

그의 어머니에 대해서 더 듣고 싶었다. 나는 그녀가 느꼈을 슬픔, 죄책감, 정서적 위축을 상상했다.

존은 어머니가 5년 전쯤에 돌아가셨고, 아버지는 그 이듬해에 돌아가셨다고 말했다.

"부모님이 모두 돌아가셔서 어린 시절에 관해 물어볼 사람이 아무도 없어요."

"기억 나는 게 있나요?" 내가 물었다.

존은 주저하는 듯했다. 한참 생각에 잠겼다가 이렇게 말했다. "집 현관이 기억나요. 입구도 기억나고요. 학교 끝나고 돌아오면 집이 너무 어두워서 누가 집에 있는 건지 아닌지를 알 수가 없었어요. 그 집이 정말 싫었어요."

"이 기억에 사람은 아무도 없네요. 그렇다는 걸 의식하셨어요?" 내가 물었다.

"남자 형제만 넷이었는데, 저는 거의 혼자서 자랐죠." 그가 대답했다. "형들은 나이가 저보다 훨씬 많아서, 한 사람씩 차례로 집을 떠났어요. 저는 20대 중반까지 부모님과 함께 살았으니 꽤 늦게까지 집에 남아 있었죠. 어쩐지 부모님에 대한 책임감이 느껴져서 함께 살아야 할 것 같은 기분이 들었거든요. 그 뒤로 어머니가 병이 들었을 때 제가 곁에서 돌봐드렸고요. 돌아가시기 전 며칠 동안을 함께 병원에서 보낸 기억이 있어요. 어머니는 죽음을 기다리는 것 같았어요. 입원실에 계신 어머니 곁에 오랫동안 앉아 있곤 했는데, 어머니가 누나 이야기를 꺼내는 걸 처음 들었어요. 누나와 다시 만날 순간을 간절히 기다리시는 듯했죠."

"그때 어머니가 뭐라고 말씀하시던가요?" 내가 물었다.

"저한테 말씀하시지는 않았어요." 존이 말했다. "제가 곁에 앉아 있었지만 어머니는 저를 무시하고 계속해서 말씀하셨어요. 혼잣말이었을 수도 있고, 누나에게 말하는 것이었을지도 몰라요. 확실히는 모르겠어요. 어쨌든 저는 신경 쓰지 않았어요." 그러고는 태연하게 덧붙였다. "그리고 어머니가 저를 무시하셔도 별 상관없었고요."

곁에 앉아서 어머니 말씀을 듣는 자신을 묘사한 방식은 가슴을 울리는 무언가가 있었다. 없는 사람 취급을 받아들이는 그의 마음에서 그의 사랑, 갈망, 외로움도 함께 느껴졌다. 곁을 지킨 건 그였지만, 그는 마치 존재하지 않는 죽은 아이로 받아들여졌다. 어머니 마음에 여전히 살아 있는 건 그의 누나였다.

우리는 한참 침묵 속에 앉아 있었다. 내가 그렇게 계속 침묵하면 그에게 아무것도 묻지 않는 무심한 어머니처럼 느껴질지 모른다는 생각이 문득 들었다.

심리치료사들이 자각하지 못한 채로 내담자의 어린 시절 시나리오에 동참해서 보호자의 역할을 맡는 경우는 아주 흔히 일어난다. 유년기에 형성된 애착 관계는 여타 관계에서와 같은 방식으로 심리치료사와 내담자의 관계 형성에 작용한다. 사랑받기를 기대하는 사람은 남들이 자신을 사랑하게 만들고, 무시당하기를 기대하는 사람은 남들이 무시하게끔 유도한다. 심리치료사의 목표는 그런 패턴을 확인하는 것이다. 이럴 때 심리치료사는 그런 패턴을 조사하고, 내담자가 어떤 방식으로 어린 시절의 관계를 치료사와 재현하는지 확인하고, 치료사 본인은 누구의 역할을 맡게 되는지 알아보고, 지금까지와는 다른 새로운 애착을 만들면서 과거의 애착을 처리하도록 돕는 것에 목표를 둔다.

존은 어머니와의 관계에서 그랬던 것과 마찬가지로 나에게 바라는 것이 거의 없었다. 그는 잘 모르겠다는 듯 어깨를 으쓱하고서 이렇게 말했다. "아이가 생기니까 부모 역할이 얼마나 힘든지 이제는 알겠더라고요. 제니가 태어난 뒤로 계속 부모님 생각이 났어요. 애가 다섯이고 그중 하나는 죽었으니, 심정이 어땠을까요? 제 부모님은 첫째가 죽은 뒤로 어린아이 세 명과 아기를 돌봐야 했어요. 다른 누구도 그렇게는 못 했을 거예요." 그는 이렇게 정리했다. "어머니는 정상이 아니었어요. 그래요. 그래서 저를 안 돌봤어요."

존은 어머니에게 분노하지는 않았다. 어머니가 돌아가신 뒤에도 여전히 어머니를 갈망했기 때문이다. 어머니가 그에게 더 무심하게 대할수록 어머니에 대한 욕구와 갈망은 더욱 커졌다. 어린 시절 그에게는 안정감을 느낄 곳이 달리 없었다. 그는 어머니를 '좋은' 사람으로 보려고 애썼다. 어머니가 아예 없는 것보다는 태만하고 무심하더라도 어머니가 있는 게 더 나았기 때문이다. 자신을 아이로 상상하면서 자신의 고통을 인식하기보다는 어머니와 동일시하고 어머니가 겪은 상실과 동일시하는 편이 더 쉬웠기 때문이었을 터였다. 하지만 존은 무의식적으로 자기 자신이 방치되는 패턴을 반복하고 있었다. 그는 충족되지 않은 욕구와 싸우고 있었으며, 세상이 어떤 방식으로든 자신을 거부할지 모른다는 걱정에 휩싸여 있었다.

그가 돌연 상담실을 두리번거렸다. 그러다가 내 책상을 손으로 가리키면서 말했다. "지난주에 제가 아기 공갈 젖꼭지를 놓고 갔나 보네요."

"네." 다음에 그가 왔을 때 잊지 않고 돌려주려고 눈에 보이는 곳에 뒀던 것을 기억하면서 책상 위를 쳐다봤다.

존은 내가 짧게 한마디로 답한 것이 마음에 들지 않는 눈치였다. 다른 답을 기다리기라도 했던 것 같았다. 그가 다소 실망한 기색을 내비친 것은 이때가 처음이었다.

"더 하고 싶은 말이 있나요? 말해보세요." 그런 그의 표정을 읽고 내가 말했다.

"제가 이걸 여기에 깜박 두고 갔던 이유가 있지 않을까요? 분명히 이유가 있을 거예요. 그렇죠?" 그는 더 깊이 들여다보고, 더 많이 찾아달라고 내게 청하고 있었다.

"이유가 뭐라고 생각하세요?" 내가 물었다.

그가 얼굴에 미소를 띠고 말했다. "제가 아기라서요?" 나도 따라 웃었다. 그가 계속해서 말했다. "완전히 아기가 된 기분이에요. 어쩌면 여기에 공갈 젖꼭지를 버려두고, 어른이 된 기분으로 집에 가고 싶었는지 모르죠."

"그럴듯하네요." 내가 말했다. "그런데 잊어버리고 싶은 동시에 기억하고 싶었을 가능성도 있지 않을까요?"

그는 아주 흥미로워했다. 내가 계속해서 이야기했다. "본인의 아기 같은 부분을 잊고 싶은 동시에 그 부분을 파헤치고 발견하고 싶어서 다시 돌아온 거죠. 자신의 잃어버린 부분이 찾아지기를, 나만의 인생 스토리가 밝혀지기를 바랐을지도 몰라요."

그가 고개를 끄덕였다. "그런데 저만의 인생 스토리가 별게 아니면 어쩌죠?"

나는 말을 잠시 멈추었다. 별 것 아닌 존재로 취급당하고 남들에게 거부당했던 어릴 때 기억을 떠올리는 것을 존이 얼마나 두려워하는지 알 수 있었다. 그는 어린 시절의 상처를 느끼고 어머니를 간절히 원했던 자신의 마음과 마주하는 것을 원치 않았다.

나는 '공갈 젖꼭지(pacifier)'라는 단어를 떠올리면서, 어린 존이 엄마를 찾으며 우는 대신에 스스로를 달래려고(pacify) 했으리라 생각했다. 어른이 된 그는 그 누구의 보살핌도 필요 없고 이해받을 필요도 없는 태평스러운 사람처럼 행동했다. 그는 화를 내지도 않았고 짜증 난 티도 내지 않았지만, 대신 자기감정을 관리하고 모든 감정을 억누르려고 했다. 존은 누구에게도 의존해서는 안 된다고 느꼈다. 그래서 상담치료 시간에도 나에게 너무 많이 의존하지 않으려고 했다.

영국의 소아과 의사이자 정신분석가인 도널드 위니컷Donald Winnicott은 가장 의미 있는 모성적 기능 중 하나로 '정서적 안아주기(emotional holding)'를 든다. 그는 이 기능을 성별과 관계없이 부모가 아기를 안아주는 물리적 측면의 중요성과 관련지었다. 정서적 안아주기는 감정을 담아 팔로 꾸준히 안아주는 것이자 아기가 안전한 느낌, 보호받는 느낌을 받을 수 있도록 부모가 항상 옆에 있어 주는 것이다. 부모는 아기를 마음에 품어 안고서 아기의 감정을 관대하게 받아줄 준비가 된 상태로 아기가 보내는 신호에 주의를 기울인다. 신체적으로나 감정적으로 모두 안전하다고 느낄 때, 아기는 세상이 안전하다는 느낌을 발달시킨다. 그런 안전한 세상에서 아기는 부모에게 의존할 수 있고 자신의 욕구가 충족될 것으로 믿을 수 있다. 하지만 정서적 안아주기가 무너지면 아기는 남에게 의존하는 것을 그만두고 내성적인 성향을 발달시킨다. 아기가 버려진 기분을 느끼면, 그 아기는 위니컷이 '영원한 추락(falling forever)'이라고 부른 경험을 하게 될 수도 있다. 이 경험은 끝없이 추락하는 것 같은 감정적인 붕괴를 느끼는 것이다.

존은 마음을 달래기 위해 부모에게 기대지 않고 자신의 감정을 억제하는 법을 배웠다. 그는 부모가 감정에 즉각적으로 대응해주고 위안을 줄 것이라는 기대를 버리는 방식으로 자기 자신을 보호했다. 아기였던 그는 소년이 됐고, 더 커서는 바라는 것이 별로 없는 어른이 됐다. 모든 것이 깨지고 무너져내린 그 날이 오기 전까지는 그는 자신의 감정을 스스로 다스릴 수 있었다.

상담 시간이 끝나고 존이 치료실을 떠나고 나서야, 그에게 나타난 이상징후에 대해서 아직 얘기를 나누지 않았다는 생각이 들었다. 그리고 그가 의자에 공갈 젖꼭지를 다시 두고 간 것을 발견했다. 나는 그가 남들에게 잊히고 버려진(dropped) 기분을 느끼기 때문에 계속해서 공갈 젖꼭지를 두고 가는 건 아닐까 하고 생각했다. 그는 자신이 떠난 뒤에 내가 그를 기억하지 못할까 걱정했던 걸까?

존은 다음 상담 시간에 30분 일찍 도착했다. 다른 내담자와의 상담이 아직 안 끝났을 때 그가 벨을 눌렀다.

나는 그가 상담 시간을 착각한 것이 아닌가 생각하면서 현관문 열림 버튼을 눌러 그를 들여보냈다.

마음속으로 걱정이 됐다. 그가 대기실에 앉아서, 상담실 안으로 왜 들여보내지 않는지 이리저리 궁리하고 있을 것 같았다. 혹시 내가 그의 상담 일정을 잊어버린 것이라고 판단할까 봐 걱정됐다. 상처받거나 내게 화를 내지 않으려고 애쓰고 있을 그의 모습이 그려졌다.

내가 마침내 상담실 문을 열었을 때, 존은 의자 끝에 앉아서 휴대폰을 들여다보고 있었다.

"안녕하세요!" 그가 나를 쳐다봤다. "저 오는 거 기다리고 계셨어요? 혹시 제가 선생님을 놀라게 한 건 아닌지 모르겠네요."

그가 천천히 상담실로 걸어들어와서 의자에 앉았다.

"제가 상담 시간을 잊어버렸을까 걱정했어요?" 내가 물었다.

"아뇨." 그가 즉시 대답했다. "그냥 제가 시간을 착각했나 보다 했어요. 아직 제 상담 시간이 안 된 건가 했지요. 예약 시간이 11시 15분이었나요, 11시 45분이었나요? 45분이었나 보네요, 그렇죠? 제가 방해한 게 아니었으면 좋겠네요. 아까 다른 내담자분과 상담 중이셨잖아요."

존은 거북한 듯 의자에서 자리를 고쳐 앉고서 이렇게 말했다. "별거 아니었어요. 그냥 돌아갔다가 나중에 다시 와야 할지도 모르겠다 생각했죠." 그의 눈에 눈물이 그렁그렁했다. "창피하네요." 작은 소리로 그가 말했다.

"제가 기다리지 않고 있었다고 생각했나 보네요. 서둘러 달려왔는데 제가 상담 약속을 완전히 잊어버렸다고요." 나는 이렇게 말하면서 그가 '기다리다(expect)'라는 단어를 썼다는 사실에 주목하고, 그 단어가 임신 중이라는(아기의 출산을 기다리고 있다는) 표현이기도 하다는 점을 인식했다. 그러면서 그의 부모가 계획해서 그를 임신했는지, 아이를 더 갖고 싶었던 건지 나도 모르게 궁금해졌다.

"걱정하지 마세요. 괜찮아요." 그가 말했다. 이 말은 나에게 하는 말이기도 했고 그 자신에게 하는 말이기도 했다. "절 만나는 시간을 기대하실 필요는 없어요. 선생님은 심리치료사지 제 어머니가 아니니까요." 그는 자신이 이 사실을 기억하고 있음을 우리 둘 다에게 확실히 해두려는 듯 단호하게 말했다.

"그렇지만 그 순간에 제 존재가 존의 어머니처럼 느껴져서 아마 마음이 아팠을 거예요. 기대하는 마음으로 존을 기다려주지 않고, 존을 거부하거나 무시하고, 다른 사람과 함께하는 것을 더 좋아하는 것 같은 어머니 말이죠."

존은 심각한 표정이었다. "그럴 수도 있겠네요." 그가 말했다. "있잖아요, 실은 제게 문제 증상이 나타나기 직전에 그것과 비슷한 생각을 자주 했어요. 정말 미칠 지경이었죠.

밤에 잠들기 전에, 상사가 저를 해고하고 다른 사람을 고용하고 싶어한다는 생각에 빠지곤 했어요. 아내 벨라에게 직감이 안 좋다고 말했죠. 회사에서 내가 필요 없다고 생각하는 것 같다고요. 돌아보면 그건 사실이 아니었지만, 어떤 이유에서인지 상사가 저를 떨어뜨리려고 결심했다고 확신했죠."

"존을 떨어뜨리려고요." 나는 그의 말을 되풀이하면서, 그 말이 어린 시절에 대해서 들었던 유일한 이야기(엄마가 존을 떨어뜨렸다는 이야기)를 상기시키는 단어임을 짚고 넘어갔다.

"상사가 존을 해고하거나, 아니면 어머니가 그랬듯이 떨어뜨리려고 계획했을지 모른다고 생각했던 거군요." 내가 말했다.

존은 놀란 얼굴로 나를 쳐다봤다.

"무슨 말씀인지 알겠어요." 그가 말했다. "남들이 저를 원하지 않는다는 기분을 제가 반복해서 느끼고 있는 거네요. 심지어 지금 선생님과의 관계에서도요."

내가 고개를 끄덕이자 존이 계속해서 말했다. "저는 진짜 회사에서 열심히 일했어요. 아침에 사무실에 가장 먼저 도착해서 가장 늦게까지 남아 있었죠. 저는 제가 훌륭한 직원이라고 생각했지만, 언제부턴가 회사에서 저를 마음에 안 들어 해서 쫓아내려고 한다는 생각이 들기 시작했어요. 그런 마음이 들기 시작한 건 제니가 태어난 직후예요." 그가 말을 멈추고 뭔가 생각하면서 연결지으려는 듯했다.

"무슨 생각을 하는 건가요?" 내가 물었다.

존은 슬퍼 보였다. 그는 상사에게 인정받는 것이 자신에게는 정말 중요한데, 시간이 흐를수록 상사에게 거부당하는 느낌이 점점 더 들어서 두렵다고 했다.

"매일 아침에 잠에서 깨면 겁이 나고 죽고 싶은 기분이 들었어요. 끔찍했죠. 그런데 진짜 충격적인 일이 일어났던 그날 아침에는 특히 더 심각했어요."

존은 숨을 깊이 들이쉬었다. 계속 얘기할 수 있을지 확신할 수 없는 듯 멈칫거렸다.

"무슨 일이 일어났는지 얘기해도 될까요?" 그가 물었다. 이번에도 역시 내가 아니라 그 자신에게 하는 질문이었다. 존은 내 대답을 기다리지 않고 말을 이었다.

"아침에 사무실에 막 도착했는데, 전화벨이 울렸어요. 아내였죠. 우는 소리가 들렸어요.

'빨리 좀 와줘.' 아내가 엉엉 울면서 말했어요. '제니가, 제니가 떨어졌는데, 어쩌면 좋을지 모르겠어.'

저는 모든 걸 내팽개쳐 두고 집으로 달려갔어요. 미친 사람처럼 정신없이 달렸는데, 얼마나 오랫동안 달렸는지조차 의식하지 못했어요. 머릿속에 수백만 가지 생각이 몰려들었죠. 저는 '마침내 일이 벌어졌어. 제니는 죽을 거야. 왜 이런 일이 생기게 내버려뒀던 거지? 나는 진짜 멍청이야'라고 생각했어요." 존은 나를 쳐다봤다. "왜 그랬는지는 묻지 마세요. 저도 몰라요. 왜 모든 게 제 잘못인 것 같았는지는 모르겠어요. 어쨌든 저는 계속 달렸어요. 구급차 소리가 뒤에서 들리고, 저는 완전히 공황 상태에 빠져서 더 빨리 내달렸어요. 구급차보다 집에 먼저 도착하려고요. 마침내 집에 도착했을 때는, 엄마가 마룻바닥에 앉아 있고 제니는 살아서 엄마 팔에 안겨 있었어요."

그가 아내를 엄마라고 지칭하는 것을 들었지만, 그의 말을 막아서지는 않았다.

"아내는 흐느껴 울면서 이렇게 말했어요. '너무너무 무서웠어. 어쩌면 좋을지 도무지 알 수가 없었어. 제니가 높은 의자에서 떨어졌는데, 움직이지 않고 울지도 않더라고. 제니가 죽은 줄 알았어.'

제니를 쳐다봤어요. 괜찮아 보이더라고요. 하지만 저는 도무지 진정할 수가 없었어요. 아내 옆에 앉아 있는데 몸이 덜덜 떨렸어요. 제어력을 잃은 것 같이 울고 또 울고, 멈춰지질 않았어요. 그 순간부터 저는 정상이 아니었어요. 침대에서 일어나지 못했죠. 온종일 울었어요. 자살할 생각까지 했어요."

말을 잠시 멈춘 존이 나를 보면서 다시 말했다. "모든 게 제 잘못인 것만 같아요. 머릿속의 목소리는 죽어야 하는 건 딸이 아니라 저라고 말했어요."

죽은 사람을 두고 살아남은 사람은 너무 큰 죄책감을 느끼게 된다. 나는 존의 누나 제인에 대해서 생각하며 자기가 대신 죽음으로써 누나를 살리고 싶은 그의 소망이 이번에 딸을 통해 드러났음을 인식했다. 제니가 바닥에 떨어지는 사건은 엄청난 충격을 주었다. 누나의 사고와 어릴 때 그가 감정적·물리적으로 떨어졌던 경험 모두를 대변했기 때문이다. 그는 살아남았지만, 그때와 지금 모두 사건의 책임이 모두 자신에게 있다고 무의식적으로 믿었다.

존이 경험한 느낌은 말로 표현하거나 처리할 수 없고 기억조차 할 수 없는 것이었다. 살아남았지만 몸과 마음이 무너져 내린 아기의 비극이었다. 그의 신경쇠약 증세는 누나의 죽음 때문만은 아니었다. 사실은 어린 아기였던 존과 그의 어머니 사이의 단절이 계속 경험되는 데에서 비롯된 것이었다. 전혀 의식하지 못했지만, 그가 크면서 느꼈던 감정은 모성을 거부당한 깊은 상처였다. 그에게는 어머니가 그를 원하지 않았기 때문에 자기를 떨어뜨린 것이라는 무의식적인 불안이 있었다. 이 사실은 존이 인정하기에는 너무 충격적인 것이었다. 그래서 존은 어머니를 기쁘게 해주는 아들이 되고, 진정한 자신은 저 뒤편으로 단단히 숨겨놓기로 했다. 성인이 된 그는 다시 자신의 삶을 살기 위해 노력했지만, 자신이 원하는 걸 이룰 자격이 있는 사람인지 의문을 느끼며 끊임없이 자살 충동에 시달렸다. 트라우마를 겪은 내면의 아이가 깨어난 것은 딸의 사고를 통해서였다. 그는 진정한 자신으로서의 삶을 다시 시작하기 위해 지워버렸던 자기 자신과 접촉해야 했다.

존과 나는 아기 때 있었던 경험이 제니가 의자에서 떨어졌던 그 사건 후로 나타난 감정적 무너짐의 증상으로 재현됐다는 것을 이해했다. 그래서 이제는 그가 세상에 다시 복귀할 수 있도록 그가 아기 때 그 일을 겪으면서 어떤 느낌이 들었는지를 확인하고 그것을 겪어 이겨내야 할 때라고 결정했다.

몇 주가 흐른 뒤 만난 존은 한결 기분이 나아져 있었다. 우리는 매주 화요일 11시 45분에 만났는데, 이제는 예약 시간에 정확히 맞추거나 1~2분 늦게 도착하지 일찍 도착하는 법은 결코 없었다. 그는 언제나 기다리는 쪽이 그가 아니라 내가 되도록 신경 썼다.

내가 상담실 문을 열자 존이 안으로 들어오면서 늘 던지는 농담을 건넸다. "안녕하세요! 저를 기다리셨어요?" 우리 둘은 이 농담이 그가 상담실 문을 두드리면서 느낄지 모를 불안감을 돌려 표현한 것임을 알고 있었다. 이 불안은 내가 상담 시간을 기억하지 못하거나, 그의 존재를 잊거나, 그가 나타나지 않기를 바랄지도 모른다는 걱정에서 나온 것이었다.

하지만 실제로는 절대 그런 일은 없었다. 오히려 나는 존을 만나는 시간을 잔뜩 기대했다. 나는 부모와 아기의 초기 상호작용이 향후 아기의 삶에 끼치는 영향을 잘 알고 있고 그의 과거에 대해서도 잘 알기 때문에, 그를 아기로 상상하면서 그를 보호하고 싶은 마음을 많이 느꼈다.

지그문트 프로이트의 딸 안나 프로이트Anna Freud는 제2차 세계대전이 벌어지는 동안 런던에서 햄스테드 보육원(Hampstead Nurseries)을 설립하고 그곳에서 연구를 진행했다. 그녀는 유아와 아동을 신중하고 체계적으로 관찰하기 시작한 최초의 연구자로 알려져 있다. 그런데 유아의 마음을 이해하는 데 있어서의 혁명적인 발전은 세월이 훨씬 지난 뒤의 일이었다. 1980년대에 정신과 의사이자 정신분석가인 다니엘 N. 스턴Daniel N. Stern은 현대의 유아 연구에 정신분석학을 도입했는데, 그 과정에서 과거에 아동 발달에 대해 세워진 가설이 상당히 많이 수정됐다. 그렇게 수

정된 가설 중 가장 중요한 것 한 가지는 아기들이 태어난 직후에는 '자폐성 마음'을 가지고 있어서 주위 세상과 상호작용하는 것이 불가능하다는 1960년대의 주류 이론이었다. 현대의 유아 연구는 이런 가정을 뒤집는다. 사실 아기들은 태어날 때부터 타인과 의사소통을 한다. 주변 환경을 인식하고, 주변 사람들의 시선, 목소리, 대화 중 생기는 일시적인 침묵, 표정에 반응하고, 사람들과 꾸준히 대화를 나눈다.

오늘날 유아 연구는 아기와 부모 사이의 상호작용에 초점이 맞춰져 있다. 비디오 동영상을 통한 미세분석은 순간순간의 대화를 관찰하고 부호화하는 데 사용되는 한 가지 방법이다. 컬럼비아대학교의 베아트리체 비브와 그녀의 연구팀은 실험실로 부모들을 데려와서 집에서처럼 아기와 놀게 했다. 연구팀은 카메라 두 대를 이용해서 한 대는 엄마의 맞은편 아기 의자에 앉아 있는 아기를 촬영하고, 다른 한 대는 엄마의 얼굴과 상반신을 촬영한 뒤에 화면을 둘로 나누어 부모와 아기의 얼굴 모두를 담았다.

이 연구는 아기와 엄마의 서로를 향한 시선과 서로에게서 멀어지는 시선을 비롯한 언어적·비언어적 상호작용의 몇 가지 측면에 초점을 맞췄다(참고로 부모는 일반적으로 아이가 부모를 바라봤다가 다른 곳을 봤다가 하는 동안에도 줄곧 아기에게 시선을 고정하기 때문에, 눈을 맞출 때 생기는 자극의 강도를 조절할 수 있었다). 이 실험에서는 표정은 물론이고 목소리까지 감지해, 표정과 몸의 움직임이 얼마나 조화로운지를 분석했다. 연구원들은 부모와 아이 사이의 음성적인 의사소통과 교대로 주고받는 상호작용을 듣고 부호화했다.

비브는 분할 화면을 관찰하고서 엄마들은 아기의 움직임, 몸짓, 시선, 표정에 자신의 행동과 반응을 맞추는 경향이 있으며, 아기들은 엄마가 하는 행동의 모든 뉘앙스에 반응한다고 설명했다. 아기와 엄마 사이에는 공동 창조된 리듬이 있다. 엄마는 대개 아기가 웃으면 기쁜 얼굴을 하고 울면 걱정스러운 표정을 짓는다. 엄마는 아기가 고개를 다른 쪽으로 돌리면 행동의 강도를 낮추고, 아기가 괴로워하는 것 같으면 목소리 크기를 줄이고, 아기가 다시 엄마를 바라보면 아기의 기분을 좋게 만들어주려고 한다. 부모는 아기에게 무언가 말을 하고, 그런 다음 기다리면서 아기에게 의사 표현을 할 기회를 준다. 아기는 나름의 방식으로 소리를 내면서 반응한다. 부모와 아기는 차례를 기다렸다가 발화하거나 반응하는 상대방의 리듬에 따른다.

부모와 아기 사이의 이상적인 소통이 완전한 동기화나 '완벽한' 일치, 매우 높은 반응성을 의미하는 것은 아니다. 오히려 역동적인 의사소통은 불일치와 잠재적인 오해의 순간이 발생하고, 이를 다시 조정하고 바로잡는 과정에서 전개된다.

이런 연구들은 모든 관계에서 균열은 불가피한 부분이라는 사실을 강조한다. 실제로 1989년에 제프리 F. 콘Jeffrey F. Cohn과 에드워드 Z. 트로닉Edward Z. Tronick은 불완전한 상호작용과 의사소통의 불일치는 예외라기보다는 원칙이라고 지적했다. 그들은 '괜찮은(good enough)' 부모가 아이와 보내는 시간의 70퍼센트는 약간의 불일치가 있거나 동기화되지 못하고 단 30퍼센트의 시간 동안만 아이와 동기화된다고 밝혔다. 연구원들에 따르면 좋은 관계는 완벽한 조율의 결과라기보다는 잘못을 적절히 바로 잡은 결과이며, 따라서 부모가 아기에게 맞춰서 재조율하는 순간이 중요하다. 이런 순간들은 미래에 서로에게 가질 신뢰의 기초로 작용한다. 이런 경험을 통해서 부모와 아기는 의사소통의 리듬으로 되돌아가서 상대방에게 인식되고 인정받을 수 있다는 것을 배운다.

50년 이상 관련 연구들은 아기와 부모의 초기 상호작용이 미래의 발달, 애착, 정신 건강에 미치는 영향을 집중 조명했다. 특히 출생 직후의 보호자에 대한 아기의 애착을 바탕으로, 그 아기가 아동기나 성인기에 겪게 될 어려움을 예측하는 연구들도 있었다. 예를 들어 어느 대규모 연구는 안정적인 애착의 주요 특성 중 하나인 부모의 반응성(responsiveness)•에 초점을 맞췄다. 이 연구는 생후 3개월에서 9개월 사이에 엄마의 반응성이 미흡하면 아기가 생후 12개월이 됐을 때는 불안정한 애착을, 세 살 때는 부정적인 정서와 공격적인 행동을, 열 살 이후에는 그 밖의 다른 문제 행동을 보일 수 있다고 예측했다.

나는 어른이 된 존이 자기 안으로 침잠했다는 것을 인식하면서, 아기 때의 존을 그려보려고 애썼다. 그가 어머니의 눈에서 본 것, 이를테면 어머니의 고통, 분노, 죄책감, 그리고 어린 존에게 어머니가 제대로 반응해주지 않는 상황 등을 상상해봤다. 이런 상황이 그에게 직접 전달된 건 아니지만 아기였던 그가 무언

• 상대방의 필요와 걱정, 관심사 등에 주의를 기울이고 적절한 반응을 보이는 것을 뜻하는 심리학 개념.

가 느끼지 않았을지 궁금했다. 내가 알지 못하고 앞으로도 결코 알 수 없는 사실이 분명 많을 것이다. 실제로 아기 때 했던 경험 중 일부는 영원히 봉인된다.

~

존이 상담실로 들어와서 안락의자에 앉았다.

"어제저녁에 큰형 제이크와 얘기를 나눴어요." 그가 말했다. "요즘 심리치료를 받고 있다고 형에게 말했죠. 어린 시절 중에서도 특히 아기 때 일어났던 일에 관한 많은 것들이 심리상담 때 언급되고 있다고 얘기했어요. 솔직히 참 놀라웠어요. 큰형하고 이런 얘기를 나누리라고는 상상도 못 했거든요. 그런데 형도 몇 년째 심리치료를 받고 있다는 거예요. 얼마나 놀랐던지. 형이 이렇게 말했어요. '우린 어릴 때 감당해야 할 것들이 많았잖니. 특히 너는 더 그렇고.'

'내가 왜?' 저는 조금 어리둥절했어요. '형들은 누나를 알았지만 나는 어려서 잘 몰랐잖아.'"

존은 말을 잠시 멈추고 나를 쳐다봤다.

"큰형은 심리치료를 받으면서 이 세상에 두 종류의 사람이 있다는 걸 깨달았다고 해요. 무언가를 상실한 사람과 애초에 아무것도 갖지 못했던 사람이요. 형은 이렇게 말했어요. '그 생각 때문에 힘들었어. 심리치료사 선생님께 막내인 너는 상실을 겪은 나머지 형제들하고는 다르게 처음부터 아무것도 갖지 못했다고 늘 이야기했지. 그래서 우리 형제 중에 네가 가장 큰 상처를 입은 사람이라고 말이야.'"

"제가 얼마나 혼란스러웠는지 짐작하실 수 있을 거예요." 존이 말했다. "저는 형에게 이렇게 말했어요. '형, 나는 지금 형이 무슨 말을 하는 건지 잘 모르겠어.' 그러자 형이 이런 이야기를 해줬어요. 형이 여덟 살 때 어머니가 임신을 했는데 그 사실을 알고 아주 많이 속상해하고 화를 냈대요. 아기를 더 낳고 싶지 않았던 어머니는 아버지 때문에 임신하게 된 것이라고 탓하면서 임신 중절 수술을 받겠다고 했어요. 그 일로 어머니 아버지가 엄청나게 싸웠고, 한동안 말도 안 했다고 해요.

'그러고 나서 네가 태어났고, 몇 달 뒤에 누나가 죽었어.' 형이 말했어요. 한 방 얻어맞은 듯 머리가 띵해졌어요. 선생님이 말씀하셨던 모든 게 갑자기 다 이해가 됐죠. 부모님은 처음부터 저를 원하지 않으셨던 거예요." 존은 내 눈을 응시했다. "부모님은 다섯 번째 아이를 낳고 싶지 않았어요. 넷이면 충분했던 거죠. 그러다가 결국 넷이 됐지만, 부모님이 원하던 4남매는 아니었어요."

우리 둘 다 침묵했다.

나는 정신이 멍해졌지만 놀라지는 않았다. 이 세상에서 완전히 환영받지 못한 사람들을 알아보는 건 어렵지 않은 일이다. 그들은 언제라도 떠날 수 있는 방문자나 외부인처럼 보인다. 존의 경우처럼 그런 내담자들은 대개 딱 맞아떨어지는 원인이 되는 이야기가 크게 없어서, 상담치료에서 어린 시절의 명확한 내

러티브를 만들기가 훨씬 힘들다.

헝가리의 정신분석학자 샨도르 페렌치는 1929년에 발표한 중요한 논문인 <환영받지 못한 아이와 죽음의 본능>(The Unwelcome Child and His Death-Instinct)에서, '달갑지 않은 손님'으로 이 세상에 태어난 사람들에 관해 설명한다. 페렌치는 달갑지 않은 아기가 되는 것과 죽고 싶은 무의식적인 동경 사이에는 직접적인 연관성이 있다고 보았다. 그는 치료하는 내담자 중 이런 성향의 사람들은 비관적이고, 회의적이고, 타인에 대한 불신이 가득하며, 자살에 대해 환상을 품고 있다고 표현했다. 페렌치는 이들에게 공통적인 경험이 있다는 사실도 발견했다. 본인도 알고 있었든 가족들만 알고 있는 비밀이었든 이들 모두 원하지 않는 임신으로 태어난 아기들이었다. 페렌치는 이들을 쉽게, 기꺼이 죽는 사람들로 묘사했다.

존은 숨을 깊이 들이쉬었다. "전 괜찮아요." 그가 말했다. "우습지 않아요? 최악의 상황임을 알게 됐는데, 기분이 나쁜 게 아니라 오히려 훨씬 좋아졌어요. 기억하세요? 선생님이 저는 이야기가 없는 아이라고 항상 말씀하셨잖아요. 이제는 제게도 이야기가 생겼어요. 행복한 이야기는 아니지만 진실이고, 저의 이야기예요."

존에게는 심리적으로 처리할 것들이 아직 많다는 것을 나는 알고 있었다. 질문하고, 애도하고, 화내고, 용서할 것들이 많았다.

요즘 존은 상담실에 들어서면서 자신을 기다리고 있었느

냐고 내게 더는 질문을 던지지 않는다. 이제는 어머니, 즉 그를 낳기를 원치 않았던(expect, 기다리지 않았던) 어머니의 이야기를 알게 되었기 때문에 예전처럼 어머니와의 관계를 재경험하는 것이 아니라 어머니에 대해서 나와 이야기 나눌 수 있게 됐다. 존은 어머니를 사랑했지만, 이제는 어머니에게 거부당하고 어머니의 존재를 실질적으로 거의 느끼지 못했던 어린 시절에 대한 모욕과 수치를 자유롭게 느낄 수 있게 됐다.

가장 큰 불안감을 주는 생각과 고통스러운 감정까지 느끼고 생각하는 자유는 살아 있는 느낌을 가져다준다. 존은 태어날 때부터 가지고 있었지만 과거에 거부당했던, 자신의 당연한 권리를 회복해 마침내 삶을 선택할 수 있게 되었다.

7

울어라, 아가

내담자 벤이 군에 있던 시절엔 나도 젊은 나이었기 때문에 그가 복무했던 육군 부대를 잘 알고 있었다. 주변 친구 중에는 그와 같은 이스라엘 방위군 정예 특공대에서 복무한 친구들도 있었다. 벤은 내가 가수로 복무할 무렵 특공부대의 전투요원이었다. 그로부터 30년이 지난 뒤에 뉴욕시에 있는 상담실에서, 나는 벤에 대한 정보를 수집하면서 그에게 군 생활에 관한 질문을 던지고 있었다. 벤이 자신의 소속 부대 이름을 말하자 나는 그것을 받아 적으며 고개를 끄덕였다.

우리 군악대가 그의 부대에 가서 공연했던 날을 기억한다. 그 공연에서 특이했거나 인상적이었던 점은 딱히 없었다. 다만 당시 나는 같이 활동하는 드러머와 사랑하는 사이였는데, 그날 밤에 차를 타고 바로 복귀하는 것이 너무 위험해서 가자Gaza의

칸 유니스Khan Yunis에 있는 그 부대에서 하룻밤 자고 가게 된 것이 기뻤다. 당시는 1989년이었고, 우리는 유사시에 사용하라는 말과 함께 총을 지급받았다. 몇 달 전에 기초 훈련을 받았는데도 나는 총기를 다룰 줄 몰랐다. 나와 내 가장 친한 친구는 사람을 죽이면 나쁜 업보를 쌓게 된다고 믿었기 때문에 훈련받는 동안 그냥 듣는 척만 하고 있었다. 그러다 보니 총기 사용법을 거의 모르는 상태였다. 공연을 하러 칸 유니스까지 갈 때는 큰 문제가 없었다. 위급상황이 닥치면 우리가 어떻게든 잘 대처할 수 있을 거라고 생각했다.

특수부대 병사들은 우리에게 장갑 버스를 보냈고, 가자까지 버스로 이동하는 동안 모터사이클 한 대가 우리와 동행했다. 길은 울퉁불퉁했다. 우리 군악대의 음악 감독은 다른 사람들보다는 나이가 많은 30대 음악가였으며, 부대에서 예비역 사병으로 복무했다. 그런데 어느 순간엔가 그가 버스 바닥에 주저앉았다. 우리는 놀란 표정으로 그를 보면서 물었다. "무슨 일이에요? 괜찮아요?"

놀랍게도 그는 울음을 터트렸다. "내 아내는 지금 임신 중이야. 저 사람들은 우리가 가자에 가게 됐다고 미리 알려주지 않았잖아. 나는 거기 가겠다고 지원한 게 아니었어. 이건 미친 짓이야."

우리는 어쩌면 좋을지 몰라서 모두 서로의 얼굴만 쳐다봤다. 그가 왜 가자에 가는 것이 미친 짓이라고 생각하는지 이해할 수 없었다. 우리는 모든 교전 지역을 돌아다니며 공연했지만, 어느 지역이 특별히 더 치열하거나 위험하다고 생각하지는 않았다. 우리는 어릴 때부터 그런 환경에서 자랐다. 어떤 면에서 불안한 국가 안보와 병역의 의무는 무의미한 혼란처럼 느껴졌고, 인생은 현재나 과거가 아니라 미래와 관련 있었다. 인생은 희망과 큰 꿈으로 이루어져 있었고, 깊은 우정, 사랑, 음악이 있는 인생은 우리의 외적 현실을 밀쳐냈다.

나는 돌아서서 드러머에게 미소를 지어 보였고, 그도 미소로 답했다. 작은 비밀을 공유하는 우리 두 사람에게 주위를 둘러싼 전쟁은 배경 소음처럼 느껴졌다.

그날 우리는 작은 내무실에서, 우리와 같은 또래지만 우리보다 나이가 더 많아 보이고 우리보다 훨씬 용감하다고 믿는 병사들에 둘러싸여서 공연했다. 콘서트가 끝난 뒤에는 병사들에게 구체적인 활동이나 특별 임무에 관해서 물어보지 않도록 규정되어 있었다. 그런데 사실 별로 궁금하지도 않았다. 우리는 병사들의 고등학교 시절의 경험담을 듣고, 고향에 있는 여자 친구 이야기를 듣고, 군 복무가 끝날 때까지 남은 날짜를 세는 것에 더 관심 있었다.

나는 벤과 첫 상담을 시작했다. 그는 열여덟 살에 군에 입대했을 때 자신이 어떤 일을 맡게 될 것인지 전혀 몰랐으며, 이제 와 생각하니 모든 것이 얼마나 미친 짓이었는지 깨달았다고 했다.

"특수부대 출신 친구들 대부분은 완전히 망가졌어요." 벤이 말했다. "그렇지만 저는 외상 후 스트레스 장애나 다른 후유증 없이 괜찮은 편이죠."

'아마도 우리는 괜찮은 거겠지'라고 속으로 생각했다. 한편으로는 그 말을 진심으로 믿었지만, 한편으로는 그것이 사실일 리 없다는 것을 알고 있었다. 우리는 괜찮았지만, 전혀 괜찮지 않기도 했다. 이스라엘의 모든 젊은이가 겪는 경험을 평범한 현실로 여기는 문화에서 자란 벤은 이스라엘에서의 어린 시절과 뉴욕시에서의 현재 삶에 관한 이야기를 내게 풀어놓았다. 그는 열여덟 살 때부터 사귀었던 캐런과 결혼했고, 아기를 가지려고 노력 중이라고 했다. 그는 눈을 나와 맞추며 말했다. "어렸을 때부터 아빠가 되고 싶었어요. 제가 심리치료를 받으러 온 것도 좋은 아빠가 되고 싶어서예요."

~

월요일 아침에 벤이 얼굴에 환한 미소를 띠고서 상담실로 들어왔다.

"박사님." 그는 나를 부르고 나서 잠시 뜸을 들였다.

학위를 애칭으로 사용해서 나를 '박사'라고 부르는 것은 그가 기분 좋은 상태라는 신호였다.

"캐런이 임신했어요." 그는 미소를 지으며 자기가 했던 말을 바로잡았다. "저희 임신했어요. 제가 얼마나 오랫동안 아기를 꿈꿨고, 임신하기까지 얼마나 힘들었는지 잘 아실 거예요." 그는 말을 멈추고 나를 바라봤다. "전 아들을 낳을 거예요. 정말로요. 박사님, 저한테 아들이 생기는 거예요." 그는 양손을 가슴에 얹고 깊은숨을 들이쉬었다. "예정대로 잘 진행되면, 곧 아들이 태어날 거예요." 그가 진지하게 말했다.

다음 상담 시간에 벤은 꿈 이야기를 했다. 꿈에서 그는 아기였고, 아버지의 가슴 위에서 잠들어 있었다. 아버지는 그의 뺨에 입을 맞추고서 귀에 대고 이렇게 속삭였다. "울어라, 아가. 울 시간이야."

"정말 이상해요." 벤이 말했다. "부모가 아기에게 울라고 요구하지는 않잖아요. 특히 아버지들은 아들이 아기처럼 굴면서 우는 걸 독려하지 않고요."

"아버지와 울음을 생각하면, 마음속에 어떤 것이 떠오르나요?" 내가 물었다.

"제 생각에 아버지는 제가 울 필요가 있단 걸 아시는 것 같아요. 그래서 허락을 해주시는 거죠." 벤은 한참 조용히 있다가 말을 이었다. "저는 아버지가 우는 걸 본 적이 없어요. 할아버지가 돌아가셨을 때도, 제가 입대할 때 버스 주변에 서 있던 다른 부모들이 모두 눈물을 흘렸을 때도 저희 아버지는 울지 않으셨어요. 그저 이리저리 서성대다가 저에게 다가와서 한 번 꽉 안아주고서 '울 필요 없다, 얘야. 네가 해야 하는 일만 똑바로 하면 돼. 신이 함께하실 거야'라고 말씀하셨어요."

"어른이 된 열여덟 살 때는 아버지가 울지 말라고 말씀하셨고, 이제 곧 아빠가 된다는 사실을 알게 된 지금은 꿈에서 아버지의 품에 안겨 울 때가 됐다는 말을 듣게 된 거군요."

벤은 고개를 끄덕였다. 허용된 눈물, 아버지, 아들, 연약함과 남자다움이 혼재하는 상황에 대해 그와 나는 알아내야 할 것이 많았다.

벤은 아버지에 관한 이야기를 내게 해주었다. 벤의 아버지는 이라크에서 태어났고 1950년대에 가족과 함께 이스라엘로 도피했다. 벤의 아버지와 비슷한 시기에 이란과 시리아에서 이스라엘로 피신한 부모를 둔 나는 이민 생활의 복잡한 문제들에 대해서 익히 알고 있었다. 1950년대 초의 이스라엘은 홀로코스트의 트라우마를 딛고 건립된 신생국가였다.

제2차 세계대전이 끝난 뒤 홀로코스트 생존자 중 많은 이들이 이스라엘에 정착했다. 이들은 전쟁 전에 이주한 동유럽 이민자들에 합류했다. 전쟁 전에 이주한 이민자들은 시온주의자• 들로, 겉은 껍질이 두껍고 뾰족한 가시가 잔뜩 달렸지만 속은 부드럽고 달콤한 배의 이름을 따서 '진정한 사브라Sabra' 또는 히브리어로 '차바림Tzabarim'이라고 불렸다. 이 용어는 구유럽의 유대인과 새로운 시오니즘을 따르는 유대인을 구별하기 위해 1930년대부터 사용되기 시작했다. 사브라는 연약하고 수동적이라는 고정관념으로 통하던 옛 유대인과는 반대로, 강인하고 신체적으로 활동적이며 낯이 두꺼운 사람들로 여겨졌다. 이 신흥 유대인들은 종교적으로 독실하지 않았으며 유대교 율법(Torah)을 공부하지도 않았다. 대신에 이들은 땅을 일구는 데 헌신했으며 처음에는 저항운동으로, 나중에는 이스라엘 군대에서 싸우는 법을 익혔다.

• 팔레스타인 지방에 유대인의 민족 국가를 건설하는 것을 목표로 하는 민족주의 운동인 시오니즘Zionism을 믿고 따르는 유대인들.

홀로코스트 이후 홀로코스트에 대한 반발이 주요하게 작용해서 국가 이스라엘이 설립되었고, 이스라엘은 전 세계 유대인들의 고국이 됐다. 이스라엘로 몰려든 이민자들의 첫 번째 물결은 유럽에서 모든 것을 잃고 엄청난 정신적 상처를 입은 생존자들이었다. 그다음으로 1950년대에 무리 지어 이주한 사람들은 모로코, 예멘, 이란, 이라크, 이집트, 시리아, 튀니지를 중심으로 하는 동유럽 국가 주민들이었다.

신생국인 이스라엘은 꽤 오랜 세월 동안 최근에 이주한 사람들보다 원주민들에게 계속해서 더 많은 특혜를 베풀었다. 목표는 새로운 문화를 만드는 것이었으며, 이민자들에게 그들의 원래 정체성을 버리고 사브라 유대인의 정체성을 받아들이도록 장려했다. 심리학적인 관점에서 보면, 이는 박해에 따른 심각한 트라우마에 대처하는 하나의 방법이었다. 투사인 새로운 유대인들은 소극적인 희생자에서 적극적인 정복자로, 약한 소수민족에서 강한 국가로의 변신을 상징했다.

벤의 부모님과 마찬가지로 내 부모님도 1950년대 세파르디[••] 유대인 이민자 물결의 일부였다. 그들은 다른 문화권 출신이어서 아랍어를 구사했으며 교육을 받지 못한 사람들이나 더 심하게는 미개한 사람들로 치부됐다. 이들에게 정신적인 상처를 준 백인 유럽의 헤게모니는 이민자들을 차별했고 그들을 열등한 소수 집단으로 취급했다. 그들은 가난하게 살았고 새로운

•• Sephardi: 스페인·포르투갈계의 유대인.

문화에 적응하는 데 어려움을 겪었을 뿐만 아니라, 예의가 없고 문화적으로 부도덕하다는 평판 속에 큰 수치심을 안고 살았다. 그들은 '부적절한' 언어를 구사하고 '부적절한' 음악을 들으며, 백인 시온주의자들의 특권적인 권위를 위협하는, 그래서 용납하기 힘든 비유럽적인 문화와 전통을 가지고 왔다는 비판을 받았다.

모든 이민자는 이스라엘 문화에 동화될 수 있도록 히브리어를 사용해야 했다. 이디시어와 아랍어는 용납되지 않았다. 이민자들은 보통 국경의 사무원들에게서 이름을 이스라엘식으로 바꾸도록 요구받았다. 내 어머니는 이름이 수잰이었지만 지금은 쇼시Shoshi로, 이모인 모리나는 한나Hanna로, 튠은 마잘Mazal로 바뀌었다.

이런 관행은 꽤 오랜 세월 시행됐다. 심지어 1990년대에도 이스라엘로 이주한 에티오피아 유대인들은 이름을 바꾸도록 요구받았다. 개명 요구는 이민자들에게 그들의 이전 정체성은 환영받지 못하니 새로운 정체성으로 바뀌어야 한다는 것을 알리는 방법이었다. 과거를 버리면 새롭고 더 나은 미래가 펼쳐질 것이라는 밝은 전망을 내세웠지만, 실제 현실에서 이민자들은 옛 세계와 새로운 세계에 모두 소속되지 못하고, 문화적으로 어중간한 위치에 갇혀 있었다.

벤과 마찬가지로, 이민자 가족의 현실은 내 어린 시절의 삶에 늘 맴돌았다. 나는 부모님이 어릴 때 가족과 함께 이스라엘로 피신했다는 것을 알고 있었다. 어머니는 1951년에 시리아의 수도 다마스쿠스Damascus를 떠나던 날 밤의 이야기를 우리 형제들에게 자주 들려주시곤 했다. 어머니가 네 살밖에 안 됐을 때의 일이었다. 어머니의 부모님은 마차를 소유한 어느 시리아인 남자에게 돈을 주고, 한밤중에 자신들과 아이 다섯 명을 마차 짐칸에 숨겨서 국경을 넘어달라고 부탁했다.

그 남자는 새벽 2시에 도착했다. 가족들은 조용히 마차 뒤칸에 뛰어올랐고, 마차는 국경을 향해 달리기 시작했다. 그런데 30분쯤 지났을 때, 어머니의 부모님은 당황스럽게도 네 살이었던 우리 어머니가 보이지 않는다는 사실을 알아챘다. 깜박 잊고 집에 두고 온 것이다. 어머님의 부모님은 서둘러 돌아가서 침대에서 잠을 자고 있던 아이를 안아 들고, 다시 마차를 타고 국경을 향해 갔다.

가족들은 이스라엘에 무사히 도착해서 아랍인과 이스라엘인이 함께 사는 지중해 북쪽의 도시 하이파Haifa에 정착했다. 그리고 그곳에서 방 한 개짜리 아파트를 빌려서 형제들이 성장기를 보내는 동안 생활했다.

벤의 아버지는 열 살 때 가족과 함께 이라크 바그다드를 떠나왔다. 처음 몇 년 동안은 마바라ma'abara라고 불리는 곳에서 살았다. 마바라는 아랍과 이슬람 국가 출신 이민자들을 위해 정부에서 새롭게 건설한 난민 수용소로, 1950년대 초에 그런 수용소들에 거주하는 이라크 난민의 수는 13만 명 이상이었다. 마바라는 세파르디 유대인들에 대한 차별의 상징이다. 주택 정책이 아슈케나지•에게 유리한 방향으로 치우쳐 있었기 때문이다. 수용소들은 환경이 열악해서, 거주하는 사람이 1,000명인데 수도

꼭지는 단 두 개밖에 없는 곳도 있었다. 화장실은 지붕이 없었고 벼룩이 들끓었으며, 집 천장은 비가 올 때마다 새기 일쑤였다.

"우리 가족은 운이 좋았다고 생각하는 사람들도 있어요." 벤이 말했다. "할아버지가 학교 청소부 일자리를 구해서 텔아비브 외곽에 있는 라마트간●●으로 이사할 수 있었거든요. 그 세대에서는 특히, 남자가 가족을 부양하지 못하면 얼마나 큰 괴로움을 느낄지 아마 상상하실 수 있을 거예요."

벤은 이해를 구하는 눈으로 나를 쳐다봤다. 하지만 나는 남성이 아니다. 그런 내가 벤이 하는 말의 의미를 이해할 수 있을까? 힘을 잃은 연약한 남성이 되는 고통이 얼마나 큰지 내가 알 수 있을까? 나는 벤이 자기 자신과 자신의 취약성과 눈물에 대해서도 말하고 있었지만, 남자다움이라는 정체성뿐만 아니라 그의 아버지와 할아버지의 자존심을 지키기 위해서 자신의 그런 모습을 감춰야 했다는 사실도 나에게 말하고 있음을 이해했다.

"가장인 할아버지로서는 언어도, 직업도, 지위도 없는 이민자가 된 것이 굴욕이었어요. 자랑스러운 할아버지가 이렇게 나약하고 힘없는 존재가 됐던 것을 생각하면 가슴이 아파요. 사실 할아버지는 결국 자신감을 회복하지 못했어요. 열등한 사람이 되어서 전혀 존경받지 못하고, 부적절한 언어로 치부됐던 아랍어만 할 줄 아는 데 대한 수치심 속에서 돌아가셨죠."

상담이 끝날 때마다 벤은 아랍어로 된 노래 유튜브 동영상

● Ashkenazi: 독일·폴란드·러시아계 유대인.

●● Ramat Gan: 이스라엘 서부, 텔아비브의 북동쪽에 인접한 도시.

을 내게 보내주었다. 그는 파리드 엘 아트라시Farid El Atrash, 움 쿨숨Umm Kulthum, 페루즈Fairuz, 압델 할림 하페즈Abdel Halim Hafez를 특히 좋아했다.

"제 부모님은 아랍어를 사용하는 걸 결코 편히 받아들이지 못하셨어요." 그가 말했다. "이민자 같은 기분이 드는 걸 싫어하셨거든요. 그런데 할아버지 댁에서 아랍어 노래가 흘러나왔던 기억과 할아버지가 노래 부르면서 눈물을 흘리셨던 기억이 나요. 저는 할아버지가 우시는 걸 종종 봤는데, 아랍 노래는 아주 감상적이어서 할아버지가 떠나온 고향에 대한 향수를 불러일으킨다는 걸 알았어요."

"오늘 상담 감사했어요, 박사님." 상담이 끝난 뒤에 벤이 이메일에 이렇게 적었다. 이번에는 모셰 엘리야후Moshe Eliyahu와 시리아 밴드의 동영상 링크를 공유했다.

벤이 노래 동영상을 보내주어서 고마웠다. 그런데 내가 그 노래들을 잘 알고 있다는 사실은 그도 몰랐을 것이다. 모셰 엘리야후는 시리아에서 유명한 가수이며 우리 어머니의 삼촌이다.

할아버지와 할머니는 아랍 말과 글을 사용하고 집에서 아랍 노래를 들으셨다. 우리 가족이 할아버지 할머니를 뵈러 하이파에 갔을 때, 아랍 노래가 어머니 신경을 거슬리게 한 것이 분명했다. 어머니는 아랍어로 "음악 소리를 조금만 줄여주실 수 있어요?"라고 소곤소곤 이야기했다.

여러 해 뒤에, 가수인 어머니의 삼촌이 부모님 결혼식 무대에서 노래를 불렀었다는 사실을 전해 듣게 됐다. 그는 결혼식에서 신랑 신부를 기리면서 히트곡 중 하나인 <오늘 밤의 큰 축제>(Simcha Gedola Halaila)를 헌정하겠다고 했다. 어머니는 아연실색했다. 결혼식에서 아랍 노래가 울려 퍼지는 것은 어머니가 가장 원하지 않는 일이었기 때문이다. 어머니는 흐느껴 울기 시작했다. 그래서 어머니의 삼촌은 결국 노래를 중단하고 무대에서 내려와야 했다. 그 이후로 그는 어머니와 다시는 말을 하지 않았다고 한다.

아랍 노래는 벤과의 상담 시간에 우리가 고정적으로 듣는 음악이 됐다. 노래를 함께 듣기도 하고 벤이 상담 뒤에 이메일로 보내주는 노래를 혼자서 따로 듣기도 했다. 나는 벤이 가족의 인생에 관한 이야기뿐만 아니라 말로는 전할 수 없는 풍미, 냄새, 감정들을 내게 전달해야 했다는 것을 잘 알고 있었다.

벤은 동부 이란에서 서부 이스라엘로 이주한 가족사라는 유령과 함께 살고 있었다. 아랍 노래는 그런 역사에 정면으로 맞서고, 그것을 재처리하고, 인종차별적 멸시의 희생자가 되는 수동적인 경험을 뒤바꿔 축복, 자부심, 주인의식을 적극적으로 실천할 수 있게 해주는 하나의 방법이었다.

그는 부적절한 언어를 사용하는 가족의 수치를 안고 살던 소년이었다. 그런 그가 이스라엘 정예 특공대의 자랑스러운 병사가 되면서, 그의 유창한 아랍어 실력은 장점이 됐다. 그는 대테러 부대의 일원으로 아랍 도시 지역에서 비밀 작전을 수행했는데, 아랍어를 할 줄 아는 덕분에 신분을 위장하고 정보를 수집할 수 있었다.

벤과 나는 그에게 군복무가 어떤 중요한 의미가 있는지, 희생자와 정복자의 역학 속에서 군복무가 어떤 역할을 했는지, 열등감을 느끼는 사람이 트라우마를 치유하기 위해서는 어떤 식으로 우월해질 필요가 있는지를 하나씩 살펴 나갔다.

그런 역학은 국가적인 수준에도 그대로 적용됐다. 박해의 트라우마 위에 세워진 국가는 병사와 전사들을 길러냈다. 모든 전쟁은 유대인의 과거 패배와 굴욕을 끊임없이 바로잡을 기회였다. 1982년 레바논 전쟁• 직전, 이스라엘의 총리 메나헴 베긴Menachem Begin은 전쟁이 왜 필요한지를 설명하며 내각에 이렇게 말했다. "제 말을 믿어도 좋습니다. 싸우지 않는다면 대안은 트레블링카•• 뿐이고, 앞으로 트레블링카가 또 생기는 일은 **없을 것**이라고 우리는 이미 결정했습니다."

바로잡고 싶은 바람과 이번에는 승리한 상태로 전쟁에서 벗어나겠다는 바람은, 그렇게 되면 승자가 되는 것이라는 환상에서 출발한다. 그런데 사실 군인의 승리는 결코 단순한 승리가 아니다. 전쟁에서의 승리는 인명 손실과 부상, 치유하려고 했던 이전 트라우마의 반복을 의미하기도 한다.

과거의 상처를 치유하고자 하는 심리적 욕구는 우리를 원래의 장면으로 돌아가게 만든다. 수동성을 적극성으로 바꾸고 싶어하는 장면으로, 이번에는 다르길 바라면서 처음부터 다

• 이스라엘이 팔레스타인을 독립국으로 만들기 위해 결성된 비밀저항조직 '팔레스타인 해방기구(PLO)'를 몰아내겠다는 명분으로 일으킨 전쟁.

•• Treblinka: 폴란드에 있었던 나치 수용소.

시 시작해보고 싶어하는 장면으로 말이다. 우리는 동일한 상황이 반복되길 바라면서 이번에는 더 나아지고 더 잘 해내서 보상(reparation) 행위를 통해 스스로를 치유하고자 한다. 하지만 과거를 끝내고자 하기보다 반복하고자 하는 시도가 너무 잦아지면 트라우마가 계속 반복될 뿐이다. 사실 우리는 과거의 트라우마를 치유하고자 하는 욕망 속에서 스스로에게 다시 트라우마를 안겨주고 있는 것이다.

특공대원이 되어 윗세대에서 전해 내려온 이민의 트라우마를 치유하겠다는 소망을 품었던 덕분에 벤은 승리자가 된 기분을 느낄 수 있었지만, 그 때문에 새로운 트라우마가 생기기도 했다. 벤과 나는 아버지와 아들 간의 유대 관계를 살펴보면서 그 새로운 트라우마를 분석해나갔다.

어릴 때 나와 내 친구들의 주변 세계는 우리가 아는 유일한 세계였고, 무력 충돌은 우리의 현실이었다. 아이들은 고등학교를 졸업하자마자 군에 입대해야 한다는 것을 잘 알고 있었고, 굳건한 힘을 지키면 홀로코스트를 다시는 겪지 않을 것이라는 사실을 되새기면서 군에 입대할 마음의 준비를 했다.

고등학교 졸업 후 다음 단계는 어떻게 보면 우리가 아는 삶으로부터의 휴식이었다. 나름의 규칙과 위계가 있고 어려움도 있지만, 어릴 때부터 줄곧 기대했던 삶이었다. 주위 친구들 모두가 군인이었지만 그것조차 이상하게 느껴지지 않았다. 우리는 '군인이 아니면 열여덟 살에 우리가 달리 뭐가 될 수 있겠어?'라고 생각했다.

매년 특수부대에 복무할 소수의 인원이 선발됐다. 지원자들은 1년 전부터 여러 달 동안의 인터뷰, 체력 검사, 정신력 검사가 포함된 장기간의 선발 과정을 거쳐야 했다.

벤은 특공대원으로 뽑혔다.

"정말 자랑스러웠어요." 벤이 말했다. "복무 자체에 대해서는 별로 생각하지 않았어요. 그저 합격하는 게 목표였죠. 그 많은 지원자 중에서 선발된 사람이 나라는 걸 확인하고 싶어서 합격을 바랐던 거거든요." 그는 터무니없는 소리라도 되는 듯이 재밌어했다. 그리고 씩 웃으며 이렇게 말했다. "박사님, 특수부대 대원으로 뽑히는 것에 견줄 만한 사례를 여기 미국에서 들면, 아이비리그 대학에 합격한 것이 아닐까요?"

특수부대에 합격한 친구들을 두고 우리가 무척 자랑스러워했던 기억이 났다. 어떤 때는 특히 남자답고 용감하다고 생각했던 친구들이 불합격하는 것을 보고 놀라기도 했다. 합격한 친구들은 우리가 몰랐던 비밀스러운 힘을 새로 발견한 것처럼 다른 눈으로 보게 되기도 했다.

내 경우에 '특수부대'에 합격한 것에 견줄 만한 경험은, 저명한 음악가 마티 카스피Matti Caspi가 만든 군악대에 선발됐을 때였다. 나도 그랬지만 친구들도 무척 자랑스러워했었다. 10대였던 우리는 겉으로 보이는 모습과 남들이 우리를 어떻게 생각하는지에 온통 관심이 쏠려 있었다. 특수부대에 발탁된 친구들은 전지전능한 슈퍼히어로이자 가장 인기 있는 남자들로 또래 사회에서 숭배받았다. 이런 의미에서 이 일은 벤의 승리였으며, 그는 가족의 '열등함'을 새로운 우월감과 자부심으로 보상했고, 인정받는 기분을 느꼈다.

우리는 전쟁에 나가는 것과 사랑하는 사람과 사랑에 빠지는 역설의 한가운데에서 살았다. 사랑은 어디든 있었고, 우리는 호르몬과 전쟁의 조합만이 만들어낼 수 있는 격렬함을 경험했다. 내일 무슨 일이 일어날지 몰랐기 때문에, 우리는 서로를 부둥켜안았다. 지금이 아니면 기회가 다시는 안 올 수도 있었다.

몇 주씩이나 집에 못 돌아간 병사 수백 명 앞에서 공연하던 날들이 기억난다. 당시에 나는 너무 어려서 그때의 느낌, 분위기에서 감도는 긴장감, 그때까지나 그 이후에 한 번도 경험해보지 못했던 그런 에너지를 이해할 수 없었다.

우리가 골라니Golani 여단 장병들을 위해 공연했던 날은 내 기억에 가장 생생하게 남아 있다. 우리는 훈련의 마지막 날에 열리는 공연에 초대됐다. 우리 군악대는 날마다 공연을 했는데, 그날의 관중이 누구인지 미리 통보받지 못하는 경우가 대부분이었다. 실무적인 사항은 제작을 담당하는 부대에서 처리했다. 우리는 그저 매일 정오에 만났다. 군부대 운전사인 두찬은 우리가 악기와 음향 장비를 버스에 실을 수 있게 기다렸다가 그날의 목적지를 향해 남쪽이나 북쪽, 동쪽으로 차를 몰았다. 우리는 어디로 가는 건지 신경 쓰지 않았고, 두찬이 거칠게 운전해도 개의치 않았다. 사고가 나면 드디어 저녁 공연을 건너뛸 기회를 얻게 되는 것이라고 생각할 뿐이었다.

골라니 기지는 우리 기지에서 북쪽으로 차를 타고 가면 세 시간 정도 걸리는 곳에 있었다. 우리는 피곤해서 이동 중인 버스에서 낮잠을 청했다.

기지에 도착했을 때는 거의 저녁이 다 되어 있었다. 무대를 설치하고, 간단히 요기를 하고, 공연을 시작할 준비를 할 수 있는 시간은 약 두 시간밖에 없었다. 우리는 주위를 돌아봤다. 기지가 텅 빈 것 같았다.

"다들 어디 간 거죠?" 우리 대원들이 물었다.

"끝낼 일이 있어서 지금 어디 잠깐 갔는데, 끝나는 대로 바로 와서 공연을 볼 겁니다." 누군가가 답했다.

그 말을 듣고 '여기 대원들은 언제든 자기가 오고 싶을 때 오거나, 늦게 오거나, 아니면 아예 안 와도 되나 보다'라고 생각했던 기억이 난다.

나는 드러머가 드럼을 설치하고 마이크를 확인하는 것을 도왔다.

"병사들이 공연을 잔뜩 기대하고 있습니다." 다른 누군가가 말했다.

"네, 저희도 그래요." 실은 그렇지 않았지만, 거짓말을 했다.

우리는 매일 밤 같은 내용의 공연을 2년째 하고 있었다. 그 무렵에는 군악대 대원들끼리 사이도 별로 안 좋았고, 자면서도 부를 수 있을 정도로 노래에 질려 있었다. 하지만 불평하는 건

부적절하다는 기분이 들었다. 그래도 어쨌든 우리는 매일 밤 집에 갈 수 있었으니 말이다.

"오늘은 곡 속도를 조금 더 높여서 연주해줄 수 있어?" 대원들이 드러머에게 부탁했다. "시간이 이미 늦었고 병사들도 아직 도착하지 않았잖아. 이러다가 집에 아주 늦게 가게 되겠어."

가끔 우리가 안 좋아하는 곡을 부를 때 드러머는 실제로 박자를 더 빨리 연주했고, 우리는 그런 상황을 재미있어했다. 그런데 그날 저녁은 달랐다. 어떤 이유에서인지 그 공연이 너무 중요하다는 생각이 들었다.

어디서 왔는지는 잘 모르겠지만, 갑자기 병사 수백 명이 우리 쪽으로 걸어왔다. 모두 우리처럼 초록색 군복을 입고 있었지만, 우리보다 군복이 지저분해 보였고 모두 짧은 가릴Galil 자동소총을 들고 있었다. 점점 더 많은 병사가 모여들면서 성(sex)의 강렬함과 공격성, 수많은 젊은 남성들의 갈망이 한꺼번에 느껴졌다.

우리가 그들에게 큰 영향력을 끼치는 것 같은 기분이 들었지만 그것이 진짜가 아니라는 것을 우리도 알고 있었다. 여성인 우리는 욕망의 대상이었지만 그들이 원하는 것은 우리가 아니었다. 우리는 그들의 갈망이 표출되는 통로였을 뿐이었다. 그들은 다른 것을 갈망했다. 상냥함, 온전한 정신, 감촉, 청소년기의 흥분 같은 것들 말이다. 우리의 목표는 우리가 그들에게 모든 것을 줄 수 있다는 환상을 잠시 만들어내는 것이었다. 우리는 잠깐이나마 고향을 느낄 수 있는 분위기를 연출했고, 그들이 갈망했던 모든 것을 일깨웠다. 이들에게 미치는 이런 영향에는 익숙해졌지만 우리는 여전히 군복 안에 감춰진 소년다움을 느끼고 인식할 수 있었다. 우리에게 그들은 남자였고, 군인이었고, 고등학교 친구들이기도 했다. 그들은 울고 싶지만 때로는 그들 자신에게조차 그런 마음을 숨겨야 하는 순간이 많았다. 그들은 주어진 역할을 해야 했고, 자라면서 배웠던 대로 남자가 되어야 했다.

나는 밝은 조명을 받으며 무대에 서 있었다. 초록색으로 뒤덮인 현장만 보일 뿐 그들의 얼굴은 볼 수가 없었다. 잠시 정적이 흐르고, 내가 미소지으며 "골라니 여단의 장병 여러분, 오늘 이 자리에 오게 돼서 정말 기쁘네요." 그리고 나는 이츠하크 라오르Yitzhak Laor•와 마티 카스피가 만든 <로큰롤 걸>(Naarat Rock)을 부르기 시작했다.

가사에 소녀가 어떻게 드러머와 섹스를 했는지에 대한 내용이 나오는 대목에서 나는 뒤를 돌아보며 드러머를 향해 미소지었다. 그가 평소보다 더 빠른 속도로 드럼을 연주하지 않았는데도 노래가 끝났을 때는 숨을 쉴 수가 없었다.

남성성과 여성성 사이에는, 여성성이 남성의 연약함을 수용할 그릇이 되는 역학이 종종 작용한다. 남성성과 여성성은 하나의 시스템으로 기능하며, 이런 역학은 한쪽이 애정과 관심을 필요로 하는 자신의 측면을 '제거해' 그것을 상대방에게 넘기도록 도와준다. 하지만 보통 이러한 작용은 자신의 감정에 진정으

• 이스라엘의 대표적인 시인, 소설가이자 정치적 진보 성향의 언론비평가.

로 접근할 수 없게 만들어 두려움, 무력감, 죄책감, 수치심을 부정하게 만든다.

이런 역학은 또 남자와 눈물이라는 복잡한 관계에서 찾아볼 수 있다. 우리 문화에서 남성성과 여성성의 구분은 단단함과 유동성으로 대표된다. 이성애 문화는 흔히 발기, 남성성, 독립성, 활동성과 관련된 단단함을 과대평가하고 여성성, 연약함, 수동성과 연관된 유동성(fluidness)을 과소평가한다. 심지어 더러움(contamination)도 이 유동성과 연관되어 있다. 강해지는 것은 오줌을 가리지 못하고 도움의 손길이 많이 필요한 아기가 되는 것이 아니라 단단해지는 것과 연관된다.

우리는 이런 남성성과 여성성의 구분을 아주 어릴 때부터 접하게 된다. 나는 젊은 시절에 남자가 여자의 몸으로 들어오는 것이 그의 슬픔을 위로하고 눈물을 참는 방법이 될 수 있다는 것을 알았다. 사랑은 전쟁만큼이나 격렬했고, 섹스는 상실만큼이나 감정을 자극했고, 죽음은 늘 주위를 감돌았다.

벤은 군인일 때 그의 아내인 카렌을 만났다.

"당시 저의 여자 친구였던 제 아내는 라마트간의 버스 정류장에서 저를 기다리곤 했죠. 제가 버스에서 내리면 곧바로 서로를 꽉 껴안았는데, 어떤 때는 서로 떨어질 수가 없어서 더운 날씨에도 30분 동안이나 포옹한 채로 서 있기도 했어요. 그러고 나서 부모님 집으로 같이 가면 어머니가 점심상을 거나하게 차려주셨죠. 점심을 먹고서 둘이 곧바로 침대로 달려갔어요. 항상 아주 피곤한 상태였는데 어떻게 일을 치를 수 있었는지 모르겠어요. 다음 날 일어나면 이불 속에서 익숙한 카렌의 몸을 만지며 행복한 기분을 느꼈던 기억이 나네요. 그녀는 제 피난처였죠. 집에 돌아왔을 때는 그녀가 꼭 제 곁에 있어야 했어요."

벤의 부대는 유능한 대테러 부대로 칭송받았다. 그들은 아랍 도시 지역에서 비밀 작전을 수행했고, 종종 현지인으로 위장했다. 그러면서 정보를 수집하고 인질 구출, 납치, 표적 살인과 같은 위험성이 높은 작전을 수행했다.

그 부대원들은 히브리어로 무스타리빈Mista'arvim으로 불렸는데, 이는 '아랍인들 사이에서 사는 사람'이라는 뜻의 아랍어 '무스타리비Musta'arabi'에서 파생된 이름이다. 무스타리비는 아랍 사람처럼 생겼고 아랍어를 구사하는 유대인 또는 문화적으로는 아랍인이지만 이슬람인은 아닌 사람들을 지칭하는 말이다.

벤은 덩치가 큰 편이 아니었고 초록색 눈과 긴 금발, 섬세한 이목구비 덕분에 아랍 시장에 가서 작업을 수행할 때 종종 여성으로 위장해야 하는 역할을 맡았다.

그는 상담실에 앉아서 새로 공개된 <파우다Fauda>라는 제목의 넷플릭스 드라마 이야기를 꺼냈다.

"파우다가 무슨 뜻인지 아세요?" 그가 물었다.

내가 고개를 흔들자 그가 이렇게 설명했다. "파우다는 신분이 노출됐을 때 쓰던 암호였어요. 정체가 발각됐으니 얼른 도망쳐야 한다는 걸 다른 사람들에게 알리기 위해서 '엉망인 상황(a mess)'이라는 뜻의 아랍어인 '파우다'를 외쳤죠. 이 드라마 각본을 쓰고 주연을 맡은 사람은 우리 부대의 대원이었어요. 그래서 드라마에 나오는 내용 중에는 실제로 일어났던 일이 정말 많아요. 드라마를 보면서 '제기랄, 이게 대체 뭐야? 이건 미친 짓이야'라는 생각이 저도 모르게 들더라고요."

"무엇 때문에 드라마를 보다가 미친 짓이라는 생각이 들었던 거죠?" 내다 물었다.

"사실대로 말씀드릴게요." 벤이 말했다. "선생님이 첫 상담 때 '전능자(omnipotent)'라는 표현을 쓰셨잖아요. 제가 그 의미가 뭐냐고 물었더니 선생님이 '무엇이든 할 수 있다고 생각하는 사람, 슈퍼히어로처럼 무한한 힘을 가지고 있으며 한계가 없다고 생각하는 사람을 뜻해요. 신은 전능자예요'라고 하셨어요. 그러고서 이렇게 말씀하셨죠. '신은 죽을 수 없어요. 사람은 전능자 흉내를 낼 뿐이고, 결국은 대가를 치르게 되지요.' 선생님 설명을 들으면서 이런 생각을 했던 기억이 있어요. '우와, 이 얘기가 어디서 나온 거지? 대체 선생님은 나에 관해서 무슨 이야기를 하시는 거야?'"

"네." 내가 말했다. "당신은 훈련을 받던 첫 몇 달 동안, 같은 부대 소속인 어느 대원이 《캐치-22》•를 읽고서 어느 날 대원들에게 '우린 미쳤어. 난 발 뺄 거야'라고 말하고 부대를 떠났다

• 미국 작가 조지프 헬러Joseph Heller의 소설.

는 얘기를 제게 해줬었죠. 당시에 그가 다른 대원들이 결코 이해하지 못하는 무언가를 이해하고 있다는 걸 알았다고도 했고요."

"네, 완전히 미친 사람 같아 보였지만, 사실 그 사람이야말로 정신이 제대로 박혀 있었던 거죠."

"정신이 그렇게까지 온전했던 것이 정상은 아니었던 거죠."

우리는 서로 얼굴을 쳐다보면서 한참 동안 침묵을 지켰다. 벤은 시계를 힐끗 쳐다보더니 "거의 다 되어가요, 박사님" 하고 작은 소리로 말했다. "이제 거의 다 해결되어가는 것 같아요."

다음번 상담 시간에 약속된 시간이 10분이 지나도록 벤이 오지 않았다. 그는 한 번도 예약 시간에 늦은 적이 없었다. 혹시 늦는다고 연락을 하지 않았을까 싶어서 이메일을 확인하면서 약간 걱정이 됐다. 지난 상담에서 '거의 다 되어간다'고 했던 것 때문에 제시간에 못 오게 된 건 아닌가 싶었다. 앞으로 밝혀지거나 드러날 사실 때문에 마음이 불안해졌던 걸까? 우리가 위험한 영역으로 들어가고 있다는 것을 내게 알리기 위해서 속도를 늦추려고 하는 걸까?

사람들이 민감한 감정적 요소나 심리치료를 통해 해결하려고 했던 문제에 가까워질수록, 무의식적으로 치료에 대해 거부감을 느끼고 '뜻하지 않게' 예약 시간을 잊어버리거나 늦거나 그 밖의 방법으로 치료를 방해하는 경우는 심심치 않게 있다.

벤은 무엇 때문에 약속 시각을 지키지 않은 걸까? 그에게 무슨 일이 생긴 건 아닐까?

그때 노크 소리가 들리고, 벤이 숨을 헐떡이면서 들어왔다. 그는 미안하다고 말하면서 재킷을 벗고 소파에 털썩 주저앉았다.

"믿어질지 모르겠지만, 어쩌다 보니 낯선 사람들의 싸움에 휘말리게 됐어요." 그가 말했다. "정말 이상했어요. 몇 년 동안 이런 일이 생긴 적이 없었는데, 이걸 어떻게 받아들여야 할지 모르겠네요."

벤이 나를 쳐다봤다. 그의 표정을 보고서, 내가 어리둥절하거나 의심하는 표정을 짓고 있다는 것을 깨달았다. 그가 씩 웃으면서 손가락으로 나를 가리켰다. "선생님 그런 표정 뭔지 알아요. 눈을 지그시 찡그리는 저 표정. 마치 선생님 이마에 물음표가 달린 것처럼요."

"커다란 물음표죠." 내가 웃으며 말했다. "이걸 놓치지 않고 알아봐주니 기쁜데요."

"무슨 일이 있었는지 말씀드릴게요. 자전거를 타고 여기 오는 길이었는데, 갑자기 사람들이 비명을 지르고 도망치는 게 보였어요. 가까이 가서 보니 덩치가 큰 남자가 그보다 작은 남자를 때리고 있더라고요. 저러다 사람 죽이겠구나 싶었어요. 그때 덩치 큰 남자가 작은 남자를 움켜쥐더니 목에 칼을 들이댔어요. 모든 일이 순식간에 벌어졌죠. 주차할 자리를 놓고 시비가 붙었는데 일이 걷잡을 수 없이 커진 것 같더라고요. 저는 생각할 겨를 없이 뛰어들어서 도우려고 했어요."

나는 잠자코 듣기만 했다.

"본능적으로 직감이 오더라고요. 무슨 말인지 아시죠?" 벤은 나의 이해를 구하려고 애썼다. "그런 식으로 싸워서는 안 되는 거예요. 그건 미친 짓이죠. 저는 덩치 큰 남자에게 다가가서 말했어요. '이봐요, 그 칼 이리 줘요. 주차장 자리 때문에 사람을 죽여서야 쓰겠어요? 내 말 믿어요. 내가 지금 도우려는 거니까, 어서 칼 줘요.' 그 남자는 칼을 내려놨어요. 저는 얼른 두 사람 틈에 서서 덩치 작은 사람한테 말했죠. '어서 차에 타요, 당장요!' 그는 제 덕분에 목숨을 부지했다는 걸 알고 차로 뛰어 들어가서 순식간에 그 자리를 떴어요. 저는 큰 남자에게 '집에 잘 들어가세요'라고 말하고 다시 자전거를 타고 바로 여기로 온 거예요. 늦어서 죄송해요."

나는 숨을 깊이 내쉬었다. "그럴듯한 변명이네요. 제가 뭐라고 말할 수 있겠어요?" 나는 반쯤 농담으로 말했지만, 사실은 아주 진지했다. "그런 극적인 사건에 왈가왈부할 수는 없죠. 벤이 그 일에서 물러서지 않고 바로 뛰어들었던 데에는 뭔가 계기가 있었을 것 같은데요. 오늘 이 일이 상담치료를 하면서 감정적인 어떤 부분을 건드리게 된 것과 어떤 식으로든 관련이 있을까요? 문제가 '거의 다 해결되어가는' 것과 관련이 있나요?"

벤은 내 질문을 듣고 놀라거나 언짢아하는 것 같지 않았다. 그는 고개를 끄덕였다.

"박사님 말씀이 맞는 것 같아요. 거기 간 건 제가 뭔가를 찾고 있어서였어요."

아직은 무슨 말을 하는 건지 완전히 이해하지 못했지만, 나는 벤이 공격성, 위험, 살인이 가득한 처리되지 않은 감정적 경험을 살펴보아야 한다는 것을 이해했다.

"잊어버리고 싶었던 무언가를 다시 꺼내서 들여다봐야 했어요." 그가 말했다. "그런데 이 기억이 자꾸 저를 괴롭혀요. 지난 며칠 동안 겁에 질려서 잠에서 깼어요. 갑자기 과거의 장면들이 머릿속에 떠오르기 시작했어요."

나는 그를 바라보면서, 군대에서 그가 수행했던 작전에 대해서는 아직 내가 모르는 것이 많다는 사실을 떠올렸다.

벤이 얼굴을 두 손으로 감쌌다. 뭔가 생각하는 듯하더니, 드디어 말을 꺼냈다. "박사님 말씀이 맞아요. 지난번에 언젠가 자부심은 우리의 적이라고 말씀하셨죠. 제가 만약에 여전히 10대들처럼 슈퍼히어로라도 되는 듯 행동하고 복수의 기회를 엿본다면 저는 진정한 남자가 못 되는 거겠죠."

"그건 감정을 이해하는 게 아니라 감정대로 행동하는 거예요." 내가 말했다. "트라우마를 처리하는 대신 재경험하는 거죠. 그런데 이 세상에 '진정한 남자' 같은 것이 정말로 있기는 한 건지 모르겠어요." 내가 덧붙였다. "그렇지만 저는 현실을 똑바로 바라보는 능력이 그 사람이 지닌 힘의 증거라고 믿어요. 그게 가능해질 때 본인과 후손들을 처리되지 않은 트라우마로부터 지킬 수 있는 거예요."

"박사님 말씀이 무슨 뜻인지 정확히 알아요." 벤이 말했다.

"제 아버지는 6일 전쟁(Six-Day War) 때 탱크 운전병으로 참전하셨어요."

〜

1967년 6월, 벤의 아버지가 스무 살이었을 때 6일 전쟁이 발발했다.

벤은 전쟁에서 탱크를 몰았던 아버지의 경험에 대해서는 잘 몰랐다. "아버지는 한 번도 그 얘기를 꺼내신 적이 없어요. 아버지가 예루살렘에서 전투에 참전했고 가장 친한 친구가 눈앞에서 죽는 걸 봤다는 사실은, 어머니가 전쟁 직후에 아버지에게 듣고 나중에 제게 말해주셨을 뿐이에요."

6일 전쟁은 이스라엘이 1948년 이후 벌였던 전쟁 중에 세 번째로 큰 전쟁이었다. 이스라엘 남성에 대한 과거의 편견이 바뀐 것도 이 전쟁을 통해서였다. 이스라엘 사람들은 6일 만에 전쟁을 승리로 이끈 젊은이들을 자랑스럽게 여겼고, 이스라엘 남성에게는 새로운 이미지가 생겼다. 사람들은 이스라엘 남성들을 더 남자다운 사람들로 여겼을 뿐 아니라, 다윗 왕처럼 강한 힘으로 더 큰 적을 물리칠 수 있는 사람들로 여겼다.

이츠하크 라빈Yitzhak Rabin 총리는 6일 전쟁이 끝난 뒤에, 전쟁에서 승리한 것은 기술이나 무기 덕분이 아니라 적군이 수적인 측면에서나 방어시설에서 훨씬 우세한 상황에서도 사방에 있는 적군을 물리쳤던 **사람들** 덕분이었다고 발표했다. 그는 "가

가장 큰 위험에 맞서 저항한 각 군인들이 있었기에 나라와 가족을 위한 승리를 거둘 수 있었다. 승리를 거두지 못하면 대안은 전멸하는 것뿐이었다"라고 선언했다.

그렇다면 젊은 남성들의 임무는 전멸을 막는 것이었다. 이것이 그들에게 홀로코스트의 트라우마와 유대인들이 처해 있는 끊임없는 박해 위협을 헤쳐 나갈 길을 제공했다. 남자들은 극도로 남성적인(Hypermasculinity) 역할을 받아들임으로써 역사의 무게를 짊어진 채, 열여덟이라는 나이에 자신 있고 대담한 모습을 사람들 앞에서 보여줘야 했다.

"어릴 때, 아버지가 밤중에 소리를 지르면서 잠에서 깨는 걸 봤어요." 벤이 말했다. "정신적인 충격으로 힘들어하셨죠. 아버지가 무엇을 봤는지 누가 알겠어요. 저는 6일 전쟁이 일어나고 몇 년 지나지 않아서 태어났어요."

히브리어로 벤이라는 이름은 '소년'을 의미한다. 자신의 이야기를 이 책에 공개해도 좋다고 승낙해주었을 때 그는 사생활을 보호하기 위해 선택한 이 가명을 함께 골라주었다. 맏아들을 바랐던 그의 아버지의 소망이 반영된 이름이었다.

"제가 군대에 소집되던 날에 아버지는 아무 말이 없으셨어요. 근처를 서성대면서 침묵을 지키셨죠. 그러다가 제게 가까이 와서 작은 소리로 이렇게 말씀하셨죠. '울지 마라, 얘야. 네가 해야 하는 일만 똑바로 하면 돼. 신께서 함께하실 거야.' 아버지는 남성들이 전능자가 아니라는 걸 이미 알고 계셨던 거예요. 오직 신만이 전능자이죠. 아버지는 제가 갈 곳이 어떤 곳인지를 알고 계셨어요. 끔찍한 사건이 일어난 뒤에 저를 안아준 것도 바로 제 아버지였죠. 아무 말도 할 필요가 없었어요. 아버진, 제가 결코 예전과 똑같아지지 않을 거라는 걸 아셨어요."

나에게 아직 벤이 얘기하지 않은 그 끔찍한 사건은 그와 그의 아버지가 하나가 된 순간이었음이 분명했다. 벤과 아버지에게는 두 사람이 각자 겪은 마음의 상처를 설명할 필요도, 설명할 말도 없었다.

"그 사건에 관해서 이야기해주시겠어요?" 내가 물었다.

벤은 잠시 말이 없었다. "젊은 시절 군대에 있을 때," 그가 말했다. "사람을 죽였어요."

우리는 둘 다 침묵했다.

"오늘 길거리에서 일어난 일이 그 사건과 연관이 있다는 생각은 전혀 못 했는데 박사님이 과거 사건과 관계가 있을지 모른다고 하셨을 때, 당연히 그렇겠다는 생각이 들더라고요. 최근 선생님과 제 군대 경험 이야기를 나누고 있었는데, 오늘 여기 오는 길에 제가 다시 교전 지역에 있는 것 같은 기분이 들었어요. 그것도 뉴욕시 한복판에서 말이죠. 전 마치 무언가를 찾고 있었던 듯이 바로 개입했죠. 아마도 누군가의 목숨을 구하려고 그랬던 것 같아요."

벤은 거의 30년 전에 일어났던 끔찍했던 날의 사건을 내게 이야기해주었다.

어느 더운 날, 벤과 다른 대원들은 아랍 영토에 있는 어느 언덕에 앉아서 사람들을 감시하고 있었다. 그러던 어느 순간 누군가에게 포위당했다는 것을 눈치챘다.

"파우다!" 누군가가 외쳤다.

나를 쳐다보는 벤의 두 눈에는 눈물이 고여 있었다. "저는 저격수였어요. 제가 쏜 사람은 저보다 나이가 좀 많은 30대쯤 되어 보였어요. 저는 속으로 생각했죠. 이 사람은 분명 누군가의 아버지일 거라고요." 벤은 무슨 말을 하는 건지 이해하겠느냐는 표정으로 나를 쳐다보면서, 굳은 목소리로 다시 한번 말했다. "누군가의 아버지요."

"저는 그가 가까이 다가오는 걸 보고서 머리를 총을 쐈어요. 소총의 조준기로 그의 얼굴을 아주 똑똑히 보았죠. 그 사람 눈을 똑바로 바라보고 그다음 순간 그의 머리가 수백만 개의 조각으로 깨지는 걸 봤어요." 벤은 얼굴을 두 손으로 가리고서 이렇게 중얼거렸다. "용서할 수 없는 일이에요."

나는 계속해서 입을 다물고 있었다. 고통과 죄책감, 공포의 강렬한 느낌을 견디려고 노력할 뿐, 할 말은 없었다.

"특공대원으로 선발돼서 자랑스러웠어요. 우리는 삶과 죽음에 대해서 별로 생각해본 적이 없고, 소년이 아니라 용감한 남자가 되고 싶었던 10대 청년들이었죠. 이제야 '소년이 되는 것에 무슨 문제가 있어서 그랬던 건가?'라는 생각이 들어요. 곧 한 아이의 부모가 되려는 지금, 모든 것이 제게 되돌아오고 있어요. 한밤중에 잠에서 깨면 그 사람 얼굴이 보여요. 그 사람의 눈빛이 눈앞에 계속 아른거려요. 그의 자식들에 대한 생각과 제가 했던 행동에 대한 생각을 멈출 수가 없어요."

벤은 흐느끼기 시작했다.

"저 때분에 우는 게 아니에요." 그가 말했다. "과거를 고칠 수는 없잖아요. 저는 부당함 때문에 우는 거예요. 비인간적인 상황 때문에, 그리고 아이들 때문에 우는 거고요." 눈물이 그의 뺨을 타고 흘러내렸다.

삶과 죽음, 과거와 미래, 그의 손에 목숨을 잃은 어느 아버지, 곧 태어날 그의 아들이 뒤섞인 상황이었다.

벤은 과거의 트라우마와 굴욕을 고쳐보려 했다. 그는 집에 승리의 소식을 알리고, 할아버지의 자존심과 아버지의 트라우마, 역사의 상처를 고치는 영웅이 되고 싶었다. 그러나 그는 바로잡으려던 그 트라우마에 빠지게 됐다. 사람을 죽인 그 사건은 그의 영혼도 죽였다.

"이제는 **정말** 울 시간이네요." 꿈에서 그의 아버지가 했던 말을 인용해서 내가 말했다. "울어야 할 이유가 많아요. 벤의 아버지 말씀이 맞았어요."

벤은 고개를 끄덕였다. "저는 자기가 진정한 남자라고 생각했던 소년이었어요. 지금은 곧 세상에 태어날 아이를 둔 남자고요. 전 제 아들을 지킬 거예요. 박사님이 제 증인이 되어주세요."

내 눈에 눈물이 가득 고여오는 것이 느껴질 때, 그가 눈물을 닦았다. 소년병은 울지 않는다. 하지만 남자는, 그리고 아버지는 이제야 상처를 치유하기 위한 애도의 과정을 시작할 수 있게 되었다.

8

죽은 형제, 죽은 자매

감정적 유산은 행동, 인식, 감정, 심지어 기억에까지 영향을 미친다. 우리는 어릴 때부터 부모의 신호를 따르는 법을 배운다. 우리는 부모의 상처를 비껴가고, 건드리지 말아야 할 것은 언급하지 않고 절대 손대지 않으려고 노력한다. 그런 식으로 부모의 고통과 우리 자신의 고통을 피하려다 보니, 바로 눈앞에 있는 고통을 보지 못하게 되기도 한다.

에드거 앨런 포Edgar Allan Poe의 추리 단편소설 중 세 번째 소설인 <도둑맞은 편지>를 보면, 어느 여성의 방에서 편지가 도난당한다. 독자는 그 편지의 내용을 모르지만 누설해서는 안 되는 은밀한 내용이라는 것은 안다. 경찰은 그 편지가 있을 것으로 추정되는 집으로 들어간다. 그들은 샅샅이 찾아봤지만 편지를 찾지 못한다. 나중에 알고 보니 편지는 애초에 숨겨져 있지 않았다. 편지는 눈에 잘 보이는 평범한 편지꽂이에 꽂혀 있었고, 이것이 숨겨진 진실을 밝혀낼 임무를 맡은 경찰에게 오히려 혼란을 주었다.

우리는 눈에 보이는 것은 우리가 반드시 알고 있다고 생각하는 경향이 있다. 하지만 우리 자신에 대해서 잘 모르는 부분은 흔히 익숙하거나 아주 명백한 것 중에 있다. 살다 보면 사실 바로 눈앞에 있는데도 보지 못하고 있었음을 깨달을 때가 종종 있다.

다나를 처음 만났을 때, 나는 그녀의 가족 트라우마가 내 트라우마를 건드리고 있다는 것을 알지 못했다. 내 가족의 트라우마는 다나와 나 사이의 공간에서 정체가 드러나고 되살아났다. 우리 각자의 유령은 상대방의 유령을 서로 깨우고, 자각하지 못한 상태에서 우리를 새로운 장소로 데리고 갔다.

우리 어머니의 큰오빠는 열네 살 때 바다에 빠져 죽었다. 당시 어머니는 겨우 열 살이었다. 가족 내에서 이 사실이 비밀은 아니지만, 절대로 이에 관해서 이야기를 나누지 않았다. 어머니의 어릴 적 경험 중에 특히 이 부분은 건드려서는 안 된다는 것을 가족들 모두 다 알고 있기 때문이다. 우리는 어머니를 이해해 드렸다. 열 살짜리 소녀였던 어머니는 산산조각이 나서 다시는 회복하지 못했다. 죽은 오빠와 함께 어머니의 일부분이 사라졌고, 할아버지 집 거실에 걸린 사진 한 장만이 여러 해 전에는 뭔가가 달랐다는 것을 알려주었다.

우리 형제들은 아직 아물지 않은 것이 분명한 상처를 절대 건드리지 않으려고 바짝 주의했고, 그것은 우리 모두에게 민감한 곳이 됐다.

이따금 누군가가 길거리에서 휘파람을 불면, 우리는 모두 숨을 죽이고 어머니의 짧은 탄식이 지나가기를 기다렸다. "엘리 오빠." 이럴 때 어머니 목소리는 어린아이 목소리로 바뀌었다. "휘파람을 정말 잘 불었는데. 단연코 가장 큰 휘파람 소리였어." 어머니는 그렇게 말하고 잠시 아무 말 없이 있다가 화제를 바꿨다.

우리는 가족들이 고통을 느끼지 않도록 보호하려는 마음에서 이런 기억, 이야기, 사실을 우리 마음에서 잊고, 분리하고, 숨겨둔다. 아는 데도 기억하지 않는 것이다. 우리의 무의식적인 마음은 가족들과 그들 영혼 안에 있는, 말할 수 없는 사실에 충성한다. 그래서 익히 알고 있는 무언가가 우리 안에 있지만 우리는 그것을 마음속에 있는 낯선 기억으로 취급한다.

물론 나는 어머니가 오빠를 잃었다는 걸 알고 있었다. 그리고 물론 내가 자세히 들었던 내용을 모두 기억한다. 그러면서도 나는 몰랐고 전혀 기억하지 못했다. 어머니 어린 시절의 일부가 다른 모든 것과 분리된 채로 내 안에 있는 고립된 캡슐에 살고 있다는 것을. 내담자인 다나가 나를 처음 찾아와서 그녀의 죽은 오빠 이야기를 꺼냈을 때, 나는 그녀가 눈물 흘리는 것을 보는 그 순간에는 기억하지도 깨닫지도 못했지만, 그녀는 정신적으로 무너져 내린 내 어머니였다. 내가 인식한 건 그저 숨을 쉴 수가 없다는 사실뿐이었다.

다나는 상담치료를 시작하고 싶다고 했다. "그런데 죽은 오빠에 대한 문제는 아니에요. 그저 제 성격이 너무 감정적이어서 감정을 조절하는 법을 배우고 싶어요." 그녀가 말했다.

다나가 자동차 사고로 오빠를 잃은 건 우리 어머니와 똑같이 열 살 때였다. 그녀는 이제 스물다섯 살이다. "떠나간 사람 때문에 몇 년 동안이나 슬퍼할 수 있을까요?" 다나는 자신이 또 울고 있다는 것에 좌절하며 이렇게 물었다.

그녀는 이 오랜 세월 동안 "재네 오빠가 죽었대"라고 수군대며 손가락질하는 것을 무시하고, 눈물을 멈추고, '평범한 아이'처럼 살 수가 없는 자기 자신을 증오하며 보냈다고 내게 말했다.

다나는 다 잊어버리고 새로운 사람이 되기 위해서 뉴욕시로 이사를 왔다. 그녀는 이렇게 말했다. "이제는 제가 오빠 때문에 우는 건지조차도 잘 모르겠어요. 저는 이렇게 징징대는 아이일 뿐이에요. 제 삶을 시작할 수 있게 치료를 받고 싶어요."

"자신의 삶을 시작한다고요." 나는 그녀의 말에 주목했다.

"어쩌면 삶을 살기 시작했지만 어쩔 수 없이 멈춰야 했는데, 이 일시 정지 상태에서 벗어날 방법을 모르는 건지도 모르겠어요." 그녀는 손가락으로 의자를 톡톡 두드리면서 아이 같은 목소리로 물었다. "잠시 멈췄던 삶을 다시 시작하는 방법을 아세요?"

우리 어머니의 오빠는 지중해에서 익사했다. 어머니는 오빠를 존경했다. 오빠는 휘파람을 잘 불고, 우스갯소리를 잘하고, 아이디어가 기발했다.

다나는 오빠 이야기를 내게 해주었다. "세상에서 가장 웃긴 사람이었어요." 다나가 얼굴에 웃음을 머금고 말했다. "저는 커서 오빠랑 결혼하거나, 아니면 적어도 오빠랑 비슷한 사람이랑 결혼할 거라고 생각했어요." 다나의 눈에 눈물이 그렁그렁했다. 고통이 여전히 너무 깊어서 말할 때마다 고통의 감정이 묻어나오는 것이 분명했다. 물론 상실의 감정은 결코 완벽히 처리될 순 없지만, 이 시점에서 다나가 느끼는 상실은 아물지 않은 상처여서 오빠에 대해서 생각할 때마다 느끼는 고통은 견디기 힘든 것이었다. 그녀는 내 손을 잡고 내 인도에 따라서 이 고통과 비탄의 땅을 빠져나와야 했다. 그런데 그때 나는 내 가족의 충격적인 상처가 내게도 엄습해오고 있다는 사실을 미처 인식하지 못했다.

다나는 15년 동안 혼자서 고통을 겪었다. 그녀는 과거에 대해서 그 누구와도 이야기 나누지 않으려 했다. 이런 거부반응은 충격과 비탄에 빠져서 완전히 무너지는 것을 피하기 위해서였다. 하지만 그러다 보니 삶을 멈출 수밖에 없었다. 그녀는 오빠를 막 잃은 열 살짜리 소녀였던 그 상태로 얼어붙어 버렸다.

오빠가 죽은 뒤에 다나의 부모님은 우울증에 빠져서 정상적인 생활을 할 수가 없었다. 아버지는 일을 그만뒀고, 어머니는 몸져누웠다. 상실을 겪으면 보통 그렇듯이, 다나는 오빠만 잃은 것이 아니었다. 그녀는 가족과 그녀가 알고 있던 자신의 삶을 포함한 모든 것을 잃었다. 견디기 힘든 고통과 혼란을 부모님께 털어놓고 도움을 구할 수가 없었다. 모든 것이 평소와 같다고 믿으려고 노력하면서 학교 공부에 집중하려고 애썼다. 하지만 집중할 수가 없었고, 모든 과목에서 형편없는 성적을 받았다. 그녀는 자신이 멍청하다고 결론지었다.

상담치료실에 찾아오는 길은 다나에겐 두렵고 낯선 것이었다. 그녀는 상담치료사인 친구에게 나를 소개받았다. 그렇지만 전화번호를 가방에 넣어두고 거의 1년이 되도록 전화를 걸지 못했다.

아주 오랜 세월 동안 그녀는 생각하지도 않고, 알지도 않으려고 애썼다. 감정이 너무 격해질 때는 모든 것들로부터 단절됐다. 그럴 때는 어두운 지하실에 갇혀 있는 것만 같았다. 이제 그녀는 눈이 멀지 않게 천천히 불을 켜려고 나와 함께 애쓰고 있다.

고통이 찾아올 때는 외로움을 느끼지 않기가 힘들다. 모든 감정은 어느 정도는 고립되어 있고, 불가사의하다. 그래서 우리는 감정을 말이라는 형태로 바꿔서 남들과 공유한다. 하지만 말이 늘 감정의 본질을 담아내는 것은 아니며, 그런 의미에서 우리는 늘 혼자다. 특히 트라우마와 상실과 관련해서는 더욱 그렇다. 우리는 생존하기 위해서 남들뿐만 아니라 자기 자신과도 단절한다. 그러고 나서 사랑하는 사람들, 지금까지 누렸던 삶, 과거의 자기 자신의 상실을 안타까워하며 울부짖는다.

애도는 개인적이고 외로운 경험이다. 애도가 꼭 사람들을 하나로 뭉치게 하는 것은 아니다. 오히려 사람들을 갈라놓아서 사람들이 각자의 고통 속에 고립되고, 인정받지 못하고, 오해받고, 투명인간이 된 것처럼 느끼도록 만드는 경우가 많다. 우리는 우리 자신의 마음을 알 수 있도록 옆에서 도와줄 타인이 필요하다. 우리 자신의 상실과 수치심, 분노, 죽은 사람과의 동일시, 죄책감, 질투와 같은 힘들어서 차마 느낄 엄두가 나지 않는 모든 것들을 느끼고 소화하기 위해서 말이다.

다나는 자신의 마음속 고통을 내가 알아주었으면 했다. 비록 다나가 얼핏 느꼈을지는 모르겠지만, 사실 나는 우리가 인식한 것보다 그녀가 느끼는 심정을 훨씬 더 잘 이해하고 있었다. 나는 다나의 사연과 관련된 나만의 역사를 기억하려고 애쓸 필요가 없었다. 지금 그 안에서 살고 있으니까. 나는 그녀의 심리치료사이자, 우리 어머니의 딸이자, 딸과 아들을 둔 어머니였다. 그리고 우리 어머니를 지켜보면서 나와 어머니와 동일시했던 것과 마찬가지로 다나(죽은 오빠를 둔 생기 없는 여동생)와도 동일시했다. 내가 맡은 어떤 역할은 더 의식적인 것이었고 어떤 역할은 덜 의식적인 것이었지만, 이 모든 나의 역할이 우리 여정에 함께하고 있었다.

"어떤 면에서 보면 우리는 영원히 애도하는 거예요." 내가 말했다. 이 이야기를 꺼낸 것은 상실의 과정이 세대를 거쳐 수십 년에 걸쳐서 이어진다는 사실과 아직 살아계신 우리 어머니가 60여 년을 견뎌온 그 처리되지 않은 상실이 나와 내 아이들에게 드리워져 있다는 사실을 감정적으로 환기하기 위해서였다. 이와 같은 애도는 우리 각자의 내면에 살아 있었고, 그런 의미에서 집안에 전해 내려오는 일종의 유산이었다.

다나는 그 순간을 생생히 기억했다. 여름방학이 며칠 안 남았을 때였다. 모든 학생이 학교에 나오기는 했지만, 선생님들조차 정상적인 수업을 단념한 것이 분명했다. 아이들이 한 학년을 마무리하는 파티를 한창 계획하고 있을 때, 교실 문 두드리는 소리가 들렸다.

내 어머니는 식탁 근처에 앉아서 공책을 펴놓고 숙제를 하고 있었다. 어머니는 공부를 잘했고, 숙제를 늘 제시간에 해서 냈다. 그때 갑자기 비명이 들렸다. 외할머니 목소리였는데, 마치 상처 입은 동물이 내는 소리 같았다.

교실 문 두드리는 소리가 났을 때 다나는 창밖을 바라보고 있었다. 담임선생님이 교실 문을 열자 보건실 선생님이 담임선생님 귀에 대고 뭔가 속삭이는 모습이 보였다. 두 사람 모두 심각한 얼굴이었다. 담임선생님이 말했다. "다나 고렌, 보건실 선생님이 부르시니 보건실에 잠깐 다녀와야겠다."

내 어머니는 외할머니가 고함을 치고 흐느끼면서 비명을 지르는 소리를 들었다. "내 아들, 내 아들 어딨어? 내 아들 돌려내!" 동네 사람들 모두 외할머니의 비명을 듣고 집에 몰려와서 모두가 큰 착오이기를 하나님께 울면서 기도했다. 외할머니는 갑자기 쓰러져서 바닥에 누웠다.

다나는 보건실로 조용히 걸어갔다. 보건실 문이 열리고 부모님 얼굴이 보였다. 부모님은 와서 옆에 앉으라고 했다.

"거기서부터는 별로 기억이 안 나요. 무슨 일이 일어났는지 잘 이해하지 못했어요. 모두 흥분해 있어서 저는 그 자리에 없는 사람이 된 듯했어요. 뭔가 끔찍한 일이 일어났다는 것만 알았죠."

다나는 엉엉 울었다. 마치 아주 끔찍하고, 고통스럽고, 충격적인 소식을 태어나서 처음 듣는 사람처럼. 그녀 옆에서 나도 따라 울었다. 오빠를 잃은 여동생에 대해서 생각해야 했던 것은 이번이 처음이었고, 차마 상상할 수 없었던 것을 상상하도록 나 자신에게 허용한 것도 여러 면에서 이번이 정말로 처음이었다.

내 어머니처럼, 나도 그 경험에 대한 생각이 떠올랐을 때 그것을 경험하고 느끼도록 내버려둔 적이 없다. 다나는 내 가족의 비밀이 묻혀 있던 곳으로 나를 데리고 갔다. 묻어놓고 기억을 안 하면, 그 기억을 '멀리 떨어진 곳에' 내버려둘 수 있고, 아주 위험할 수도 있는 곳을 힘겹게 헤쳐 나가는 것을 면할 수 있다. 나는 어디를 향해 가는지를 완전히 깨닫지 못한 채로, 조용히 그녀를 따라서 숨겨진 무덤에 도착했다.

다나는 몇 달에 걸쳐서 며칠씩 눈물을 쏟았다. 어떤 때는 나도 그녀와 함께 울면서 그녀가 무엇 때문에 우는지, 얼마나 혼란스럽고 두려운지, 죄의식과 자기혐오가 어떻게 생기는 것인지를 설명해주었다. 부모님이 정신적으로 무너져내리는 것을 지켜보면서도 아무것도 할 수 없었던 상황과 오빠가 죽으면서 그녀가 완전히 생기를 잃어버렸던 상황에 관해서도 설명했다.

그녀는 차츰 덜 힘들어하고, 다시 힘차게 삶을 살기 시작했다.

다나가 심리치료를 받던 마지막 해에, 나는 셋째 미아를 출산했다.

"미아에게 오빠가 생기는 거네!" 내 어머니가 셋째 소식을 듣고 목소리를 높여 말했다. 어머니가 여동생이었던 자신의 과거를 기억하고 계신 것임을 알 수 있었다. 나도 모르게 다나 생각이 났다.

며칠 뒤에 다나에게서 이메일이 도착했다.

"이 세상에 태어난 것을 축하해!" 다나가 내 딸에게 쓴 축하 편지였다.

"새로운 여동생인 너에게, 삶의 활기를 되찾은 여동생으로서 축하 인사를 전하고 싶구나."

3부

우리 세대

순환을 끊다

3부는 자신에게 숨겨둔 비밀과 진실을 추구하는 것에 관해 다룬다. 이와 관련해 진실한 사랑, 진정한 친밀감, 진심 어린 우정, 치유의 과정을 살펴볼 것이다. 특히 우리 자신을 알기 위해, 과거의 트라우마를 헤쳐 나가기 위해, 우리 자신의 결점과 한계뿐만 아니라 주변 사람들의 결점과 한계를 받아들이기 위해 우리가 거쳐야 하는 여정을 알아본다. 다음 세대에 대물림될지 모를 감정적 유산을 분석하면 세대를 넘어 이어지는 트라우마의 순환을 끊는 데 한 발 더 다가설 수 있다. 우리가 밟아 나갈 이런 감정 작업은 우리 윗세대뿐만 아니라 자녀 세대를 위해서도 필요하다.

친밀감이 지닌 위험성은 가족 관계에서 빈번히 나타난다. 부모는 자신의 취약한 상태에 대한 양면적인 측면을 자녀에게 전달한다. 흔한 경우 부모는 마음에서 우러나온 진정한 대화를 피하거나 상처 뒤에 숨고 친밀감을 가장해서 자녀를 부모의 보호자로 만들어버린다.

어린 시절, 우리는 부모의 두려움을 경험하고 물려받아서 부모가 인식했던 대로 세상을 인식하고, 비슷한 방식으로 자신을 방어한다. 우리는 가족의 비밀을 지키려고 노력을 쏟지만, 사실은 그 비밀로부터 자기 자신을 지키려고 애쓰는 것이다.

우리가 스스로에게 말하지 못한 비밀은 우리 안에 낯선 것으로 남아버려서, 우리가 타인을 잘 알 수 없게 하거나 남들도 우리를 완전히 알 수 없게 만든다.

3부에서는 우리 삶을 점검하는 지속적인 과정, 어린 시절 트라우마의 상처, 부모님보다 더 나은 부모가 되려는 소망에 관해 설명한다. 또 연인 관계, 부모 자식 관계, 여성들의 우정에서 나타나는 충성심(loyalty)을 둘러싼 갈등에 대해서도 다룬다.

고통을 통합하고 처리하는 능력을 키우는 것은 의미를 찾고, 치유되고, 삶을 충실하게 살아가고, 정직하고 성실한 마음으로 다음 세대를 키우는 데 꼭 필요하다.

9

슬픔의 맛

내담자의 비밀에 경계를 풀고 있었음을 깨닫는 일은 흔치 않다. 그런데 이사벨라가 죽은 이후, 나는 마음의 준비가 되지 않은 상태에서 무언가를 발견하게 됐다.

나는 이사벨라를 만난 적이 없다. 그녀는 나의 내담자인 나오미의 가장 친한 친구였다.

상담사가 내담자의 친구, 연인, 가족을 아는 사람처럼 느끼는 일은 종종 있다. 어떤 면에서 우리는 좋아하는 책의 등장인물처럼 멀리서 그들의 삶에 동행한다. 그들을 절대 만나지 않을 테지만, 우리는 그들을 아주 잘 알고 그들에게 어떤 식으로든 감정을 느낀다. 우리는 내담자의 삶과 연관된 사람들에게 애착을 갖고, 그들의 이야기에 귀를 기울인다. 그리고 그들이 내담자와 함께 변화하고, 관계가 발전하거나 때로는 끝나는 것을 지켜본다.

나오미는 3년 동안 내게 상담치료를 받았다. 내가 나오미와 어릴 때부터 가장 친한 친구로 지낸 이사벨라에 대해서 알고 있는 건 그래서였다. 나오미와 이사벨라는 둘 다 외동딸로 컸기 때문에 어떤 면에서는 서로 자매 같은 존재였다.

나오미는 작은 탁자 위에 있는 티슈를 한 장 뽑았다. 그녀는 이사벨라가 바로 얼마 전에 난소암 진단을 받았다고 말했다. 이사벨라의 상태가 얼마나 심각한지와 치료가 가능한 상태인지는 아직 확인이 안 됐다고 했다.

우리는 한동안 침묵했다.

이사벨라는 바로 몇 달 전에 아기를 출산한 상태였다. 그녀는 늘 대가족을 꿈꿨다. 그런데 유방암 유전자로 불리는 BRCA1 유전자를 가지고 있다는 사실을 알게 되면서, 남편과 상의해 서둘러 아기를 더 낳기로 했던 것이다. 그런 뒤 수술치료가 생명을 잃을 위험을 낮춰줄 것으로 믿고 유방절제술을 받았다.

"하지만 너무 늦었어요." 나오미가 작은 소리로 말하고, 이렇게 덧붙였다. "하지만 이사벨라는 용감해요. 이겨낸 사람이 세상 어딘가에 있다면, 이사벨라도 해낼 수 있을 거예요."

나오미는 이사벨라를 이상화하는 방법으로 자기 자신을 위로하고 있었다.

나오미와 이사벨라는 아홉 살 때 만났고, 두 사람 모두 그들이 살던 작은 마을에서 방과 후에 열리는 뮤지컬 극단에 가입했다.

"이사벨라는 누구보다도 돋보이는 아이였어요." 첫 상담치료 시간에 나오미가 이야기했다. "어린아이였는데도 얼마나 예뻤는지 몰라요. 그리고 자기가 재능 있고 매력적이라는 걸 아는 듯이 행동했어요. 남들에게 굳이 확인받을 필요가 없었죠. 모든 애들이 이사벨라와 가까워지고, 친구가 되고, 닮고 싶어했어요."

4학년 때 극단에서 <알라딘>을 공연했는데, 주연인 자스민 공주 역할에 이사벨라가 배정됐다.

"아무도 놀라지 않았죠." 나오미가 재밌어하면서도 약간은 짜증이 난 투로 말했다. "이사벨라는 단순히 재능만 있었던 게 아니었어요. 그 어린 나이에도 마치 자스민 공주처럼 사랑을 믿고 불의에 맞서는 아이였어요. 자기 의견을 자유롭게 표현하는 그 아이를 다들 부러워했죠. 이사벨라는 어른들을 두려워하지 않았고 권위에 복종하지 않았어요."

이사벨라는 주인공 역할을 수락하지 않았다. 그녀는 감독의 의견에 반대하면서 자신이 자스민 공주 역할을 맡는 것은 공평하지 않다고 말했다. 주인공 역할은 그녀 같은 신입 단원이 아니라 단원 생활을 더 오래 한 사람에게 돌아가야 마땅하다는 것이 그 이유였다.

"이사벨라는 두려워하지 않았어요." 나오미가 다시 한번 강조했다. 나오미는 주연 역할을 거절하는 행동 이면에 이사벨라의 두려움이 자리한다는 것을 알아보지 못했다. 자신을 이사벨라와 비교하면서 자신의 삶을 돌아보다 보니, 친구의 대담함만 볼 수 있었던 것이다. 나오미는 삶을 자기 힘으로 통제할 수 없는 자신의 상황에 무력감을 느꼈다.

나오미의 삶에서는 누가 주연인지가 늘 명확하지 않았다. 때로는 나오미 자신은 조용히 조연의 자리를 맡고 주연을 어머니에게 넘겨주고 때때로 이사벨라에게도 넘겨주었던 것처럼 느껴졌다. 나오미는 자신의 어린 시절을 설명하면서 부모를 완벽한 부부로, 어머니를 착하고, 매력적이고, 예쁘고, 자상한 분으로 묘사했다. 나는 그녀가 부모의 사랑을 바깥에서 목격하는 사람인 것처럼 느꼈다. 그녀는 어머니를 존경했고 부모님 두 분 사이의 관계를 존경했다. 나오미는 친구 이사벨라와의 관계에서도 이사벨라를 이상화함으로써 이사벨라를 주연의 자리에 세울 수 있었다.

나오미는 자꾸 불행한 기분이 드는데 그 이유를 전혀 알 수가 없어서 상담치료를 받기로 마음먹었다. 첫 상담 시간에 그녀는 안정적이고 정이 넘치는 가정환경에서 자랐으며, 이사벨라는 나오미와 달리 홀어머니와 함께 불안정한 가정환경 속에서 자랐다고 설명했다. 나오미는 이사벨라는 끊임없이 답을 추구하는 아이였지만 자신은 질문조차 없었다고 말했다. 그러면서 이제는 무언가를 찾아 나섰지만, 무엇을 찾고 있는지는 잘 모르겠다고 했다.

나오미를 위한 상담치료에서조차 때로는 이사벨라가 나오미보다 더 중요해질 때도 있었다. 나오미의 이야기를 쓰고 있는 이 글에서도 이사벨라에 관한 이야기가 종종 더 중요하게 다뤄지고 있다. 이런 반복적인 법칙을 통해 우리는 아는 것과 알려진 것, 열등감과 경쟁 속에서 나오미가 자신도 모르게 겪고 있는 숨겨진 분투의 핵심으로 들어가게 되었다. 나오미와 나는 우리가 진정으로 누구를, 무엇을 알고 있는지, 그리고 어떤 방법으로 그 분투를 숨기고 있는지 궁금했다.

"어젯밤에 잠을 못 잤어요." 나오미가 다음 상담치료 시간에 이렇게 운을 뗐다. 괴로운 표정이었다. "밤늦은 시간에 이사벨라에게서 전화가 왔어요. 최대한 빨리 자기 집으로 와줬으면 좋겠다고 담담하게 말하더라고요. 알려줄 비밀이 있다면서요."

나오미는 잠시 멈칫하고 나를 쳐다봤다. "우리 둘은 항상 아주 가깝게 지내서, 우리 사이에 비밀이 있을 거라고는 생각지도 못했어요. 대체 내게 말하고 싶다는 것이 뭘지 걱정스러워요."

우리 둘은 침묵하며 한동안 가만히 앉아 있었다. 그러는 동안에 내 머릿속에서는 생각이 물밀듯 밀려들었다.

"내일 이사벨라와 만날 거예요." 나오미가 두려움을 가라앉히려고 애쓰며 말했다. "괜찮을 거예요. 비밀을 제게 털어놓고 싶어한다니, 저로서는 영광이죠." 그녀는 웃으며 이렇게 덧붙였다. "저는 항상 이사벨라의 비밀을 철저히 지켜줬거든요."

고등학교 때 이사벨라는 나오미네 집에서 거의 살다시피 했다. 가끔은 나오미네 집에서 자고 간다고 엄마에게 말하고서 남자친구인 샘의 집에서 하룻밤을 보내기도 했다. 나오미는 이사벨라에게 알리바이를 제공할 수 있어서 기뻤다. 이사벨라는 나오미의 가장 친한 친구였을 뿐 아니라 그 학년에서 가장 인기 있는 여학생 중 하나였다. 학생회 임원이었고, 배구팀에서 활동했으며 학교 밴드에서 기타를 치며 노래를 불렀고, 그 누구보다도 먼저 화장을 배운 아이였다. 무엇보다, 남학생들 사이에서 인기가 가장 많았다.

샘은 이사벨라의 첫 남자친구였다. 이사벨라가 샘과 사랑하는 사이가 됐다는 사실을 나오미에게 알려준 것은 10학년 때였다. 샘은 여학생들에게 인기가 많았으며 농구팀 주장이었다. 첫 키스를 했을 때 이사벨라는 그 사실을 알려주려고 나오미 집으로 달려왔고, 그 며칠 뒤에는 '네 생각이 머릿속에서 떠나질 않아'라고 샘이 쓴 메모를 보여줬다. 서명과 하트가 그려진 샘의 메모를 보고 나오미와 이사벨라는 잔뜩 흥분하며 좋아했다.

이사벨라와 샘은 이후 몇 년 동안 연인으로 지냈다. 샘은 이사벨라가 처음으로 성관계를 맺은 상대였고, 이사벨라는 이 비밀을 가장 친한 친구인 나오미에게만 털어놓았다. 고등학교를 졸업하고 두 사람은 헤어졌으며, 각자 다른 대학에 진학했다.

20대 때 이사벨라는 남자친구를 연달아 사귀었고 열정적으로 사랑을 나눴다. 나오미도 같은 길을 따랐지만 늘 약간의 질투심을 느꼈고, 이사벨라가 나오미보다 남자친구를 우선시할 때는 살짝 배신감도 들었다. 그녀도 이사벨라처럼 사랑을 받고 싶었지만, 어머니와 자신의 관계에서처럼 그녀는 다른 사람의 사랑을 목격하는 입장에 있었다.

어느 날, 나오미는 길에서 샘을 우연히 만났다. 나오미는 이사벨라에게 곧바로 전화를 걸어 이 이야기를 전했다. 그러면서 자신이 샘과 데이트를 해도 괜찮겠냐고 이사벨라에게 물어보았고, 이사벨라는 개의치 않았다. 다른 남자와 사귀는 중이었던 그녀는 나오미가 잘되기를 빌어주었다. 그로부터 몇 년 뒤, 이사벨라는 나오미와 샘의 결혼식에서 들러리를 섰다.

30대 후반이 된 지금, 나오미는 과거를 돌아보면서 자신이 왜 행복하지 않았는지 이해해보려 했다. 그녀는 어머니와의 관계, 이사벨라와의 우정, 샘과의 결혼 이야기를 내게 들려주었다.

"제가 뭘 놓친 거지요?" 나오미가 절망적인 어조로 다시 물었다. 그녀가 자기 삶과 주변 사람들에 대한 진실을 보지 않으려고 애써왔다는 것은 나와 그녀 모두 인식하고 있었다.

"진부한 말이라는 건 알지만," 그녀가 말했다. "인생은 정말 짧은 것 같아요." 이사벨라가 큰 병에 걸린 일을 두고 하는 말이었다. 나오미는 이 일을 계기로 삶의 덧없음을 알게 되었고, 두려움과 좌절을 느꼈다.

"겉으로 보기에 저는 원했던 모든 걸 얻었고 또 저는 가족을 사랑하지만, 완전히 패배한 느낌이에요. 지금 이 상태보다 더 나은 무언가가 제 삶이 되어야 할 것 같은 느낌이 들어요.

또 어떤 때는 제가 제대로 아는 사람이 아무도 없는 것 같은 기분도 들어요. 이사벨라까지도요. 배신당한 느낌이 들지만, 왜 그런 기분이 드는 건진 모르겠어요."

나는 나오미가 하는 말을 이해할 수 있었다. 나오미는 이사벨라뿐만 아니라 자신의 어린 시절과 완벽한 어머니를 실재하는 존재라고 느끼지 않을 때가 많았다. 그녀는 세상의 모든 것을 있는 그대로 보지 않으려고 주변 세상을 이상화했다. 단순히 그녀가 다른 사람들을 잘 모르는 것이 아니었다. 그녀는 자기 자신을 발견하는 것을 두려워했다.

이상화는 사물이나 사람이 완벽하고 심지어 현실보다 더 낫다는 환상을 유지하는 기능을 하는 방어기제다. 이상화의 기본은 좋은 것과 나쁜 것을 나누는 것이다. 아이들은 세상을 안전하고 예측 가능한 곳으로 체계화하기 위해서 주변 세상을 그런 식으로 이상화한다. 그러다가 성장해서 조금 더 강해지면, 그때는 마음을 열어서 세상을 조금 더 복잡한 곳으로 보고 받아들일 수 있다. 그런데 우리는 어른이 된 뒤에도 때때로 모든 것이 완벽하고, 사람들에게 흠이 없으며, 우리에게 부정적인 감정이나 그에 대한 상반된 감정이 없는 것처럼 가장하기 위해 이상화를 이용한다.

"저는 항상 제 어머니 같은 사람이 되고 싶었어요. 어머니는 제가 되고 싶은 모든 것이에요." 나오미는 나를 쳐다보면서 부끄러워하는 표정으로 이렇게 말했다. "그런데 저는 실패했어요."

어머니에 대한 나오미의 이런 감정은 이사벨라에게서 느끼는 감정과 비슷했다. 그녀는 두 여성을 이상화하면서 좋은 것과 나쁜 것을 나누고, 그들은 모든 좋은 것을 갖춘 사람으로, 자신은 실패자로 인식했다. 이것은 그들과 그녀 자신에 대한 용납할 수 없는 감정을 느끼지 않도록 방어하는 방법이었다. 나오미는 그들에게 얼마나 애증의 감정을 느끼는지, 그들이 얼마나 부러운지, 또 얼마나 화가 나는지를 있는 그대로 보고 인정할 수 없었다. 오히려 이런 부정적인 감정을 자기 자신에게 돌렸다.

"제 어머니는 항상 저보다 더 뛰어났어요. 외모가 수려하고, 똑똑하고, 재능 있는 사람이었고, 저는 그냥 저였어요. 유치한 건 알지만, 엄마에게 손가락질하면서 '불공평해요. 약속과 다르잖아요'라고 말하고 싶은 기분이에요." 나오미는 숨을 한 번 깊이 쉬고, 짜증스럽게 이렇게 말했다. "부모님은 서로 사랑하셨어요. 완벽한 부부였죠. 그렇다면 제 결혼 생활도 행복해야 하지 않나요? 그래야 하는 거 아니에요?"

나는 이 당연하게 들리는 말을 나오미에게 해주는 게 좋을지 잠시 고민했다. "열등감을 느꼈던 것처럼 들리네요. 어쩌면 본인을 어머니보다 가치 없는 사람이라고 느끼는 건지도 모르겠어요."

나오미는 호기심에 찬 표정이었다. 마치 내 말이 모든 것을 처음부터 다시 생각하게 만들기라도 한 듯했다. 나는 계속해서 말했다. "부모님 두 분 사이의 관계가 연인 관계의 본보기가 될 수도 있지만, 우리가 연인 관계에서 반복하는 건 보통 본인과 부모님 사이의 관계예요."

나오미는 깜짝 놀란 것 같았다. 내가 금지된 것(알고 있었지만 말해서는 안 되는 것)을 말로 옮긴 것은 아닌지 걱정됐다.

"가치 없는 사람이라…." 나오미는 내가 했던 말을 되풀이했다. "열 살쯤 됐을 때, 제가 어머니께 이렇게 얘기한 적이 있어요. 부모님이 서로를 사랑하는 것처럼 저를 사랑하고 있다는 걸 믿지 못하겠다고요." 나오미가 한숨을 쉬며 말을 이었다. "어머니는 그 말을 듣고 크게 화를 내셨죠. 어머니는 제게 그런 식으로 말해서는 안 된다면서, 당연히 우리는 너를 사랑하고 있고,

너도 커서 언젠가는 우리처럼 너의 짝을 만날 거라고 말씀하셨어요." 그녀는 말을 멈추고 나를 쳐다봤다. "하지만 전혀 그렇지 않았어요." 그녀가 말했다. "샘은 저를 사랑하지만, 이사벨라를 사랑했던 것처럼 저를 사랑해준 적은 없어요. 이사벨라는 샘의 첫사랑이었어요."

나오미는 쏟아져나오는 눈물을 참으려고 애썼다. 울고 싶지 않았지만 그럴 수 없는 것 같았다. "제가 이사벨라를 얼마나 사랑하는지 알아주셨으면 좋겠어요." 나오미가 말했다. "마음이 참담하네요. 이사벨라가 이렇게 아픈 마당에 저는 우리 둘을 비교나 하고 있다니, 아주 형편없는 사람이 된 기분이에요."

나오미가 자기 삶을 이해하려고 애쓰는 동안, 이사벨라는 삶을 지키기 위해 싸우고 있었다. 이사벨라의 병으로 나오미는 우리라는 존재가 지닌 고통스러운 한계를 직면할 수밖에 없었다. 나오미는 완전히 좋기만 하거나 영원히 지속되는 것은 없으며, 우리는 모두 결점과 약점이 있다는 것, 그리고 나쁜 일은 모든 사람에게 일어난다는 사실을 인정해야 했다. 우리가 이상화하는 사람들 역시 이를 피해갈 수 없다는 것도 말이다.

상담실을 나서기 전, 나오미는 내일도 상담받고 싶다고 말했다. 그래서 이사벨라와 아침 식사를 한 뒤에 나를 만나기로 했다.

나오미가 떠난 뒤, 나는 마음이 무거웠다.

다음 날, 나오미는 문을 열고 들어오자마자 소파에 털썩 주저앉았다. 두 눈이 벌겋게 달아올라 있었다. 그녀는 아무 말 없이 한숨만 내쉬었다. 안 좋은 소식이 있는 게 분명했다.

"너무 잔인해요." 나오미가 마침내 입을 열었다. "이사벨라가 죽어가요, 선생님." 그녀는 눈물을 왈칵 쏟았다.

머릿속에 아주 많은 질문이 휙휙 지나갔지만, 나는 아무 말도 하지 않았다.

"이사벨라가 물건이 담긴 상자 네 개를 저에게 줬어요. 자기가 죽은 뒤에 자기 아이들에게 하나씩 주라면서요." 나오미가 작은 소리로 말했다. "이건 비밀이에요. 이사벨라가 그 상자에 대해서는 아무에게도 알리지 말라고 했어요."

"정말 마음이 아팠겠어요." 내가 이렇게 말하자, 나오미는 상자에 관해 이야기했다.

"이사벨라가 어떤 여성의 이야기를 다룬 기사를 읽으면서 이 모든 일이 시작됐어요. 그 여자는 자기가 곧 죽는다는 것을 알게 됐을 때, 가족을 위해서 몇 년을 두고도 먹을 수 있는 음식을 준비했어요. 그녀는 몇 주 동안 매일 요리했지요." 나오미가 말했다. "요리한 음식을 보관 용기에 담고, 스티커에 날짜를 써서 붙인 뒤 큰 냉장고에 넣어뒀어요."

나오미는 숨을 한 차례 깊이 쉬었다. "이사벨라는 요리를 잘하지 못하는 게 안타깝다고 했어요. '요리를 잘했다면 애들에게 내가 요리한 음식을 몇 년 동안 억지로 먹게 할 수도 있지 않았을까?' 이사벨라가 이렇게 농담을 했을 때 저는 재밌어하는 척했어요."

함께 한바탕 웃고 난 뒤에, 이사벨라는 자기가 앞으로 참석하지 못할 중요한 행사들을 위해 아이들에게 편지와 선물을 남겨두려고 한다는 이야기를 나오미에게 해주었다. 이사벨라가 읽었던 기사에 나온 엄마처럼, 이사벨라도 아이들과 헤어지는 것을 상상조차 할 수 없다는 것을 두 사람 모두 잘 알고 있었다.

나오미는 나를 보지 않고 이렇게 말했다. "암에서 완치되는 사람도 많잖아요. 이사벨라도 그렇게 될 수 있지 않겠어요?" 그녀는 마음을 진정시키고, 모든 것을 이해하고, 속상하고 안타까운 마음을 덜기 위해 애쓰고 있었다.

나오미가 잠시 뒤 다시 말을 이었다. "저는 이사벨라에게 이렇게 말했어요. '그런 건 생각하지 마. 실험적인 새로운 시술을 곧 시작할 거잖아. 아직 희망이 있어.' 저는 이사벨라 손을 있는 힘껏 꽉 쥐었어요, 그리고 이렇게 말했죠. '너한테는 투사 기질이 있잖아. 아직 끝난 게 아니야.'

그런데 이사벨라는 대답하지 않았어요. 짜증 난 얼굴로 그저 아무 말 없이 제게 파란색 상자 네 개를 건넸어요. 이사벨라는 그 상자들로 뭘 해야 하는지 제가 이해할 수 있게, 설명을 잘 들어달라고 부탁했어요.

딸 앞으로 되어 있는 큰 정사각형 봉투에는 '여덟 번째 생일에 열어볼 것'이라고 적혀 있고, 다른 봉투에는 '학교에 입학하는 날 열어볼 것'이라고 적혀 있었어요.

행운을 비는 덕담을 적은 편지, 선물, 그리고 생일과 졸업을 축하하는 편지들도 있었어요. 또 딸들에게 사춘기에 관한 책을 한 권씩 남겼어요. 이사벨라와 제가 열두 살 때 같이 읽었던 책이었죠. 어느 정도 지났을 때, 전 너무 고통스러워서 도저히 계속 듣고 있을 수 없을 것 같았어요. '대체 왜?'라고 묻고 싶었지만, 이사벨라가 단호하기도 했고, 전 그녀가 원하는 대로 따라주어야 한다는 걸 알고 있었어요. 이사벨라가 감당할 수 있으면 저도 감당할 수 있어야 한다고 생각했어요."

나오미와 나는 아무 말 없이 가만히 앉아 있었다. 고통에서 빠져나올 실질적인 방법은 없었고, 그 고통을 말로 담을 수도 없었다.

"슬슬 일어나서 집으로 가려는데, 이사벨라가 안절부절못하는 눈치였어요. 제게 뭔가 말하고 싶은데 차마 하지 못하는 것 같았어요. 솔직히, 무슨 얘기인지 알고 싶지 않았던 건지도 몰라요. 감당해야 할 마음의 짐이 이미 너무 무거웠으니까요." 나오미는 고개를 가로저었다. "정말 나쁜 친구가 된 기분이에요. 이사벨라는 자식들을 다시는 못 보게 될 것을 알고 있었어요. 아이들과 작별인사하는 기분이 어떨지를 제가 함께 상상해주기를 원했어요. 아이들에게 이사벨라가 필요할 텐데, 그럴 때 함께해줄 수 없다는 걸 제가 알아주기를 바랐지요. 그런데 저는 도저히 그렇게 할 수가 없었어요. 제 이기적인 고통을 제쳐두고 그녀를 도와줄 수 있었다면 얼마나 좋았을까요. 무슨 말을 하려고 했던 건지 물어볼 용기가 제게 있었다면 얼마나 좋았을까요."

~

나오미가 상담실을 떠나고, 나는 그녀가 마지막 내담자였던 것을 정말 다행으로 여겼다. 집으로 걸어가면서 귀에 익은 도시의 웅웅거리는 소리에 집중했다. 그 소리는 내 상담치료실에서 들리는 기계의 백색소음과 비슷했는데, 그런 소음은 혼자서 공상에 잠길 때 도움이 됐다.

맨해튼의 바워리Bowery 지역은 전혀 조용한 지역이 아니지만 그런 정신없이 바쁜 리듬은 생각이 자유로이 흐르게 해준다. 얼른 집으로 가서 내 아이들을 품에 안고 싶은 마음이 간절했다. 아이들이 어릴 때 이런 기분을 종종 느꼈던 기억이 떠올랐다. 그 시절에는 아이들과 다시 만나는 순간에 마주할 아이들의 미소와 체취를 상상하면서 귀갓길을 서두르고는 했었다.

그런데 집으로 달려가는 대신, 나는 나도 모르게 거리를 방황했다. 출퇴근할 때 매일 다니는 바워리의 거리를 정처 없이 걸으며, 나는 울었다. 이사벨라를 위해서, 그녀의 어린아이들을 위해서 울었다. 나오미를 위해서 울고, 나오미가 모르는 내 삶의 일면을 생각하며 울었다. 내 인생의 동반자 루는 방광암을 앓으며 죽음과 사투를 벌이고 있었다.

나는 나의 고통과 내 내담자의 고통을 가슴에 안은 채 거리를 걸었다. 이사벨라가 그 누구의 예상보다도 빨리 죽게 될 것이며, 그로부터 얼마 지나지 않은 추운 2월 아침에 루를 암으로 잃게 될 것이란 사실을 모르는 채로 말이다.

요즘 한창 인기 있는 새 레스토랑 바깥에 서서 자리를 기다리는 한 무리의 젊은이들에게 나도 모르게 시선이 갔다. 내가 저들 또래였던 시절이 아주 먼 옛일처럼 느껴졌다. 동경하는 마음으로 그들을 바라보는 내 눈에는 오직 순결함, 순수함, 순진함만 보였다. 다들 아주 행복하고 활기 넘쳐 보였다. 그들은 마치 상실을 경험한 적이 없고, 암이 목전에서 기다리고 있을 수도 있다는 것을 깨달은 적도 없고, 비탄에 빠졌던 적이 없으며, 가진 것을 모두 잃을 수도 있다는 사실을 전혀 알지 못하는 것 같았다.

엄청난 충격을 받는 순간에는 '이것 아니면 저것'으로 분리하는 원시적인 방어기제가 다시 작용해서 세상을 좋은 것과 나쁜 것, 병을 앓는 사람과 고통을 모를 것 같은 사람으로 나눈다. 우리는 고통을 모를 것 같은 사람들을 경이로움과 부러움의 시선으로 바라본다. 우리 상상 속의 건강한 사람들은 슬픔의 맛을 모른다.

나오미에게는 내가 그런 사람 중 하나였다. 그녀는 나를 어떤 어려움에도 끄떡없으며, 모든 사람이 유족이거나 장차 유족이 될 것이라는 현실의 법칙 바깥에서 사는 사람처럼 보아야만 했다. 그 덕분에 나를 함께할 수 있을 만큼 강한 사람으로 여길 수 있었지만, 나를 고통 없는 사람으로 보아야 했던 필요성은 그녀를 다시 외톨이로 만들었다. 남들을 이상화면서 자신을 진정으로 알아주는 사람이 아무도 없다고 느끼게 됐기 때문이다.

"너무 외로워요." 그녀가 말했다. 나는 나오미에게 우리는 모두 삶의 감정적인 여정에 우리와 동행하면서 증인이 되어줄 다른 누군가의 필요성을 느낀다고 이야기해주었다. 감정을 수용하고 함께해줄 수 있는 누군가 말이다. 우리에게는 다른 사람의 인식과 이해가 필요하다.

나오미가 어릴 때, 그녀의 고통은 인식되지 못했다. 그래서 그녀는 그 고통을 이해할 수 없었고, 부인해야 했다. 부모가 제공하는 정서적 안아주기는 자녀의 삶 속에서 언제나 함께 있으면서 자녀가 느끼는 감정에 이름을 붙여주고, 살면서 경험하는 강렬한 감정을 견디도록 돕는다. 이제 나오미는 내가 이해해줄 것이라는 믿음에 대한 갈등과 그녀 자신의 고통뿐만 아니라 이사벨라의 고통에 대해서도 너무 많이 아는 것에서 오는 걱정을 인식한 채로 자기 자신의 외로움과 만나게 됐다.

우리가 자신의 슬픔을 처리할 수 있을 때, 비로소 서로의 약한 모습을 드러내고 감정적으로 솔직해지는 진실한 공간이 드러날 수 있다. 서로를 인정하고, 더 자세히 알려고 애쓰지 않고, 상대를 고치려 들거나 긍정적인 조언을 해주려고 나서지 않는 공간 말이다. 그런 공간에서 우리는 함께 있어 주고, 이야기를 들어주고, 다른 인간의 고통과 더불어 우리 자신의 고통을 견딜 수 있다.

이사벨라의 생애 마지막 몇 주 동안, 나오미는 호스피스 병상에서 나오미 손을 붙잡고 이사벨라의 가족들과 함께 곁을 지켰다.

이사벨라의 큰아이는 학교에 잘 다니고 아무 일도 일어나지 않은 듯 행동했다. 아이들이 상실을 대하는 방식을 지켜보고 있자면 늘 당황스럽고 어리둥절하다. 이럴 때는 아이들의 걱정(예를 들면 '누가 밤에 나를 재워줄까?')이 아주 사소해 보일 수도 있다는 것을 이해하고, 아이가 부모의 죽음과 자신을 따로 생각하는 것을 별 신경 안 쓰는 것으로 혼동하거나 아이들이 이기적으로 행동한다고 비난하지 말아야 한다. 애도는 그 특성상 까다롭고 예측하기가 힘들다. 매 순간 모습을 바꾸고, 종종 위장한 상태로 나타난다. 가끔 찾아드는 참기 힘든 순간에는 어떻게 보면 모든 사람이 어린아이 같아져서, 죽음 이후의 삶이 있다고 말해줄 누군가가 필요하다.

이사벨라는 자리에 누운 채로 점점 이 세상과 단절되어갔다.

"멀어진 느낌이야." 이사벨라가 나오미에게 말했다. "오늘 거울을 봤는데, 이미 이 세상을 떠난 느낌이었어."

나오미는 이별의 고통과 죄책감을 내게 털어놓았다. "이사벨라가 흥분하며 화를 냈어요." 나오미가 말했다. "제가 뭔가를 잘못했고, 도움을 제대로 못 주고 있고, 더 잘 해주지 못하고 있다는 생각이 자꾸 들어요."

나는 나오미의 죄책감이 건강하게 살아 있다는 데에서 느껴지는 것임을 안다. 이런 죄책감은 이사벨라의 목숨을 구할 수가 없고, 그녀를 알려지지 않은 세상으로 혼자 떠나보내야 하는 것과는 관련이 없다. 하지만 완전히 비림받은 절망적인 기분과는 관련이 있다.

이사벨라는 곁에 아무도 없었던 월요일 아침에 세상을 떠났다.

"이사벨라는 우리가 모두 떠나기를 기다리고 있었어요." 나오미가 말했다.

나오미는 상실의 감정을 처리하고, 후회를 돌이키고, 우정을 소중히 여기고, 앞으로의 삶을 어떻게 살아 나갈지 생각해야 했다.

"이 일이 실제로 일어났다는 게 믿어지세요? 이사벨라가 죽었어요. 이사벨라는 다시는 돌아오지 않을 거예요." 나오미는 서글피 울었다. 나도 함께 눈물을 흘렸다. 나 역시 무언가를 잃어버린 기분이었다. 하지만 내가 느끼는 상실감은 보통의 그것과는 다른, 모르는 이에 대한 상실 때문이었다. 나는 내가 실제로는 알지 못하는 어느 여성을 애도했고, 그때까지 경험한 모든 상실을 슬퍼했고, 미래에 겪을 상실에 눈물 흘렸다.

다음 날은 비가 왔다. 나는 보통 사무실까지 걸어가면서 휴대폰 음성사서함에 있는 메시지를 확인한다. 그날 아침에는 한 손으로 우산을 들고 다른 손으로 휴대폰을 귀에 대고 메시지를 확인하고 있었다.

그 무렵에는 새로운 내담자를 거의 받지 않았지만, 그 메시지는 아주 특이한 인상을 주었다. 메시지를 다시 들어봤다.

"애도를 해야 하는데, 어떻게 해야 할지 모르겠어요." 호기심이 생겨서 그에게 회신했고, 상담 약속을 잡았다.

그리고 다음 주, 40대 중반의 어느 남성이 상담치료실에 들어섰다.

"안녕하세요!" 나는 그의 이름을 부르며 인사했다. 그는 조용히 웃었다. 나는 그의 얼굴을 보면서 상실의 흔적을 찾으려고 애썼다.

"제가 사랑하는 사람이 바로 얼마 전에 세상을 떴어요." 소파에 자리를 잡고 앉은 뒤에 그가 설명했다. "누군가와 이야기를 나눠야겠다는 생각이 들더라고요. 그때 제 친구가 선생님 전화번호를 알려줬어요. 어디서부터 시작해야 할지조차 모르겠네요."

내가 고개를 끄덕이자 그가 계속해서 말했다. "갑작스럽게 찾아온 죽음이었어요. 암 때문이었죠. 하루아침에 떠나버렸어요."

그는 고개를 들어서 내 눈을 쳐다봤다. "그 사람이 저한테 메모를 많이 남겼어요. 사랑의 마음을 담은 편지가 상자 하나 가득 담겨 있었죠. 그녀는 왜 그게 도움이 될 거라고 생각했는지 모르겠어요. 그 편지들은 저를 더 힘들게 만들 뿐인데요."

"편지가 담긴 상자를 남겼다고요?" 저절로 내 목소리가 커졌다.

"파란색 큰 상자요." 그가 말했다. "이사벨라다웠죠."

"이사벨라요?" 거의 반사적으로 말이 나왔다.

"그러니까 제 말은, 저하고 만나던 여자 말이에요." 그가 설명했다. "사랑하는 사이였죠. 남몰래 만나는 사이라서, 헤어지려고 둘 다 노력을 많이 했어요. 각자의 삶으로 돌아가서 서로 완전히 잊으려고 했었죠. 이사벨라는 남편하고 결혼 생활을 지속하려고 아기까지 낳았어요. 하지만 우리 사랑은 지금까지 지켜온 삶보다도 더 강력했죠. 그런데 인생을 같이하기로 둘이 마음을 정한 직후에 그녀가 암 진단을 받았어요. 그러고서 몇 달 뒤에 세상을 떴고요."

그가 말을 듣고 있는데, 내 심장이 계속 쿵쾅거렸다. "그녀는 제가 평생 가장 아꼈던 사람이었지만, 정말 이상하게 그녀가 죽은 뒤로는 제가 그녀의 존재를 꾸며낸 것이지 실제로 존재했던 건 아니라는 생각이 자꾸 들어요. 무슨 말인지 이해하시겠어요?"

나를 바라보는 그의 눈에 눈물이 고여 있었다. 내 눈에도 눈물이 고이는 것이 느껴졌다.

"사랑에는 증인이 필요하죠." 내가 말했다. "네, 무슨 말인지 이해해요."

나는 나오미에 대해 생각하면서, 그녀가 이사벨라의 삶을 얼마나 헌신적으로 증명했는지를 떠올렸다. 이 남성은 알지 못하지만 나는 알고 있는 모든 것을 생각했다. 이 남성이 이사벨라의 삶에서 했던 주요한 역할과 그의 고통스러운 상실에 대해 생각했다. 눈에 안 보이는 인물들, 비밀들이 너무 많았다.

나는 그에게 다른 상담치료사를 소개하기로 결정했다. 그는 그만의 치료를 받을 자격이 있고, 나오미는 내 도움을 오롯이 받을 자격이 있다. 나는 이사벨라를 내가 방금 만났던 남성과 연관 지어 혼란스럽게 받아들이지 않고, 소중히 간직하고 싶었다.

그 어느 때보다도 많은 비밀을 알게 된 상태로, 어리벙벙해진 내 감정을 처리해야 했다. 이것이 이사벨라가 나오미와 나누려고 했던 비밀이었을까? 나오미는 이 사실을 알았지만 내게 비밀로 해뒀던 걸까? 나로서는 알 길이 없다. 나는 인간의 마음이 얼마나 불가사의한지를 되새기면서, 우리가 과연 다른 사람의 고통을 완전히 알 수 있을 것인가 하는 생각에 잠겼다.

10

폭력의 순환

눈이 오던 어느 날, 40대 중반인 가이라는 남성이 내담자로 처음 상담치료실을 찾았다. 두꺼운 회색 코트를 입은 그는 고개를 까딱하며 내게 인사하고서 나긋한 목소리로 말했다.

"선생님처럼 저도 이런 날씨는 익숙하지가 않네요."

그가 무엇을 두고 이야기하는 건지 알 수가 없었다. 나는 그의 설명을 기다렸다.

"저는 선생님과 같은 도시에서 태어났어요." 가이는 거의 속삭이다시피 작은 소리로 말을 이었다.

우리는 모국어인 히브리어로 바꿔서 대화를 이어나갔다. 하지만 곧바로 나는 우리가 서로 다른 언어를 쓰고 있다는 사실을 알게 됐다. 나의 말 속에는 그에 대한 정보가 아예 없었고, 그의 말 속에서는 위협감이 느껴졌다.

"그런데 말이죠." 소파에서 자리를 고쳐 앉으면서 가이가 천천히 운을 뗐다. "집안에 심리에 관련된 일을 하는 사람이 한 명도 없는데 어떻게 정신분석가가 되겠다고 결정하셨나요?"

참 이상한 일이라고 속으로 생각했다. 이 사람은 우리 집안에 심리치료사가 없는 것을 어떻게 알았을까? 만일 몰랐다면 왜 그런 추측을 했던 걸까? 더 오래 고민할 필요는 없었다. 그가 뒤이어 이렇게 말했기 때문이었다. "언니는 건축가고, 그 집 애들은 아주 정이 넘치죠."

추측한 게 아니었다는 사실을, 섬뜩한 느낌으로 깨달았다. 그는 모두 알고 있었다.

"저에 대해서 몇 가지를 알고 계시는 것 같군요." 나는 정확히 밝혀주기를 청하고 있었다. 오래전에 텔아비브에서 만난 적이 있거나, 아니면 그를 내게 소개해준 친구를 통해서 알게 됐을 수도 있다.

가이는 씩 웃었다. "저는 선생님이 생각하시는 것보다 선생님에 관해서 꽤 많이 알고 있을 겁니다." 그는 이렇게 말하고 잠시 기다렸다가 이렇게 덧붙였다. "이탈리아에서 여름 휴가 즐겁게 보내셨을지 모르겠네요."

'그걸 어떻게 알지?' 불안하고 짜증이 나기 시작했다. '이 사람은 대체 누구지? 여기에 왜 찾아온 걸까?'

사람들은 대개, 적어도 처음에는, 심리치료사에 대한 궁금증보다는 자기 자신에 대해 더 많이 알고 싶은 마음으로 심리상담을 시작한다. 그렇기는 해도, 나를 찾아오는 내담자들 대부분은 나에 대해서 아주 조금씩은 알고 있는 경우가 많다. 인터넷에서 내 이름을 검색하면 이름과 사진, 나이, 출생지, 학력과 경력 등을 쉽게 찾을 수 있으니 말이다. 어떤 사람들은 조금 더 깊이 파고들어서 사생활, 음악 활동 경력, 인생의 동반자인 루의 부고 같은 정보들을 찾아내기도 한다. 지금 같은 디지털 시대에는 과거 정신분석학의 기본이었던 중립성을 지키기가 힘들어졌다. 과거에는 심리치료사들의 목표가 객관성을 유지하는 데 있었고, 내담자가 치료사에 대해 아무것도 알지 못하도록 신경 썼다. 그래서 심지어 상담실 내부 장식에도 아무런 정보가 노출되지 않도록 조심했다. 그런데 이제는 불가피하게 내담자들에게 상담사들에 관한 정보가 어느 정도 알려진 상태에서 작업하고, 이 정보가 각 내담자에게 어떤 고유의 의미가 있는지를 찾는다.

내담자가 파악한 심리치료사에 대한 사전 정보는 상담사가 어떤 사람이며 치료가 어떤 식으로 진행될지 기분 좋게 상상해보게 한다. 그런데 대부분의 내담자는 자신이 원하거나 감당할 수 있는 것보다 더 많은 정보를 알게 되는 일이 없도록 검색량을 제한한다. 추측건대 온라인에 있는 내 프로필을 보고 부정적 느낌을 받은 사람들은 애초에 내게 연락하지 않을 것이며, 일부 내담자들은 그들이 내게 말해준 것보다 내 사생활에 대해서 더 많이, 때로는 내가 상상하는 것보다 확실히 더 많은 사실을 알고 있을 것이다. 그렇지만 대부분은, 특히 첫 상담 때는 더더욱 온라인에서 찾은 정보를 내 앞에서 공개하는 일은 없으며, 내담자들은 자신이 내게 알려지는 것에 대한 두려움과 희망을 동시에 품고 찾아온다.

가이는 통상적인 내담자들과는 다른 방식으로 접근했다. 내가 사생활을 침해당했다고 느끼게 하려는 것이 분명했다.

"걱정되시나요?" 그가 말했다. "잘은 모르겠지만, 선생님에 대해서 제가 조사한 것이 별로 달갑지 않으신가 보네요."

"제가 좋아할 거라고 생각하셨나요?" 내가 물었다.

그는 어깨를 으쓱했다. "제가 뭐 스토킹 같은 걸 하는 건 아닙니다. 그건 알아주셨으면 좋겠네요." 그가 말했다. "그저 잘 알아보려고 그랬던 거예요. 누가 알겠어요. 요즘은 이상한 사람이 널렸잖아요. 선생님이 혹시라도 이상한 사람이 아닌지 확실히 해두고 싶었거든요. 그리고 선생님의 아버님이 이란 출생이라는 사실도 어쩐지 마음에 들었어요. 꽤 흥미롭더라고요."

그를 보면서 이런 의문이 들었다. '왜 나를 이렇게 불편하게 만들고 싶어하는 걸까?' 전문가답게 이유를 알아야 했지만, 정신이 마비된 것처럼 생각을 명확히 할 수가 없었다. 나는 내가 이런 기분, 즉 불안해하고 더 나아가 무서운 기분까지 들게 하려는 것이 그의 의도임을 상기했다. 그는 최소한 내 상담실에 걸어 들어오면서 그가 느낀 것과 같은 위협감을 내가 느끼도록 만들려고 했을 것이다.

나는 가이가 무엇을 두려워하는지 알 수 없었다. 하지만 그 의문을 탐색하려면 그의 허락이 우선 필요하다는 사실과 내가 아직 그의 세계에 초대받지 못했으며 오히려 그가 나를 그의 세계로 초대해 들였다는 것을 알고 있었다.

강렬한 감정을 불러일으켜 상담치료사를 혼란스럽게 하거나, 공포를 불러일으키거나, 강렬한 성적 환상을 내놓는 것은 심리치료사가 명징하게 생각하지 못하게 막음으로써 내담자 본인의 진실을 전혀 파악하지 못하도록 만들려는 방어기제다.

내가 생각하고, 정보를 종합하고, 상황을 연결 짓고, 그가 정말 어떤 사람인지 알아낼 수 있다면 어떤 일이 벌어질까? 그가 필사적으로 숨겨야 했던 어떤 사실이 내게 혹은 그에게 밝혀질까?

영국의 정신분석학자 윌프레드 비온Wilfred Bion은 논문 <연결에 대한 공격>(Attacks on Linking)에서 사람들이 너무 버거워서 참기 힘든 것을 모두 회피하고, 삶의 고통스러운 진실을 피하려고 애쓰는 방식들을 설명한다. 그들은 심리치료 중에 정신분석가의 심리분석 능력을 무의식적으로 공격한다. 여러 상황을 연결짓고 의미를 찾는 데 몰두하는 대신에 그들은 생각과 감정, 과거와 현재, 심리치료사와 내담자 사이에 그 어떤 연결도 형성되지 않게 하려고 애쓴다. 그래야만 연결이 분리로 대체되면서, 내담자가 자기 자신을 발견하는 고통에서 빠져나올 수 있기 때문이다.

가이는 너무 많이 노출된 것 같은 기분으로 심리치료실에 들어왔고, 그런 감정을 확실히 투영해서 내게 그 감정을 주입했다. 이제 낯설고 위험한 누군가에게 침입당하는 두려움을 느끼는 것은 그가 아닌 내가 됐다.

"저에 대한 이 모든 정보를 알아내느라 힘드셨겠어요." 내가 마침내 말했다.

그는 다시 웃었다. "저한테는 힘들지 않아요. 그게 제가 삶을 사는 방식인걸요. 몇 사람한테 돈을 주면, 그들은 제게 필요한 정보를 다 가져다주지요."

"완벽히 알지 못하는 사람에게 심리치료를 받지는 않겠다는 거군요." 내가 말했다. "어째서 그럴까요. 당신이 저에 대해 아는 것보다 제가 당신에 대해서 더 많이 아는 상태에서 상담이 끝나면 어떤 일이 일어날까요?"

가이는 실망한 눈치였다. "그게 무슨 뜻이죠?" 그가 말했다. "선생님은 이미 제가 의도했던 것보다 저에 대해서 많이 알고 있어요." 그는 숨을 한 번 깊이 내쉬었다. "이상할지 모르지만, 선생님이 이미 저를 아는 것 같은 기분이에요."

우리는 말 없이 서로를 바라봤다. 그가 손목시계를 힐끗 쳐다보고 말했다. "시간이 다 된 것 같네요." 그는 코트를 집어 들고 자리에서 일어섰다. "정신이 하나도 없네요." 그가 중얼거렸다. "무슨 생각을 해야 할지 모르겠어요."

그는 문밖으로 나서기 전에, 문고리를 잡은 채로 뒤를 돌아 나를 다시 보면서 조심스럽게 이렇게 말했다. "이제 선생님이 저를 알게 됐으니, 상담치료가 저에게 필요하다고 생각하세요?"

가이는 내가 뭐라고 말하기도 전에 나가버렸다. 그때가 돼서야 다음 약속을 잡지 않았다는 사실이 떠올랐다.

2주가 지나도록 가이는 연락이 없었다. 솔직히 한편으로는 다행이다 싶었다. 지난번에 그가 다녀간 뒤로 내 마음이 조금 불안해지는 것을 인식하고 왜 그런지 알아보려 애썼다. 길거리를 걸을 때면 가이 생각이 들었고, 수상한 사람이 따라오지 않는지 주변을 살피게 됐다. 전화 통화를 할 때면 그가 도청하고 있을지 모른다는 생각이 잠깐씩 스쳐 지나갔다. 인터넷에서 그의 이름을 검색해서 그에 대해서 알아내고 싶은 충동도 들었다. 범죄자거나 비밀요원일지 모른다는 생각도 들었다. "게다가 말이지요." 그의 말이 머릿속에서 되풀이해서 들렸다. "누가 알겠어요. 요즘은 이상한 사람이 널렸잖아요."

나는 마음속에 왜 그런 생각이 자꾸 드는지를 이해했고, 피해망상적 사고는 본래 전염성이 있다는 사실을 떠올렸다. 사람들은 아무런 의식 없이, 예측 불가능하고 강력한 방식으로 공포를 불러일으키기도 한다. 그런 무의식적인 힘은 음모론과 두려움이 그렇게 쉽게 퍼지는 이유 중 하나다. 지도자들이 적을 들먹이면서 목숨을 지키고 보호받아야 한다고 주장하는 방식으로 쉽게 대중에게 겁을 줄 수 있는 것도 바로 그 때문이다.

가이의 말이 맞았다는 생각이 들었다. 나는 그와의 한 차례의 상담을 통해서 그의 내면세계와 그가 얼마나 두려움을 느끼는지를 깊이 들여다볼 수 있었다.

날이 지날수록 내게 남겨진 감정에 대한 호기심이 점점 커졌다. 가이가 연락을 해오면 한 차례 더 만나보고, 상담을 제대로 시작해볼지는 그때 결정해야겠다고 생각했다.

가이가 나를 두 번째로 찾아온 것은 3월의 어느 추운 날이었다. 그는 내게 인사를 하고 코트를 계속 입고 있겠다고 말했다.

"바깥 날씨가 미쳤어요." 창문을 가리키면서 그가 말했다. "대체 이게 말이나 돼요? 정말이지, 기후변화 때문에 곧 죽을 거예요."

"네, 기후변화가 무섭긴 하죠." 내가 말했다.

"무서운 정도가 아니죠." 그가 대답했다. "이건 재앙이에요. 이미 걷잡을 수 없어서 진짜 머지않아서 다들 죽게 될 거예요."

기후변화에 대해서 이야기하는 내담자들이 많지만, 가이가 하는 말은 조금 달랐다. 그의 두려움은 이미 닥친 일에 대한 두려움처럼 들렸다. 마치 생존하기 위해서 지금 힘겹게 싸우고 있는 듯했다.

가이가 자리에 앉았다. "우리가 벌인 일이에요. 죽음을 자초했어요." 그는 화가 난 듯이 말을 이었다. "그런데 사실, 이건 그 사람들 탓이에요. 그들이 우리한테 그런 짓을 한 거예요."

"그들이요?" 내가 물었다.

가이는 내 눈을 똑바로 바라봤다. "그들 잘못이에요." 그가 말했다. "지구를 돌보지 않은 부모, 조부모, 증조부모 세대요. 그들 손으로 이 재앙을 초래했는데, 이제 우리가 그 문제를 해결해야 하잖아요. 그런데 이미 엉망진창이라 우리가 고칠 방법이 없어요. 그게 문제죠."

가이처럼 나도 이 상황이 불안하고 걱정스럽다. 그러나 우리 두 사람의 의견이 같더라도, 어떤 표현을 사용하느냐는 항상 그 사람의 개인적인 역사에 뿌리를 두고 있다는 것을 나는 잘 알고 있었다. 정치적인 측면은 개인적인 측면과 뒤섞여 있다. 가이가 사용하는 단어와 언어 표현을 들으면서 그의 삶, 두려움, 고통에 관해 무엇을 이야기하려 하는 것인지 알아내려고 노력했다.

"이전 세대들이 초래한 파괴와 그들로 인해 우리가 처하게 된 어려움, 그에 대해서 뭔가 알고 계신 거죠?" 내가 말했다.

"물론이죠." 그가 대답했다. 그렇지만 더 자세히 설명하지는 않았다.

가이는 누구도 믿거나 의지할 수 없다고 내게 말했다. 그를 키워준 사람들이나 그 이후에 만난 그 누구도 믿지 못한다. 그는 나를 찾아와서 도움을 구하고 있지만, 나를 믿을 수 없을까 봐 걱정한다. 두꺼운 회색 코트를 입고 앉아 있는 그를 바라봤다. 그는 소파에 등을 기대고 앉아서 상담실을 두리번거렸다.

"이 많은 책을 실제로 읽으셨나요?" 그는 이렇게 질문했지만 내 답변을 기다리지는 않았다. 그는 내 의자 뒤에 있는 그림을 손으로 가리켰다. 커다란 캔버스에 그린 추상화였다.

"흥미롭네요." 그가 말했다. "저 그림을 그린 작가는 뭘 표현한 걸까요?"

가이가 가리킨 그림은 상담실에 있는 유일한 그림으로 내가 그린 것이었고, 그 자리에 지난 15년 동안 걸려 있었다.

"저 강아지들이요." 그는 하얗고 노란 흐릿한 형체를 가리키며 말했다. "도망가고 있네요. 그렇게 생각하지 않으세요?"

"뭘 얘기하는 건지 알 것 같아요." 내가 말했다.

"꼭 저 같아요." 그가 웃으며 말했다. "도망가는 것이 말이에요."

"무얼 피해서 도망 다니는 건가요?" 내가 물었다.

"그냥 농담이었어요." 그가 말했다. "왜, 사람들은 다들 도망 다니잖아요. 선생님도 뉴욕에 살고, 저도 뉴욕에 살아요. 우리 고향은 아니지만, 어쨌든 여기 살죠. 이 도시에는 무언가로부터 도망쳐서 온, 야심에 찬 생존자들이 가득해요. 여기 사는 모든 사람에게는 도망치고 싶은 무언가가 있죠."

그가 코트를 벗었다.

"꽤 쾌적하네요." 그가 말했다. "너무 춥지도, 너무 덥지도 않아요. 무슨 말인지 아시죠? 왜 겨울에, 이러다 죽는 게 아닐까 싶을 정도로 집에 난방을 너무 많이들 하잖아요. 그런데 여기는 온도를 아주 잘 맞춰놨네요. 아주 적당해요."

가이는 위협감을 조금 덜었는지, 내가 그에게 잘 맞는 심리치료사이고, 상담치료를 잘 해줬으면 좋겠다는 희망을 표현했다. 그는 자신의 위협적인 생각과 느낌을 바깥으로 돌리는 방어기제인 투사를 재차 사용했다. 우리는 투사를 통해서 불안감을 유발하는 감정을 부인하고 대신 남들에게 전가한다. 실제로 분노나 슬픔 같은 불편한 감정들은 다른 사람들에게 투사되는 경향이 있다. 예를 들어, 어떤 사람이 화가 났을 때 그 사람은 분노의 감정을 타인에게 돌리며 다른 사람이 자신에게 화가 났다고 받아들일 것이다. 하지만 사실 그 사람이 타인에게 느끼는 감정은 자기 자신의 분노다. 나는 가이가 나를 처음 찾아왔을 때 침범당하는 것에 대한 두려움을 내게 가득 채웠던 것을 기억한다. 그는 내게 그 감정을 심어주어서 그가 삶에서 늘 느끼는 위기감을 효과적으로 전달했다.

이와 비슷하게, 피해망상적 사고는 흔히 타인에 대한 공격성의 투영으로 이해된다. 공격적인 충동이 우리를 불안하게 만들면, 우리는 흔히 친절로 타인에게 과잉 보상을 하거나 아니면 자신의 감정을 타인에게 투영해서 기분이 나아지게 만들려고 한다. 피해망상적 사고는 공격적인 감정, 즉 우리가 용납할 수 없어서 타인에게 돌리는 방식으로 없애야 했던 감정에 따른 결과다. 자신의 공격성을 부인하고 남들에게 투영하는 일이 잦아질수록, 더 많이 두려워하게 되는 것이다.

가이는 자신의 감정을 이야기하는 것이 너무 불안해서, 대신 그의 주변 세상 이야기를 꺼내고 감정을 자기 자신의 바깥에 두었다. 그는 너무 많이 노출되고 너무 취약해질까 봐 코트 벗는 것을 망설였다. 또 그는 일관된 이야기를 만들어내지 않으려 했다. 나는 그의 웃음 뒤에 비밀이 있다는 것을 눈치챘다.

"어떤 일로 상담치료를 받으러 오게 됐나요?" 내가 드디어 물어볼 용기를 냈다.

가이는 한참 동안 침묵을 지켰다.

"집안에 정신병 내력이 있어서요." 그가 말했다. "저도 정신적으로 문제가 있을지 몰라요."

그가 하는 말의 의미를 명확히 알 수는 없었지만, 그가 새로운 미래를 향해 내 쪽으로 한발 다가섰다는 사실은 알 수 있었다.

"오늘은 여기까지 하죠." 그가 말했다. 나는 상담을 마치자고 말하는 사람이 가이라는 점에 주목했다. "다음 주에 뵐게요." 문밖으로 나가면서 그가 말했다.

여름의 시작이자 가이가 나와 상담치료를 시작한 지 몇 달이 지났을 때였다. 이제는 서로 조금 더 편해졌고, 나는 그의 냉소적인 유머 감각을 높이 평가하고 그의 방식과 리듬을 존중할 줄 알게 됐다. 가이는 직접적인 대화를 피하고 싶어하는 때가 많았다. 그는 자신의 감정을 합리화하고 지식화해서 보편적인 용어로 표현했다. 여러 주제에 걸친 다양한 의견을 내놓았지만, 자신의 과거나 가족에 대해서는 거의 이야기하지 않았다.

나는 매주 월요일 저녁에 가이를 기다렸다. 그는 늦는 법이 없었다. 이날도 예약된 시간 5분 전에 현관 벨이 울렸다. 문 열림 버튼을 누르러 가기도 전에 벨이 다시 울리고, 또다시 울렸다.

내가 문을 열자, 가이는 뛰어들어와서 문을 쾅 닫았다.

"문밖에 누가 있는지 어떻게 알고 그렇게 함부로 문을 열어주시는 거죠?" 입구에 선 채로 그가 물었다. "벨을 누른 게 여기 침입하려는 낯선 사람이 아니라 저라는 걸 어떻게 확신하시는 거냐고요?" 불안해하는 목소리였다.

"걱정되셨나 보군요." 내가 말했지만 가이는 대답하지 않았다.

우리 둘 다 자리에 앉았다. 나는 그가 평소에 매고 다니던 가방이 없다는 사실을 알아챘다. '오늘은 회사에 나가지 않았나 보다'라고 추측했다.

"경비원이 일을 잘 못 하는 것 같아요. 행동이 굼뜨던데요." 그가 이렇게 말하고서 한숨 쉬는 소리가 들렸다. "오늘 배심원단으로 활동하고 왔는데, 정말 힘든 하루였어요."

"오늘 제 안전에 대해서 생각하게 된 계기가 뭔가요?" 내가 물었다.

"잘 모르겠어요. 지하철역에서 걸어오는데, 아래층에 남자가 한 명 있더라고요. 이상해 보였어요. 눈빛이 어딘지 폭력적인 사람처럼 보이더라고요." 가이는 창문을 가리켰다. "그 사람이 저기 있었어요. 이 건물 입구에 있는 저 길거리에요." 그가 말했다. "저 사람이 건물로 들어와서 현관 벨을 누르면 저라고 생각하고 선생님이 문을 열어줄 수도 있겠다는 생각이 갑자기 들더라고요. 제가 아니라는 걸 어떻게 알겠어요?"

가이는 극도로 경계하면서 위험 요인이나 위협적인 존재가 없는지 주변 활동을 끊임없이 탐지했다. 그런 감각적 민감성은 대개 어린 시절 트라우마로 생긴다. 높은 경각심은 위험을 예측하고 예방하는 것에 목표를 두는데, 가이에 대해서 더 많이 알면 알수록 그 밑에 숨어 있는 겁먹은 소년의 존재를 더 확실히 인식하게 됐다. 그의 내면에 있는 그 소년은 겁에 질려 있었다.

'기다리는 사람이 온 줄 알고 문을 열었는데 다른 사람이 나타나서 우리를 해치면 어떻게 하지?' 위협은 외면과 내면에 모두 자리했다. 밖에 서 있는 남자도 위험하지만, 위험 요인을 상담치료실에 가지고 왔을지 모를 가이 자신 역시 두려웠다. 그는 폭력적인 다른 누군가에게 위협을 느꼈지만, 사실 그것은 그 자신 안에 있는 무의식적인 공격성이기도 했다. 그는 자신의 공격성이 이곳에 은밀히 숨어들었을까 걱정했다. 외부의 공격성과 자신 내부의 공격성이 뒤섞여서 혼란스러운 것이다. 이는 어릴 때 폭력에 노출된 아이들에게서 항상 나타나는 성향이었다.

가이는 이런 감정에 휩싸여 어찌할 줄 몰라 하는 것 같았다. 나는 그의 어린 시절이 어땠는지, 어째서 어릴 때 겪은 트라우마의 발현으로 보이는 현상이 특히 지금 나타난 것인지 궁금해졌다.

"배심원으로 참가했을 때 특별히 불안하게 느껴질 만한 것이 있었나요?" 내가 물었다.

"전혀요." 그가 대답했다. "어느 아버지가 딸의 팔을 부러뜨린 사건이었어요. 경찰이 출동했고, 그 남자는 앞으로 딸과 전 부인에게 접근할 수 없게 되었죠. 그런데 저는 왜 그 사람이 법정에 섰는지 잘 모르겠어요. 뭐가 더 필요하겠어요? 이제 더는 딸에게 손을 대지 못 할 텐데." 가이는 내 얼굴을 보면서 이야기를 계속했다. "딸은 열여섯 살이고, 소셜미디어 이곳저곳에 아버지에 대해서 끔찍하게 나쁜 말을 많이 써서 올렸어요. 뭔가 단단히 잘못된 느낌이었죠. 아주 골치 아팠어요." 그가 말했다. "전 진짜 운이 나빠요. 제가 하필 이런 사건에 불려 나가다니, 말이나 돼요?"

"관련된 상처가 있나 보네요." 내가 말했다.

가이는 혼란스러워 보였다. "좀 그렇긴 해요." 그가 대답했다. "그러니까 제 말은, 그 아버지란 작자는, 확실히 멍청이예요. 그렇지만 그가 나쁜 사람일까요? 그 딸이 묘사했던 것처럼 괴물인가요? 전 그렇지 않다고 봐요." 그는 말을 멈추고 창밖을 응시했다.

"방금 무슨 생각을 하셨어요?" 그가 시선을 다시 내게 돌렸을 때 내가 물었다.

"모르겠어요." 그가 말했다. "이 문제에 대해서 제가 어떻게 생각하는지 잘 모르겠어요. 머릿속이 계속 시끄러워요. 생각을 멈출 수 있으면 얼마나 좋을까요. 제가 보기에 딸이 아버지를 끔찍하게 싫어하는 건 분명하고, 그 점에서 아버지가 참 안 됐어요." 그가 말을 이었다. "딸은 인스타그램에 아버지가 죽었으면 좋겠다는 글을 써서 올렸다는데, 그 부분은 저도 이해해요. 저도 제 아버지가 죽었으면 좋겠다는 생각을 했었거든요."

"그랬군요." 나는 이렇게 말하면서 그의 어린 시절로 조심스럽게 발을 들였다.

아이들은 대개 부모가 죽는 것을 두려워하지만, 어릴 때 부모님이 죽기를 바랐다는 말을 내담자들에게서 종종 듣는다. 부모는 아이가 생존을 위해 의지하는 존재다. 그런 존재가 죽기를 바라는 마음은 부모가 아이를 신체적·정서적으로 위협할 때 흔히 생긴다. 아이의 이런 소망은 부모를 사라지게 만들 수 있다고 상상하면서 무력감을 덜 느끼도록 만든다. 또 이런 소망에는 고통과 분노가 융합된 아이의 혼란스러운 감정이 반영된다. 아이는 무력감을 느끼는 동시에 처리할 수 없는 분노에 휩싸인다. 그래서 학대당한 아이들은 보통 감정 조절에 어려움을 겪는다. 사랑과 증오가 뒤섞인 채, 그 사람을 사랑하기도 하지만 증오하기도 한다.

나는 가이가 격한 감정에 휩싸였다는 것을 알아보았다. 그에게는 휴식이 필요했다.

"아주 지긋지긋해요." 가이가 말했다. "생각할수록 진짜 열받네요(piss off)." 그는 갑자기 자리에서 일어섰다. "실례해요. 화장실을 좀 써야겠어요." 그가 말했다. "금방 다녀올게요."

그는 몇 분 뒤에 웃음을 머금고 돌아왔다. "제가 좀 전에 '오줌(piss)'이라고 말하고 화장실에 다녀온 거 알아채셨어요?" 그가 장난스럽게 말했다. "보세요, 이제는 혼자 힘으로 심리치료를 할 수 있어요."

그의 말은 내가 지금껏 그에게 무언가를 가르쳐왔다는 뜻을 전달하는 말이지만, 동시에 그가 나에게 의존하지 않고 혼자서 할 수 있다는 것을 전하려는 말이기도 했다. 삶을 마음대로 통제할 수 있는 능력은 그에게 아주 중요했다. 이 능력은 그가 안전하다고 느낄 수 있는 유일한 방법이었다. 그는 상담을 받으면서도 자신이 통제권을 확실히 쥐고 있어야 했다. 나는 매번 상담 시간에 끝을 맺는 사람은 내가 아니라 그라는 사실을 놓치지 않고 잘 의식하고 있었다. 그는 감정에 압도되면 내게 위안을 구하기보다는 자신의 내면에 침잠해 들어갔다.

"잠깐 혼자 있으면서 마음을 진정시켜야 했거든요." 그가 말했다. 배심원단에 참가할 때 뭔가가 그의 어린 시절 트라우마를 불러일으킨 것이 분명했다. "어릴 때 화장실에서 몇 시간씩 있었어요. 아버지가 화가 날 때마다 저와 형을 화장실에 가뒀어요. 그런 일은 거의 일상적으로 일어났고요. 몇 시간 동안 갇혀 있으면 늘 그렇듯 바닥에 앉아서 기다렸어요. 그러면서 '이 사람이 진짜 너무 싫어. 죽어버렸으면 좋겠다'라고 생각했죠."

그는 나를 보지 않고 말을 이었다. "있잖아요, 가끔 친구들이 집에 놀러와서 떠들썩하게 같이 놀고 있는데, 아버지가 절 부르는 소리가 갑자기 들려요. 저는 아버지가 화가 나서 저를 화장실에 가두려고 한다는 걸 알아채죠. 저한테는 선택의 여지가 없어요. 아버지가 시키는 대로 하지 않으면 고함을 치면서 친구들 앞에서 저를 때릴 거거든요. 친구들은 제가 어디 갔는지 궁금해하면서 제 방에서 기다리고 있는데 저는 화장실에 갇혀 있었어요. 굴욕감이 들었죠."

가이는 어린 시절 이야기를 처음으로 꺼냈다. 얼굴은 진지해 보였지만 아무 감정도 느껴지지 않았다. 나는 조용히 듣고만 있었다.

그가 말하는 동안, 나는 내 마음속에서 서서히 고통이 느껴지는 것을 의식하고, 자세를 고쳐 앉고 싶은 욕구를 느꼈다. 가이가 불편한 듯 의자에서 몸을 옆으로 트는 것을 보면서, 우리

두 사람이 각자 몸에서 느끼는 것이 무엇인지 궁금해졌다.

“도망쳐야 했던 게 당연했네요.” 벽에 걸린 내 그림의 흐릿한 형체에 대한 그의 해석을 기억하면서 내가 말했다. “도망치려는 바람은 희망의 행동이었어요.”

그가 고개를 끄덕였다. “어릴 때는 제가 할 수 있는 게 아무것도 없었어요. 갈 곳도, 기댈 사람도 없었죠.” 그가 조용히 말했다. 어머니는 아버지를 두려워해서 그와 형을 보호할 수 없었다고 한다.

“유일한 희망은 우리 둘 중 한 사람이 사라지는 것이었죠. 아버지가 죽거나 아니면 제가 모든 걸 남겨두고 도망쳐서 다른 나라에서 새로운 터전을 찾는 것이었어요. 아무도 찾지 못하는 곳으로 도망치려고 했죠.” 그가 계속해서 말했다. “어머니는 항상 겁에 질린 것처럼 보였는데, 그런 어머니처럼 저도 숨고, 침묵하고, 눈에 안 띄게 조심하는 법을 배웠어요.” 그는 내 눈을 똑바로 보며 말을 이었다. “선생님께 어떻게 설명해야 할지 모르겠어요.” 그가 말했다. “아버지는 병자예요. 그의 잘못이 아니라는 걸 이해해야 해요. 그게 아버지 부모가 아버지를 키운 방식이고, 아버지 부모는 또 그 부모 손에 그렇게 자랐어요. 다른 방법은 아무것도 몰랐고, 그저 그게 아이를 키우는 옳은 방법이라고 믿었던 거예요. 전 아버지에게 분노하지는 않아요.”

가이의 갈등이 느껴졌다. 그는 아버지와 동일시되는 것과 그와는 달라지고 싶은 마음 사이에 갇혀 있었다. 그는 화를 내고 싶지 않았다. 화를 내면 아버지와 완전히 똑같은 사람이 될 터였기 때문이다. 그런데 법정에 배심원으로 갔을 때는 딸보다 아버지에게 더 공감했다.

안나 프로이트는 '공격자와의 동일시(identification with the aggressor)'를 아이가 학대를 당할 때 사용하는 방어기제로 규정했다. 피해자들은 위협과 무력감에 사로잡히는 대신 공격자의 신념과 행동을 수용하는 방식으로 현실을 이해하고 통제하려고 애쓴다. 아이는 공격자를 흉내 냄으로써 수동성을 행동으로 바꾸고, 그저 피해자로만 있지 않고 남들이나 자기 자신에게 상처를 입히는 사람이 된다. 이런 아이들은 부모와 동일시하고, 자신은 부모의 분노와 처벌을 받을 만하다는 믿음을 마음 깊은 곳에 품는다.

이렇게 보면 폭력적인 부모 대다수가 가이의 아버지처럼 한때는 학대받은 아이였다는 사실도 그리 놀랍지 않다. 가이는 분노만 느끼는 것이 아니다. 그는 여전히 주변 세상을 이해하고, 누가 나쁘고 좋은지를 알아내려고 노력한다. 처리되지 않은 학대는 세대를 거쳐 계속 대물림된다. 각 세대는 이전 세대와 자신을 동일시하는데, 가이는 이런 세대 간 갈등이 표면화된 시점에 있는 것이다. 그는 과거에 대한 충성과 미래를 위한 희망 사이, 조상과의 연결과 과거와 다른 새로운 관계를 만들 기회 사이에서 이러지도 저러지도 못하고 있었다. 어릴 때처럼 다시 감금됐지만, 이번에는 문을 잠가서 가둔 사람이 그 자신이었다.

학대의 순환을 깨는 치유의 과정은 보통 변화의 가능성에 대한 저항으로 가득하다. 이 변화의 가능성은 미래의 해방을 위해 분투하는 자아의 일면과 과거와 이전 세대들과 연결되는 일면 사이의 갈등을 심화한다. 치유는 상반된 감정, 죄책감, 수치심이 가득한 여정이다. 이 과정에는 과거의 유령이 되살아나고, 자유롭게 풀려나기까지 우리의 내적 정체성이 도전받는 고통이 따른다.

가이가 말을 멈추고 시계를 봤다. "이 일에 관한 이야기는 여기까지만 하죠." 그가 말했다. "지금 얘기 나눈다고 무슨 의미가 있겠어요? 과거를 바꾸지는 못하잖아요."

가이는 탁자 위에 올려뒀던 물건들을 주섬주섬 챙겼다. 열쇠를 손에 들고 그가 나를 보면서 말했다. "선생님, 결국 저는 제 목숨을 구했어요. 전 뉴욕에서 거의 20년째 지내고 있어요. 도망칠 수 있었어요."

표면화된 모든 감정을 처리하려면 시간이 필요하다는 것을 나는 잘 알고 있었다. 가이는 살아남기 위해서 뉴욕으로 옮겨왔지만, 그의 과거는 늘 그렇듯이 그를 쫓아다녔다.

그는 탁자에 열쇠를 다시 올려놨다. "시간이 아직 5분 남았네요." 그가 말했다. "내일 배심원단에 다시 참석해야 해요. 선생님이 저와 함께해주실 수 있으면 참 좋을 텐데." 그가 껄껄 웃었다. "농담이에요. 법정에서 그 딸아이가 어릴 적 이야기를 설명하는 걸 듣고 싶지 않으실 거예요. 무지막지하거든요."

"오늘 우리 상담도 무지막지했죠." 내가 말했다. "어릴 때, 내가 안심하고 용감해질 수 있게 어머니가 함께해주시면서 날 보호해줬다면 얼마나 좋았을까 하는 생각을 항상 했겠어요."

그는 다시 시계를 봤다. "시간이 끝났네요. 아무래도 이번 주에 다시 한번 와야겠어요." 그가 말했다. 고통에서 물러나는 게 아니라 한 발 더 가까이 다가서는 결심이었다. '생각보다 용감하구나.' 나는 생각했다.

우리는 목요일에 다시 만나기로 약속을 잡았다.

그날 밤에 꿈을 꿨다. 꿈에서 가이와 나는 큰 성에 있었다. 우리는 광부들이 쓰는 안전모를 쓰고 손전등을 들고서 지하실로 내려갔다. 뭔가를 찾는 것이 분명했다.

"제 형을 구하려고 선생님을 여기로 데리고 왔어요." 가이가 말했다. "형은 지금 붙잡혀 있어요."

성은 어두웠고, 나는 길을 잃어버린 게 아닐지 걱정됐다. 가이가 무섭다고 말했다. "우리 어서 도망가요. 여긴 유령이 가득해요." 그가 말했다.

"용기를 내야 해요." 나에게 하는 말인지 그에게 하는 말인지 모르지만, 내가 이렇게 말하는 소리가 들렸다.

과거의 유령이 가이의 삶을 지배하고 있었다. 그와 나는 지난날의 트라우마를 다시 돌아보고, 어린 시절의 그 자신(살아남기 위해 도망치면서 남겨둔 어린 소년)의 이야기를 듣는 과정에 있었다. 이제 우리에게는 그가 삶의 지하실에 남겨둔 모든 것, 앞으로 나아가고 삶을 살아 나가고 진정한 사랑을 하는 데 방해가 되는 모든 것을 밝게 비출 손전등이 필요했다.

~

목요일은 날씨가 따뜻했다. 가이는 미소지으며 걸어 들어왔다.

"날씨가 월요일하고는 딴판이네요. 정말이지 우리 인생은 예측할 수가 없다니까요. 제 기분도 달라졌어요. 월요일에 감정이 너무 격했던 것 사과드려요." 그는 내 얼굴을 보더니 갑자기 킥킥 웃었다. "방금 표정이 너무 웃겼어요." 그가 말했다. "선생님이 무슨 생각을 하시는지 알 것 같아요." 그는 장난기 있고 다정한 어조로 말했다. "'뭘 사과하는 거야? 바보 같으니'라고 생각하셨죠?"

나는 내가 그에게 모성애적인 감정을 느꼈고 그런 감정이 내 얼굴에 드러난 것을 그가 알아봤음을 깨달으면서 웃었다. 그의 말이 맞았다. 나는 그가 무엇에 대해서 사과하는 것인가 싶었다.

"월요일에는 어릴 때의 자아인 어린 소년이 목소리를 낼 수 있게 허용했던 거였어요." 내가 말했다. "제가 그 소년의 목소리를 들은 건 그때가 처음이었고요. 그 소년은 예민하고, 연약하고, 큰 정신적 상처를 입은 상태였어요."

놀랍게도 가이는 이렇게 말했다. "그리고 감금돼 있었죠." 꿈에서 본 이미지가 떠올랐다. "빨리 뵙고 싶어서 며칠 동안 기다리기가 힘들었어요. 제가 큰일을 해낸 걸 말씀드리고 싶었거든요." 그는 잠시 말을 멈췄다가, 무슨 뜻이냐고 내가 물어볼 틈도 없이 바로 이어서 말했다. "화요일에 법정에서 제가 그 아버지에게 유죄 표를 던졌어요." 그는 자랑스러운 듯했다. "저는 그 사람 눈을 똑바로 바라봤죠. 그리고 평생 처음으로 두려움을 안 느꼈어요. 저는 선생님을 떠올리면서 저 자신에게 이렇게 말했죠. '그거 알아? 죄책감을 느껴야 하는 건 네가 아니라 저 사람이야.'"

우리는 말 없이 앉아 있었다. 나는 그가 아버지에게 저항하기가 얼마나 힘들었는지, 어린 시절을 기억하고 어린 시절의 자기 자신인 학대받은 아이를 보호할 수 있게 마음을 여는 것이 얼마나 고통스러운지 잘 안다. 가이는 법정에 나를 '데리고' 가고 싶어했다. 곁에서 지켜줄 부모가 있었던 적이 결코 없었기 때문에, 혼자서 자신을 지키지 못할까 봐 걱정됐기 때문이었다.

가이가 침묵을 깼다. "어릴 때 아버지 눈에 띄지 않도록, 방에서 쥐 죽은 듯이 숨소리 하나 안 내려고 애쓰면서 숨어 있던 생각을 하니 부끄러웠어요. 어머니처럼 약하고 자기 자신을 보호하지 못하고, 아버지처럼 화를 내는 저 자신이 싫었어요. 형인 램이 아버지의 주요 표적이 되어 있는 동안 혼자 숨어 있는 게 부끄러웠죠." 가이는 말을 멈추고 시계를 봤다. "아, 아직 시간이 조금 남았네요. 있잖아요. 며칠 전 법정에 다녀온 날, 밤중에 이런 생각이 들더라고요. 제 형이 법정에 나왔던 딸이라는 생각이요."

"어떤 면에서요?" 내가 물었다.

"저희 형은 법정에 나왔던 딸처럼 맞서 싸웠거든요. 형은 두려워하지 않았어요. 저는 옆에서 형을 보면서 약간의 질투를 느꼈어요. 형이 정말 용기 있어 보였거든요. 그렇지만 죄책감도 들었죠. 아버지의 공격은 주로 형을 향했고, 그동안 저는 숨을 수 있었으니까요. 그런데 형이 열다섯 살쯤 돼서 키가 거의 아버지만큼 컸을 때 이런 일이 있었어요. 하루는 형이 학교에서 여자 친구를 데리고 집에 왔는데, 아버지가 화를 내면서 여자 친구가 보는 앞에서 따귀를 때렸어요. 저 같으면 아버지에게 잘못했다고 빌었겠지만, 형은 그러지 않고 천천히 아버지 앞으로 걸어갔어요. 그리고 아버지 이마에 손가락을 대고서 성난 목소리로 속삭였어요. '당신, 앞으로 나한테 한 번이라도 더 손찌검하면 죽여버릴 거야! 알아들었어?' 아버지는 뒤로 물러났고, 형은 자리를 떠나서 가버렸어요. 제가 알기로 그게 아버지가 형을 마지막으로 때렸던 때예요. 어머니와 저는 아무 일 없었다는 듯 슬그머니 자리를 벗어났던 기억이 나요. 형이 역할을 바꿔서 공격자가 되다니, 믿어지지 않았어요. 갑자기 아버지가 불쌍하게 느껴졌던 기억이 나네요. 아버지를 도와드리고 싶은 생각까지 들 정도였어요. 아주 기가 막히죠?" 가이의 목소리가 점점 커졌다. "스무 살이 됐을 때, 집을 나왔어요. 미안하지만, 떠날 수밖에 없었어요. 무조건 그래야 했죠." 화난 목소리로 그가 말했다.

"무엇 때문에 미안한 거죠?" 내가 물었다.

"무슨 말씀이세요?"

"방금 '미안하지만'이라고 그랬잖아요."

"제가요?" 가이는 놀란 얼굴로 나를 봤다. "그랬나 보네요. 아마 제가 사과할 게 있다고 느끼나 보네요. 그렇지 않을까요?

모든 걸 남겨두고 도망치듯 떠나야 했던 것이 안타까웠을지 모르죠. 가족 모두 병자인데, 두고 왔으니까요. 저는 목숨을 구했지만, 가족들은 어떻게 됐을까 싶었을지도요."

그들을 떠났는데도 애착 관계를 형성한 사람들에 대한 의리 때문에 우리의 일부가 그들과 함께 남아 있는 경우는 흔하다. 또 부모는 우리 허락도 없이 우리 내면에 들어와 사는 경향이 있다. 부모와의 관계는 우리가 맺는 첫 번째 관계이며, 미래의 관계는 그들과의 대화 속에서만 존재한다.

가이는 멀리 떠나와야 했지만 떠나온 것과 살아 있는 것에 대한 죄책감으로 여전히 힘들어한다. 나중에 그에게 들은 바에 따르면 그는 뉴욕에서 아직 만족할 만한 집을 마련하지도, 함께 할 연인을 찾지도 못했다. 그는 남을 사랑하거나 신뢰할 수 있을지 자신이 없으며, 사랑하는 사람들을 잔혹함과 학대의 유산으로부터 지킬 수 있다고도 당연히 믿지 못한다. 혼자가 되는 것은 숨기에 가장 좋은 방법이며, 따지고 보면 숨는 것이 그가 생존할 수 있는 유일한 방법이다.

가이는 첫 상담 때 회색 겨울 코트에 몸을 숨긴 채로 내가 누구인지 궁금하고 내가 남겨두고 떠나온 사람들이 궁금해서 뒷조사를 했다고 내게 말했었다. 그는 상담치료가 자신에게 맞을지 의문을 가졌다. 진솔한 관계를 맺는 것이 곧 자신에 대한 정보를 다 내보이는 것이라고 느끼는 가이는 과연 약해진 것 같은 기분이나 위협받는 기분 없이도 그런 관계를 맺을 수 있을까? 또 굴욕이나 수치를 느끼는 일 없이, 학대받은 어린 시절의 자신을 치유할 수 있을까? 언젠가는 사랑하고 사랑받을 수 있을까?

상담치료를 시작하고 1년이 지난 어느 눈 오는 날, 그는 나를 찾아와서 고개를 끄덕하며 인사하고, 차분한 목소리로 말했다. "이런 겨울 날씨에 슬슬 익숙해지는 것 같네요."

그는 코트를 벗고 미소 지었다. 그가 많이 달라졌음을, 우리 두 사람은 느꼈다.

11

검토되지 않은 삶

앨리스는 나이보다 어려 보인다. 아마도 길게 늘어뜨린 검은색 생머리 때문이거나 아니면 첫 상담 때 운동복 바지에 운동화 차림으로 와서 내가 젊게 봤을지도 모른다. 그녀는 마흔 살 생일이 지난 직후에 나를 찾아왔다. 그래서인지 어느새 나이가 우리 대화의 화제가 됐다.

앨리스가 아트를 만난 것은 내가 듣기로 앨리스가 30대 후반이었을 때다. 이혼한 직후의 일이었고, 그녀는 아이를 낳기에 나이가 너무 많은 것 아닌지 걱정했다.

"전 결혼에는 관심 없어요." 첫 상담 때 그녀가 내게 말했다. "제가 다섯 살 때 부모님이 이혼하셨어요. 이혼 과정이 평탄치 않았고, 아버지가 공식적으로 재혼한 뒤로는 가족사진에서 완전히 사라졌어요."

나는 '공식적으로 재혼했다'는 것이 무슨 의미인지 물었다.

앨리스는 넌더리 난다는 표정을 지었다. "그것 때문에 상담받으러 온 건 아니지만, 제가 겪는 문제와 관련은 있겠네요." 그녀가 말했다. "전 더럽게 재수 없는 어린 시절을 보냈어요. 그런데 이 역시 제가 상담받으러 온 이유는 아니에요."

"그럼 왜 오신 거죠?" 내가 물었다.

"곧 아이가 생기거든요." 앨리스의 말에 나는 조금 놀랐다. 전혀 임신한 사람처럼 보이지 않았기 때문이다.

"몇 년 동안 임신하려고 애썼거든요. 비밀인데요, 함께 살기 시작한 첫 주부터 저희 둘 다 아이를 원했어요. 하지만 임신이 안 됐죠. 별의별 방법을 다 써봤어요. 시험관 아기 시술도 몇 차례나 했어요." 그녀는 내 쪽으로 고개를 돌렸다. "시술을 받는 데 비용이 얼마나 많이 드는지 아세요? 온 가족이 돈을 보탰어요. 어머니와 새아버지는 저축해둔 돈을 주셨고, 아트의 누나도 돈을 보내줬어요. 창피해서 얼마나 많이 들었는지는 말을 못 하겠네요. 산부인과 대기실에 앉아 있는 동안 주위를 둘러보면서 이렇게 생각했죠. '다들 부유층인가 보다. 그런데 지금 나도 여기에 끼어 앉아 있구나.' 그러니 시술이 잘 안 됐을 때 기분이 얼마나 끔찍할지는 상상이 가실 거예요. 단순히 아기가 안 생기는 것이 아니라 엄청난 돈을 쓰고도 임신이 안 되는 거예요. 그야말로 나쁜 유전자죠."

"잠깐만요." 내가 제대로 듣고 이해했는지 확인하려고 그녀를 멈춰 세웠다. "그러니까 20대에 결혼했는데 그때는 아이를 갖지 않았고, 30대에 이혼하고 새로운 사람을 만난 뒤에 곧바로 임신하려고 노력했는데—"

"맞아요." 앨리스가 내 말을 끊고 대답했다. "아트하고 저는 둘 다 결혼한 적이 있지만, 저희 두 사람의 사랑은 예전에 한 경험과는 차원이 달랐어요. 만난 첫날부터 아주 열정적이었죠. 나중에 언젠가 그 얘기도 해드릴게요."

"그런데 상담치료를 받으러 온 건 곧 아이가 태어날 것이어서라고요." 내가 말했다.

"네, 그래요." 앨리스가 대답했다. "다른 어떤 사람이 곧 제 아이를 낳을 거예요."

"대리모인가요?" 내가 물었다.

"네. 난자 공여도 받았어요. 생물학적으로는 제 아이가 아니에요. 성별은 딸이고요." 내가 관련 정보를 모두 파악할 수 있도록 그녀가 덧붙여 말했다. 그런데 그녀가 감정적으로 어떤 상태에 있는지는 파악할 수가 없었다.

앨리스는 계속 말했다. "그래서 결국 이 아기를 만드는 데 세 명이 관여한 거예요. 난자 공여자, 대리모, 그리고 저요. 저는 지금까지는 기여한 역할이 없지만요. 네 번째 당사자는 아트예요. 이 아이는 생물학적으로 아트의 딸이 될 거예요. 아트가 첫 결혼에서 얻은 딸이 있다고 말씀드렸던가요? 그 아이 이름은 릴리인데, 아주 대단한 아이예요. 저는 릴리를 보고 아트 유전자가 뛰어나다는 걸 알았죠." 그녀가 방긋 웃었다.

"아, 한 가지 더요." 앨리스가 계속 말했다. "저희는 시험관 아기 시술을 받느라고 이미 가족들 통장을 모조리 탈탈 털어서, 앞으로 대리모 비용을 어떻게 낼 건지 방법을 찾아야 해요. 대출을 받았는데, 이건 정말 미친 짓이에요. 이것도 나중에 자세히 말씀드릴게요."

"이야기 나눌 게 많네요." 나는 이렇게 말하며 앨리스가 탐색하고 싶어하는 감정적인 어려움에 관한 이야기로 접근하기 위해 질문을 던졌다. "이 모든 걸 어떻게 감당하고 계시죠?"

앨리스는 대답하지 않았다.

"사실, 잘 모르겠어요." 그녀는 잠시 뒤에 조용히 이렇게 말했다. "제 기분이 어떤지 잘 모르겠어요. 어떤 날은 저 자신이 실망스러워요. 상처 입은 기분이 들고, 실패자가 된 것 같고, 이 아기에게 아무것도 아닌 사람이 될 거란 생각을 해요. 그러다가 또 어떤 날에는 안도감을 느껴요. 임신하고 출산하는 과정이 별로 재밌어 보이지는 않거든요. 건너뛴다고 애석할 것 같지는 않아요. 그리고 실제 이유는, 아주 끔찍한 소리처럼 들릴지 모르지만, 제 유전자를 가지지 않은 아이를 갖고 싶어서예요. 그러는 게 아이를 위해서 더 나을 거예요."

나는 더 자세한 내용을 듣고 싶었다. "왜 아이가 본인 유전자를 물려받지 않았으면 하는 건가요?"

"저는 고통에서 비롯됐어요." 앨리스가 말했다. "불운과 트라우마가 우리 집안의 DNA에 들어 있죠. 저희 어머니는 끔찍한 영화에 나오는 것 같은 너무나 고통스러운 어린 시절을 보냈어요. 어머니가 여덟 살쯤 됐을 때 가족이 미국에 이민을 왔는데,

오는 길에 외할머니가 목숨을 잃었어요. 묻을 장소를 찾을 때까지 시신을 들고 다녀야 했죠. 어머니는 친아버지에게 성폭행을 당한 게 분명하지만, 가족들은 아무도 그 이야기를 꺼내지 않았어요. 보셨죠? 제가 트라우마라고 했을 때는, 진짜 트라우마를 얘기한 거예요. 저는 심리상담을 받아본 적이 없어요. 저희 어머니도 상담을 받은 적이 없고요."

"그럼 두 사람 모두를 위해서 상담받으러 온 거네요." 내가 말했다.

"맞아요." 앨리스가 대답했다. "제가 이 비극의 순환을 멈출 수 있었다면, 또 한 명의 비참한 여자가 될 아기를 키우는 것에 대해 그렇게까지 걱정하지는 않을 거예요. 어머니에게 제가 물려받은 불운을 다시 물려받은 딸을 낳는 건 제가 절대 원하지 않는 결과예요."

"또 한 명의 비참한 여자…." 내가 그녀의 말을 되풀이했다.

"맞아요." 그녀가 말했다. "어머니는 자신이 비참하다는 것을 절대 인정하시지 않을 거예요. 히피가 된 것도 그래서예요. 그게 무슨 뜻인지 선생님은 아직 모르시겠지만요. 어머니는 늘 웃는 얼굴을 하고 있어요. 각자의 치유와 영적인 여정에 집중해야 한다고 믿으면서요. 그러면서도 결코 행복하지 못했어요. 어머니는 충격적인 어린 시절을 보냈고, 결혼에 두 번 실패했고, 사회생활에서도 실패했죠. 제가 어릴 때 어머니는 온종일 저하고 같이 집에 있었어요. 집에서 저와 늘 함께 있을 수 있어서 얼마나 좋은지 모른다고 말하면서 하루에도 수도 없이 제 머리를 빗겨서, 머리 빗는 데는 이력이 나 있었죠. 저는 항상 곱슬곱슬한 머리를 길게 늘어뜨리고 다녀서 머리가 잘 안 빗겨졌거든요. 저는 어머니가 머리가 잘 안 빗겨진다고 말하는 게 너무 싫었어요. 어머니의 언짢은 기분이 느껴져서요. 어느 날 학교 모임에서 부모님들이 서로 자기소개를 하는 자리가 있었어요. 저의 어머니가 얼굴에 밝은 미소를 띠고 '전 앨리스 엄마이고, 머리 빗기는 전문가예요'라고 말하는데, 그땐 정말 죽고 싶었어요." 앨리스는 미소 뒤에 감춰진 어머니의 숨겨진 고통을 내가 인식했는지 확인하려고 내 얼굴을 쳐다봤다.

"그런가 하면, 어머니는 적당한 기회가 생기기만 하면 매번 며칠씩 자취를 감췄어요. 의붓남동생과 저를 새아버지에게 맡기고 수련회에 다녀오곤 했어요. 집에 돌아오면 남동생하고 잠을 잤죠. 한동안 저는 동생을 재우다가 잠이 드는 거라고 믿었는데, 크고 보니 새아버지하고 같은 침대에서 자고 싶지 않아서 그랬다는 걸 알겠더라고요." 앨리스가 말했다. "어머니는 새아버지를 진심으로 사랑했던 게 아니라 적당한 절충안으로 새아버지를 선택했던 거였어요. 혼자 인생을 살기는 너무 무서워서 남편이 필요했던 거죠. 어머니가 원하는 삶을 살지 못하는 것이 너무 안타까웠어요. 그래서 예전에는 새아버지를 탓하곤 했는데, 새아버지가 어머니를 행복하게 해줬으면 해서 그랬던 것 같아요. 그러면 **제가** 어머니를 행복하게 해드려야 할 필요가 없으니까요."

앨리스는 말이 아주 빨랐고, 거의 쉬지 않고 이야기했다.

그녀는 말하는 도중에 계속해서 손톱을 만졌다. 손톱 옆의 굳은 살을 피가 날 때까지 물어뜯은 흔적이 곳곳에 보였다.

"오해하지는 마세요. 어머니 삶을 망쳐 놓은 가장 큰 원인으로 제가 생각하는 사람은 제 친아버지예요." 그녀가 말을 이었다. "전 아버지가 정말 싫었어요. 그런데 어머니는 친아버지에게 화를 냈던 적이 한 번도 없었어요. 바람을 피웠다는 걸 알고 나서도, 다른 여자와 살려고 어머니를 버렸을 때도요. 어머니는 저희 아버지가 어머니에게 큰 상처를 줬고, 아버지에게 버림받은 것이 그토록 가슴 아팠던 이유는 여덟 살 때 세상을 떠난 외할머니가 떠올라서라고 종종 얘기했어요. 어머니는 저희 아버지와 있었던 일을 결코 극복하지 못했죠. 아버지는 끔찍하게 형편없는 사람이었거든요. 딴 살림을 차렸었다고 제가 말씀드렸던가요?" 이렇게 말하고 앨리스는 시계를 봤다.

숨이 찰 지경이었다. 앨리스가 쉬지 않고 이야기하는 것을 들으면서 수많은 감정이 쏟아져 들었지만, 소화할 틈이 없었다. 나는 지금 내가 느끼고 있는 감정이 그녀가 늘 경험하는 감정이리라 추측했다. 넘치는 정보로 벅찬 기분을 느끼면서, 나는 내면에서부터 그녀를 알아갈 수 있었다. 내게는 상황이 벌어지는 것을 막거나, 이해하거나, 정보를 처리할 방법이 없었다.

첫 상담이 끝날 시간이었고, 내게는 많은 질문이 남았다. 나는 앨리스 어머니의 가슴 아팠던 과거, 앨리스의 불운, 앞으로 태어날 딸에게 같은 미래가 반복되지 않게 도와주고 싶은 소망 사이에 암시적인 연관성이 있다는 것을 알았다.

앨리스와 나는 일주일에 두 번씩 만나기로 했다.

며칠 뒤 앨리스가 다시 찾아왔다. 놀랍게도, 그러면서도 동시에 다행히도, 그녀는 이야기를 중단했던 곳에서 다시 말을 이어나갔다. 첫 상담 이후 기분이 어땠는지 물어보고 싶었다. 나는 보통 두 번째 상담 시간에 그 질문을 던진다. 그런데 앨리스는 다급한 마음을 내게 행동으로 전했다. 그녀는 재빨리 자리에 앉더니 곧바로 하려는 말을 시작했다.

"기본적으로 아버지한테는 딴 식구가 있어요." 그녀가 말했다. "다른 여자와 자식들을 뒀는데, 제 어머니에게 발각되자 아버지는 집을 떠났어요. 어머니가 그 사실을 어떻게 알아냈는지는 잘 모르겠지만, 어머니가 얼마나 큰 충격을 받았을지는 상상할 수 있으실 거예요. 지난 시간에 여기까지 얘기했었죠, 그렇죠?"

나는 고개를 끄덕였다. "지난 시간에 어머니의 과거에 대해서 말해주었어요." 내가 말했다. "그리고 남편에게 버림받았던 일은 어머니에게 일찍 돌아가신 외할머니를 상기시킨다고 했었죠. 어머니가 분노에서 분리된 상태라는 것과 어머니에 대한 아버지의 행동에 분노를 느낀다고 설명했고요."

앨리스는 조금 어리둥절한 듯했다. "선생님 말씀이 맞는 것 같네요." 내가 표현한 방식이 그녀에게는 새롭게 느껴진다는 것을 나는 알고 있었다.

앨리스는 자신을 키워준 어머니와의 동일시와 어머니를 아끼는 깊은 마음을 짚어 나가기 시작했다.

"어머니는 용감한 분이에요. 많은 고통을 안고 있으면서도 자기를 버린 남편을 용서할 수 있었고 더 나아가 행복을 빌어주기까지 했어요." 앨리스가 말했다. "어머니는 아버지보다 훨씬 큰 사람이었죠. 그리고 아버지가 외도했다는 사실이 밝혀진 뒤에 어머니 쪽 친척들이 아버지를 '괴물'이라고 부르며 욕했는데 어머니는 친척들에게 그러지 말아달라고 부탁했어요. 자기가 부족해서, 남편에게 필요한 것을 충족시켜주지 못해 유감스럽다고 말하곤 했어요. 저는 한동안 어머니의 그런 태도 때문에 화가 났어요. 어머니 눈에 맺힌 슬픔과 배신당한 충격에서 벗어나려고 힘겨워하는 모습이 보였거든요. 사춘기 때는 아버지와 평생 말도 안 하고, 절대 용서하지 않겠다고 맹세했어요. 그런데 그래도 저한테는 아버지니까 이해하려고 애써야 한다고 저를 설득한 사람은 바로 어머니였어요. 하지만 어머니가 그렇게 말할수록 저는 더 화가 났어요. 저는 '난 이런 개자식한테는 관심 없어'라고 말하면서 아버지 전화에 절대 응답하지 않았어요.

처음에는 아버지가 저한테 매일 전화를 했어요. 그때 저는 겨우 다섯 살이었고, 어머니가 억지로 시키니까 1분 정도씩 전화로 대화를 나누곤 했죠. 그러다가 제가 중학생이 되고 나서는 아버지가 일주일에 한 번씩 전화했는데 저는 바쁘다는 핑계로 전화를 받지 않았고 다시 전화를 걸지도 않았어요. 어느 시점부터는 아버지가 전화를 하지 않았어요. 아버지는 새 여자와 새로운 삶을 살았고, 아버지에게 저는 더 이상 존재하지 않는 사람처럼 느껴졌어요."

앨리스는 쉼 없이 계속 말했다. 어린 시절에 관한 이야기를 듣는데, 앨리스가 분노할수록 내 마음은 점점 더 슬퍼졌다.

"1년 전쯤에 아버지에게 연락했었다고 제가 얘기했던가요?" 그녀가 물었다. "아버지의 입장을 들을 준비가 됐다고 생각했어요. 아버지는 제 연락을 받고서 아주 기뻐하고, 저를 만날 때 엄청나게 긴장하셨죠. 저하고 계속 연락을 주고받고 부녀 관계를 바로잡을 수만 있다면 뭐든지 하겠다고 하셨어요. 그런데 사실 바로잡을 게 딱히 없었어요. 그때 저는 그분이 더는 제 아버지가 아니라는 걸 깨달았거든요. 전 이제 성인이고, 그분은 제 어린 시절을 놓쳤어요. 그분은 그저 생물학적으로 연결되어 있을 뿐, 이제 저와 아무런 관련이 없어요." 앨리스는 잠시 생각하는 듯하더니 이렇게 덧붙였다. "어머니가 아버지를 거부하라고 강요하지는 않았다는 걸 알아주셨으면 좋겠네요. 그건 제 선택이었어요."

앨리스는 처음으로 어릴 때 잃어버렸던 것을 인식하기 시작했다. 그녀는 어머니를 보호하며 충성했고, 아버지와는 소원해졌다. 앨리스는 어릴 때 아버지라는 존재가 중요하지 않다고 생각했다. 그녀는 아버지와 좋은 관계를 유지하는 친구들을 봐도 질투하지 않았고, 어머니와 둘이서 잘 지내는 한 아버지가 없는 게 더 낫다고 믿었다.

보이지 않는 곳에서 작용하는 무의식적인 역학관계는 어머니가 살아온 삶을 앨리스가 반복하도록 만들고 있었다. 앨리스는 자신이 어머니의 유전적 '불운'을 물려받았다고 믿지만, 사실 그것은 자기 어머니와의 동일시이자 어머니를 치유하고자 하는 앨리스의 무의식적인 시도였다. 그리고 이러한 시도는 어머니가 겪었던 심리적 고통을 앨리스가 똑같이 겪게끔 만들어 또다시 부모를 잃은 딸의 드라마를 펼쳐냈다. 어머니의 트라우마는 앨리스의 어린 시절에서 재연됐다. 그녀의 어머니처럼 앨리스 역시 한 부모를 잃고 다른 한 부모와 성장했으니 말이다.

앨리스의 상실은 그녀의 어머니와는 달리 한 부모를 잃은 딸의 비극으로 해석되지 않았다. 이런 재연을 통해서 앨리스와 어머니는 어머니의 역사를 함께 다시 체험할 수 있었지만, 이번에는 통제에 대한 환상이 개입되어 있었다. 앨리스는 아버지와의 관계를 끝내는 것이 자신의 선택이라고 믿었다. 그녀는 어머니처럼 슬퍼하는 대신 분노했다. 버림받는 대신 남을 버리는 위치에 섰다. 앨리스와 어머니는 어머니의 트라우마를 바로잡고 치유하는 무의식적인 환상을 공유하고 있었다.

아버지를 잃은 앨리스의 상실은 인식되지 않은 상태로 방치됐다. 애도와 슬픔은 오로지 어머니에 대해서만 느끼는 감정이었다. 사랑하는 남편을 잃은 사람은 어머니였으며, 앨리스는 어머니의 감정적인 보호자가 되어 어머니가 외할머니에게서 한 번도 받아보지 못했던 것들을 대신 충족시켜주었다. 앨리스와 나는 어머니의 욕구와 앨리스의 욕구를 구별해나가면서 이런 가족 역학에서 앨리스에게 실은 얼마나 많은 선택의 여지가 있었는지 질문하기 시작했는데, 이런 질문을 던진 것은 처음이었다.

"어머니는 재혼했지만, 여전히 불행해요. 어머니에게는 아직도 어릴 때의 트라우마가 남아 있어서 어머니가 연약하고 슬픈 기분을 느끼게 만들어요. 어머니는 자기 어머니에 대한 애도를 끝내지 못했고, 남편에게 버림받은 고통에서 결코 회복되지 못했어요."

앨리스는 어머니의 트라우마에 무의식적으로 얽매여 있었다. 나는 그녀가 자신과 주변 사람들에 대한 진실을 밝히려고 애쓰면서 얼마나 혼란스러울지 잘 알고 있었다. 그녀의 부모는 둘 다 서로 다른 면에서 부정직했으며, 앨리스는 부모에게서 받은 이중적인 메시지, 어머니의 분리된 분노, 아버지의 거짓말, 자신의 숨겨진 연약함을 방어하는 기능을 하는 그녀 자신의 공격성으로 힘겨워했다.

그녀는 말을 멈추고 옷 주머니를 뒤졌다. 머리끈을 하나 찾아서 짙은 긴 머리를 재빨리 뒤로 한 가닥으로 묶었다. 그러고 나서 나를 보면서 미소지었다.

"어머니는 지금 거의 일흔이 다 됐는데 어린 여자아이들처럼 머리를 두 가닥으로 길게 땋아 내리고 다녀요. 제가 그 얘기를 했었나요?" 그녀가 물었다.

그 순간 한 가지 생각이 머릿속을 스쳐 지나갔다. 앨리스의 어머니가, 어머니가 있는 자기 딸을 부럽게 여길지 갑자기 궁금했다. 앨리스의 어머니는 돌봐주고 머리 빗겨줄 어머니가 언젠가 생길 것이라는 희망을 품고서 계속해서 어린아이처럼 보이려고 했던 걸까?

어머니가 없이 자랐거나 어머니에게 학대받으며 자랐던 어머니가 자신이 갖지 못했던 어머니를 가진 딸을 원망하는 경우는 드물지 않다. 그런 어머니는 심리치료에서 딸이 자신보다 더 많이 가진 것에 대해 어떻게 보는지, 즉 자신 같은 어머니를 둔 딸을 부러워하는 감정을 확인하게 된다.

앨리스 어머니의 심리를 이해하려고 애쓰면서, 나는 내가 상담 시간에 앨리스를 분석하는 것에서 그녀의 어머니를 분석하는 것으로 전환했음을 인식했다. 나는 이런 현상을, 앨리스가 그녀의 어머니와 얽매여 있는 상황에 내가 무의식적으로 결탁한 것으로 추측했다. 어머니를 치유하고 더 강하게 만들려는 앨리스의 소망을 내가 실행하고 있었던 것이다. 이런 순간에 나는 그녀 어머니의 심리치료사(앨리스 어머니의 어머니)가 된다. 앨리스는 자신이 새로운 가족을 이뤄서 한 아이의 엄마가 되기 위해 떠나 있는 동안 그녀의 어머니를 돌볼 임무를 내게 맡겨둘 수 있을 것이라는 환상을 갖는다.

"어머니를 마음 아프게 만드는 걸 저는 감당할 수가 없어요." 그녀가 말했다. "어쩌면 어머니가 선생님과 상담을 할 수도 있지 않을까요? 트라우마를 치유하는 작업을 할 수 있을지도요. 왜냐하면 제가 어머니와 이야기를 나누려고 하면 즉시 눈물을 흘리면서 '난 좋은 사람이 되고 좋은 엄마가 되려고 최선을 다했다'라고 말씀하시거든요. 그런데 사실 저는 그 말을 믿어요. 어머니는 **정말로** 좋은 분이고, 저는 어머니를 사랑해요. 전 어머니가 최선을 다했다는 걸 알아요."

앨리스의 어머니는 자신이 삶에서 겪은 상처의 원인 제공자가 아니라 피해자라고 느낄 필요가 있었다. 그녀에게 있어 좋은 사람이 된다는 것은 화를 내지 않는다는 것을 의미했다. 반면 앨리스는 자신이 피해자가 아닐 때 더 나은 기분을 느낀다. 그녀는 슬퍼하느니 차라리 화를 내는 편이 마음 편하다. 앨리스와 어머니의 방어 방식에 이런 차이가 나타나는 것은, 앨리스가 어머니와 달리 능동적 행위자가 되어서 자신의 삶을 스스로 통제하고 싶어하기 때문이다.

"달라지려고 무척 많이 노력하지만, 저는 어머니와 너무 비슷해요. 그게 바로 문제예요." 그녀가 말했다. "저는 어머니 젖을 먹고 자랐고, 그 젖이 제 몸과 마음을 형성했어요. 저는 그 누구도 아닌 어머니의 자식이에요. 저한테는 아버지가 없었어요. 새아버지는 바깥에서 온 가족이고, 진짜 가족은 저와 어머니뿐이에요. 그래요, 피해자가 되는 게 싫지만, 저도 어머니처럼 아주 슬픈 어린 시절을 보냈어요. 그리고 저도 이혼했어요. 저는 운이 너무 나빠서 남들이 다 하는 자연 임신조차 안 돼요. 저는 지옥같이 힘든 시간을 거쳐야 해요. 그리고 어머니가 원하셨던 것과 같이 저도 남들이 저를 그냥 내버려두었으면 해요. 저는 제 아기에게 똑같은 미래가 닥치지 않게 보호하고 싶어요. 아트는 대단한 유전자를 가졌는데, 딸아이는 아트의 유전자를 물려받을 거예요."

앨리스는 숨을 깊이 한 번 쉬었다. "이제는 제가 왜 여기 찾아왔는지 아시겠죠." 그녀가 아기 같은 어투로 말했다.

우리는 과거와 미래 사이, 이전 세대와 다음 세대 사이의 명확한 연결고리와 그 한가운데에 있는 앨리스를 확인하고, 양쪽을 연결하고, 어머니를 치유해서 어머니가 굴레에서 벗어나고, 자신의 과거를 이해하고, 더 나은 미래를 만들 수 있게 해보려고 노력했다.

~

두 달 뒤면 아기가 태어날 예정이지만 앨리스는 준비가 안 된 것 같았다.

"어쩌면 제가 이 과정을 너무 늦게 시작한 건지도 모르겠어요." 그녀가 말했다. "아기가 태어나기 전에 말씀드리고 상의드리고 싶은 게 너무 많아요."

나는 아기가 태어나기 전에 해결해야 한다는 긴박감이 무엇 때문에 생긴 것인지 물었다.

앨리스가 짜증스럽게 말했다. "짐작도 못 하실 거예요. 결정해야 할 게 너무 많아요. 게다가 갑자기 너무 많은 감정이 몰려들고, 밤에는 이상한 꿈을 많이 꿔요. 돈은 어떻게 할지, 대출을 어떻게 마련할지 걱정이에요. 사람들은 돈이 중요하지 않다고들 말하잖아요." 앨리스가 화난 목소리로 말했다. "하지만 그런 말을 하는 사람들은 대개 돈이 많은 사람들이라는 것을 혹시 눈치채셨나요? 돈이 필요하지만 없을 때 돈은 아주 중요해요."

앨리스가 돈에 대해서 얼마나 스스럼없이 말하는지를 돌아봤다. 섹스와 돈에 관한 이야기는 사람들이 일상의 삶뿐 아니라 심리치료에서도 흔히 꺼리는 주제로 꼽힌다. 이런 주제는 위선과 거짓말이 가득해서, 사람들이 표현하는 데 불편함을 느끼는 다른 감정과 욕구를 숨기기 좋은 장소가 된다. 공격성, 적대감, 지배와 권력의 욕구 같은 감정뿐 아니라 연약함, 나르시시즘, 트라우마 같은 달갑지 않은 감정은 모두 섹스와 돈을 주제로 표현될 수 있다.

예컨대 섹스는 적대감을 표현하는 수단일 때조차 사랑을 나누는 것으로 보일 수 있다. 그리고 섹스도 돈과 마찬가지로 남을 통제하고, 정서적 불안을 보상하고, 고통을 표현하거나 숨기는 데 이용된다. 돈과 섹스에 관한 이야기를 회피하면 부정적인 감정을 어떤 것이든 감출 수 있다. 가령 심리치료에서 치료사에 대한 부정적인 감정은 치료비를 늦게 지불하는 방식으로 표현될 수 있다. 돈에 관해 대화하는 것을 너무 곤란해하면 내담자가 숨기고 싶어하는 감정을 드러내고 처리할 기회를 놓칠 수도 있다.

앨리스는 아이를 갖는 과정에서 드는 비용에 대해 언급하고, 재정적으로나 감정적으로 감당하기 힘든 모든 것에 대한 그녀의 감정을 살펴보았다. 막대한 경제적 부담은 그녀가 가진 자기 회의와 수치심이라는 더 큰 짐의 일부분이었다.

아이를 갖는 과정에 금전적 거래와 의학적 측면이 수반될 때, 즉 부부의 침실을 벗어난 곳에서 진행될 때는 '사랑에서' 태어나는 아기라는 로맨틱한 환상은 흔히 깨진다. 난임은 여러 방면에서 극도의 수치심을 불러일으키고, 손상되고, 저주받고, 형편없고, 망가지고, 못쓰게 되는 것 같은 가장 침울한 느낌과 두려움을 불러일으키기도 한다. 이는 한 사람의 신체와 존재에 대한 본질적인 불안을 건드리는 깊은 상처다.

다른 많은 이들처럼 앨리스도 임신이 안 되는 것이 자기는 아기를 가져서는 안 되고, 그럴 자격이 없으며, 좋은 엄마가 되기 힘들다는 신호일지 모른다는 느낌과 힘겹게 싸웠다. 그녀는 이런 고통스러운 감정을 밀쳐내려고 노력했다. 그녀는 자신을 안 좋은 유전자를 가진 흠이 있는 사람으로 생각했지만, 그러한 실망에 맞서 자신을 방어했다. 그녀는 스스로에게 실망한 상태이면서도 다른 사람들, 특히나 내가 뒤에 들었던 것처럼 대리모를 실망시키지 않을까 하는 문제에 정신이 팔려 있었다.

"대리모가 이 과정에 제가 참여하기를 바라는 것 같은데, 제가 전화하는 걸 자꾸 잊어버려요. 대리모나 아기한테 너무 신경을 못 써주는 것 같아서 죄책감이 드네요. 어떤 사람들은 대리모와 며칠에 한 번씩 통화한다고 하더라고요. 저는 아주 가끔 한 번씩 전화하는 게 전부예요. 제가 뭘 물어봐야 하죠? 기분이 어떠냐고요? 물론 자주 전화해서 물어볼 수 있지만, 그렇게 되면 진심이 안 묻어날 거예요. 저는 어떻게 지내는지에 대한 시시콜콜한 내용은 별로 듣고 싶지 않아요. 제가 지금 내려야 할 가장 어려운 결정은 분만할 때 제가 곁에 있는 게 좋을지 아닐지의 여부예요. 그러니까, 분만실에 같이 들어가야 할까요? 어떻게 생각하세요?"

"다른 누군가를 통해서 아기를 낳으면서 그저 편안하고 행복한 척하는 건 힘들지 않을까 싶어요. 그런 경험은 긍정적인 감정이든 부정적인 감정이든 많은 감정을 불러일으키죠. 모욕적이고 실망스러울 수도 있어요." 내가 말했다.

"맞아요." 앨리스가 동의했다. "이해해주는 사람을 드디어 만났네요. 사람들은 잘 이해 못 해요. 다들 정말 기쁘고, 곧 아기를 만날 수 있어서 기대된다면서 마치 모든 게 잘된 일인 듯 얘기해요. 얼마 전 한 친구가 '아이를 일단 낳으면, 아기가 어떻게 세상에 나왔는지를 바로 잊어버린다'고 하더라고요. 정말 말도 안 되는 소리예요." 앨리스는 화가 난 듯했다. "다들 너무 멍청해서이거나, 아니면 그저 저를 불쌍하게 여겨서 위로하려고 하는 말이죠. 그렇지만 그런 말은 부정직하고, 저를 완전히 투명인간처럼 느끼게 만들어요. 마치 제가 겪는 일이 그들 눈에 안 보이는 것처럼요. 게다가 저는 대리모가 출산할 때 분만실에 같이 들어간다는 게 너무 섬뜩하게 느껴져요. 만일 제가 아이를 낳는다면 누군가가 제 다리 사이를 쳐다보며 서 있는 걸 바라진 않을 거예요. 저는 대리모의 사생활을 지켜주고 싶어요. 모르겠어요. 대리모는 어떻게 생각할까요? 다른 사람들은 어떻게들 할까요?"

나는 앨리스가 다른 여자가 자신의 아기를 낳는 것을 목격하는 것이 얼마나 고통스러울지 몰라서 두려워하는 것이라고 믿었다.

"제가 볼 때는 분만실에서 본인이 어떤 기분을 느낄지를 걱정하는 것 같아요." 내가 말했다.

"저는 그 자리에 끼지 못하는 외부인(outsider)이 될 거예요." 앨리스가 말했다. 그녀는 잠시 침묵한 뒤 이렇게 덧붙였다. "이제는 아버지들의 기분을 이해해요. 배 속에 아기를 가지고 있지도, 아기를 낳지도, 젖을 먹이지도 않잖아요. 관여할 것이 아무것도 없어요. 그러고 보니 그다음에 올 딜레마가 저를 기다리고 있네요." 그녀는 같은 상황에 놓인 많은 여성이 고민하는 문제를 털어놓았다.

"호르몬제를 투여하고 모유 수유를 해야 할까요? **선생님**은 어떻게 생각하세요?"

나는 앨리스가 외부인이 되는 것과 아버지가 되는 것을 관련지은 연결점에 대해 생각했다. 그녀와 그녀의 어머니는 내부인이었고 아버지는 외부인이었다. 그녀가 현재 느끼는 갈등은 그녀의 가족사와 관련이 있었다. 그녀에게 있어, 사랑하기 위한 유일한 방법은 아버지가 아닌 어머니가 되는 것뿐이었다. 그녀가 아이를 출산하고 모유 수유를 할 수 없는 데 대한 두려움으로 힘겨워한다는 것은 그녀가 어머니라기보다는 아버지라는 것을 암시한다. 성별을 이분법적으로 나누는 것의 문제는 자신의 인식에서 유동성을 허용하지 않는다는 데 있다. 이런 사고는 '진짜 여성'이 못 되는 데 대한 수치심을 자극해서 그녀가 자신이 평소에 신뢰하지 못하던 아버지라는 존재가 되는 것에 대한 두려움을 불러일으켰다.

"아기를 사랑할 수 없을까 봐 걱정되나요?" 성(gender)과 사랑을 명확히 연결지으면서 내가 말했다.

"네, 정말 그래요." 앨리스가 고개를 끄덕였다. "제 배로 낳지 않고 젖을 먹이지도 않으면서 제가 앞으로 그 아이를 사랑할 수 있을지 어떻게 확신하겠어요? 그런 사랑 호르몬 없이 부모가 아기를 사랑할 수 있는지 잘 모르겠어요. 그러니까 제 말은, 여성이 즉시 옥시토신을 분비할 수 있게 자연이 미리 그렇게 준비해둔 거잖아요."

"마치 부모가 자식을 사랑할 수 있는 건 사랑 호르몬 덕분이라고 믿는 것처럼 들리네요." 내가 말했다.

"정말 속상해요." 앨리스가 작은 목소리로 말했다. "극복했다고 생각했거든요. 대체 저는 왜 이런 걸까요? 저도 어머니처럼, 아버지가 자기를 사랑해주지 않았다는 생각에 매달린 어린애에서 벗어나지 못했나 봐요. 이건 훨씬 복잡한 문제라는 걸 알면서도요." 앨리스는 한숨을 내쉬었다. "선생님이 하신 말씀이 뭔지 알겠어요. 모유 수유를 하고 싶은 제 마음의 근원에는, '진짜' 어머니들처럼 아이를 사랑하지 못할까 봐 걱정하는 마음이 있었던 거죠. 어머니의 사랑이 제가 믿었던 유일한 사랑이었으니까요."

"맞아요." 나도 모르게 그녀가 즐겨 쓰는 표현으로 대답했다.

앨리스는 나를 바라보며 눈물을 애써 참고 있었다. "아버지는 절 떠났고, 돌아오지 않았어요. 제 분노가 커질수록 아버지는 점점 더 뒤로 물러났고, 결국 저를 포기하게 됐죠. 그 이후로는 더 이상 제게 전화하지 않았어요. 그저 1년에 한 번씩 생일이 되면 '사랑하는 딸에게, 생일 축하한다. 사랑한다, 영원히!'라고 적힌 카드와 함께 선물을 보내오는 게 전부였어요. 저는 아버지가 의무감에서 그렇게 쓴 거지 마음속으로는 신경 쓰지 않을 거라고 생각했어요. 아버지에게는 우리를 버리고서 얻은 새 부인과 아이들, 새집이 있었어요. 왜 눈물이 자꾸 나는지 모르겠네요. 이제는 어차피 관심도 없는데요."

앨리스는 흐느껴 울었다. 그녀는 여러 해 전 잃어버린 아버지를 생각하면서, 슬픔에 잠긴 어머니가 그녀를 사랑해줄 유일한 사람이라고 믿는 자신의 어린 시절을 생각하면서 울었다. 아기를 낳지 못하는 자신의 무능함을 애도했다. 앨리스는 태어날 아기를 사랑하지 못할 것이라는 두려움으로 가득 차 있었다. 그녀는 자신이 사랑스럽지 않은 여자아이같이 느껴졌다.

"만일 딸이 제가 엄마라는 걸 모르면 어떻게 하죠?" 앨리스가 눈물을 훔치며 물었다. "**딸**이 **저**를 사랑하지 않는다면요?"

그녀의 내면에는 그녀가 짜증과 분노로 덮어버리는 데 익숙해진 슬픔과 아주 큰 고통이 묻혀 있었다. 앨리스는 어머니처럼 자신도 슬퍼하고 있다는 사실을 아무도 모르게 하고 싶었다. 그녀는 자신이 어머니의 슬픔을 짊어졌듯이 딸이 그녀의 슬픔을 경험하는 일은 없기를 바랐다. 그녀는 그것이 자신에게 얼마나 무거운 짐이었는지를 알기 때문에 딸이 그 유산을 물려받을까 걱정했다.

~

"아트에게 상담치료 때 다뤘던 내용을 얘기했어요." 다음 주 상담 시간에 앨리스가 말했다. "모유 수유와 호르몬 요법에 대해서 둘이서 깊은 대화를 나눴어요. 마치 상담치료를 한 번 더 받는 것 같은 기분이 들더라고요." 그녀가 웃으며 덧붙였다. "그리고 드디어 결정을 내렸어요."

앨리스는 가방에서 물병을 꺼내서 탁자 위에 올려놓았다. "제가 얼마나 초조한지 느껴지세요?" 그녀가 물었다. "저는 아기가 태어나기 전에 모든 걸 준비해두고 싶어요. 참, 그리고 호르몬제는 투여하지 않기로 했어요. 목록에서 한 가지라도 더 지울 수 있어서 홀가분해요. 감사해요, 선생님."

"더 자세히 얘기해주세요." 내가 부탁했다. "어떻게 그런 결정을 내리게 된 거지요?"

"갑자기 생각해보니 그렇게까지 내리기 힘든 결정이 아니더라고요. 모유 수유를 하고 싶은 마음의 바탕에는 호르몬 없이는 아기를 사랑할 수 없을지 모른다는 두려움이 있다는 걸 깨달았다고 아트에게 말했어요. 여자로서의 저 자신을 의심했다는 것과 아버지가 저를 사랑하지 않았다는 느낌이 그런 두려움의 내면에 있었다는 걸 깨닫고 정말 속상했다는 말도 했죠. 아트는 전체적인 상황을 다 알고 있고, 아트와 만난 뒤로 아버지와의 관계에서 많은 변화가 있었어요. 생각해보면 제가 아버지를 완전한 사람으로 볼 수 있도록 아트가 도와줬던 것 같아요. 선생님도 이 부분은 고맙게 생각하실 거예요." 그녀가 장난스럽게 말했다. "그리고 아트에게 처음 사랑하는 마음을 느낀 건, 그가 이혼 때문에 딸 릴리를 잃는 것을 얼마나 두려워하는지를 알게 된 때였어요. 심리학적으로 좋은 연결고리가 되지 않을까요?" 앨리스가 미소지으며 물었다. "아트는 제가 결코 가져보지 못한 아버지였고, 저는 아트와 사랑에 빠졌을 때 처음으로 어머니를 배신했어요." 그녀가 말했다. 나는 자세히 설명해달라고 부탁했다.

"어머니와 저 사이에는 마치 **우리 두 사람**만이 가족이라는 비밀 서약이 있는 것 같았어요. 제가 처음 결혼했을 때도, 제 결혼은 어머니의 결혼과 비슷했죠. 깊이 사랑해서가 아니라 그저 여자는 혼자 살기보다 결혼을 해야 한다는 생각에서 한 거였어요. 결혼은 했지만 저는 여전히 어머니의 가족이었죠. 제가 아기를 낳으면 어머니 집 근처로 이사를 가고, 어머니는 아이 키우는 걸 도와주시기로 했어요. 마치 어머니가 제 반려자인 것 같았죠. 그런데 나중에 아트를 만났을 때 어머니를 이중으로 배신하게 됐죠." 앨리스는 내가 잘 듣고 이해하고 있는지 확인하려고 내 얼굴을 쳐다봤다.

"앨리스가 아트와 진심으로 사랑하는 사이가 됐고, 이제는 어머니 대신 아트가 반려자가 됐기 때문에 어머니를 배신했다는 건가요?" 내가 물었다. "그럼 다른 하나는 뭐죠? 어째서 이중 배신이 되는 거죠?"

앨리스는 눈을 감았다. 그녀는 나를 보지 않고 말했다.

"제가 아트를 만났을 때, 아트는 유부남이었거든요. 저는 그때 막 이혼한 상태였고, 아트는 별거 중이었지만 법적으로는 여전히 결혼한 사람이었어요. 제가 그 무엇보다도 확실히 해둔 것 한 가지가, 무슨 일이 있어도 절대 유부남은 만나지 않는다는 거였거든요. 유부남과 사귀는 건 제 모든 믿음을 거스르는 것이었어요. 원칙적으로 잘못된 일이었죠. 그래서 저는 그 사람을 멀리하려고 노력했어요. 그런데 그게 참 힘들더라고요. 같은 회사에서 일하고 있었는데, 어느 시점에는 같은 프로젝트에 배정됐어요. 같이 일하니 매일 이야기를 나누고, 그러다 보니 나중에는 하루에 몇 시간씩 통화하기에 이르렀고요. 갈수록 더 가깝고 친밀한 대화를 나누게 됐죠. 아트는 별거 중인 상황을 이야기하면서, 얼마나 힘든지 제게 털어놨어요. 저한테 릴리에 대한 이야기를 했는데, 그때 릴리는 다섯 살이었어요. 제 아버지가 집을 나갔을 때의 저와 똑같은 나이였죠. 아트는 딸하고 함께 저녁 시간을 보내지 못하는 게 너무 고통스럽다며 힘들어했어요. 저는 제 아버지가 과거에 저희를 버리고 다른 가족과 살림을 차렸다는 사실을 아트에게 얘기했어요. 제가 그 이야기를 다른 사람에게 그렇게 자세히 털어놓은 건 처음이었어요. 어머니가 의식을 거행했던 날의 이야기까지 했죠."

"의식이라고요?" 내가 물었다.

앨리스가 감았던 눈을 뜨고 나를 봤다. "어머, 그걸 깜박하고 말씀드리지 않았네요. 좀 이상한 이야기예요. 제가 초등학교 1학년 때, 아버지는 집을 나갔지만 아직 두 분이 이혼은 하지 않았을 때의 일이에요. 어느 일요일 저녁에 어머니가 아버지 사무실로 저를 데리고 갔어요. 그 전에 아버지하고 사무실에 여러 번 가봤지만, 그날 저녁은 뭔가 달랐어요. 어머니는 아직 아버지에게 돌려주지 않고 보관하고 있던 사무실 열쇠로 문을 열었죠. 아버지 사무실은 예전에 제가 기억하던 그대로였어요. 아버지는 회계사였고, 아버지 사무실은 우리 집에서 차로 약 한 시간 걸리는 시내에 있는 적갈색 벽돌 건물 2층이었어요."

앨리스는 눈을 다시 감고 이야기를 계속했다.

"어머니에게는 이별 의식이 필요했어요. 어머니는 앞으로 우리는 우리만의 삶을 살아가야 하는데, 그러려면 모든 걸 잊고 놓아 보낼 수 있게 해주는 치유 의식이 필요하다고 제게 설명했어요. 어머니는 울진 않았지만 아주 슬퍼 보였어요. 어머니는 저와 함께 사무실로 걸어 들어가서 아버지 책상 앞에 섰어요. 어머니는 앞으로 새로운 삶을 잘 살아가기를 기원한다고 소리 내서 말하고, 결혼반지를 빼서 아버지 책상에 올려놨어요. 그리고 가족사진이 담긴 액자들을 모두 챙겨서 가져온 가방에 넣었어요. 그런 다음 집 거실에 있던 작은 새 조각상을 가방에서 꺼냈죠. 그 조각상은 결혼하기 전에 아버지가 어머니에게 주었던 선물이었어요. 어머니는 조각상을 책상 옆 선반에 올려놨어요. 그리고 아버지가 짐 챙길 때 깜박 잊었던 우표 수집 앨범과 함께 결혼 앨범을 사무실 의자에 올려놨어요.

사무실을 떠나기 전에 어머니는 마지막으로 할 일이 한 가지 남았다고 했어요. 어머니는 카드 몇 장을 들고 한쪽 구석에

셨어요. 카드에 적힌 필적이 익숙했는데, 여러 해 동안 아버지가 생일과 결혼기념일에 어머니에게 보냈던 축하 카드들이었던 것 같아요. 어머니는 제가 알아들을 수 없는 작은 소리로 뭔가 속삭이더니 그 카드들을 바닥에 흩어놨어요.

차로 돌아왔을 때, 어머니가 제 기분이 어떤지 물었어요. 어머니는 우리가 이제 자유로워졌고, 이 치유 의식 덕분이 벌써 기분이 한결 나아졌다고 말씀하셨죠. 저도 기분이 좋아졌다고 말했던 것으로 기억하지만, 실은 거짓말이었어요. 그날 밤은 잠을 잘 수가 없었어요. 눈물이 나왔지만 왜 눈물이 나는 건지는 몰랐어요.

아트는 제가 이 이야기를 처음으로 털어놓은 사람이었어요. 전화기 너머로 아무 소리도 안 들렸던 기억이 나네요. 그러다가 그가 울고 있다는 걸 깨달았어요. 왜 그렇게 감정이 북받쳤는지 묻자, 잘은 모르지만 너무 슬픈 이야기여서 그랬든지, 아니면 제 아버지와 감정적으로 너무 깊이 동화돼서 딸을 잃는 슬픔이 고스란히 느껴졌기 때문이라고 했어요. 저는 그의 대답과 자신의 이야기를 보태거나 하지 않고 제가 하는 말을 정성껏 들어주는 다정함에 크게 감동했어요. 제 감정을 생각해주는 사람을 태어나서 처음 만난 기분이었죠."

이야기를 계속하는 앨리스의 목소리가 점점 부드러워졌다. "그때가 아마 아버지도 **슬펐을** 거라고 처음으로 생각했던 때이기도 해요. 그리고 아버지도 뭔가를 잃어버렸을지도 모른다고 생각했고요. 이상하게 들린다는 건 알지만, 솔직히 아버지를 다시는 안 보겠다고 마음먹었을 때 아버지 기분이 어떨지는 전혀 생각해보지 않았어요. 그다음 날인 월요일에 사무실에 들어갔을 때 아버지가 어떤 기분을 느꼈을지는 상상해본 적이 없어요. 어머니가 자신을 치유하기 위해서 뿐만이 아니라 아버지에게 상처를 주려고 그런 일을 했다는 생각은 전혀 들지 않았거든요. 지금 이렇게 말하면서도, 그건 아니었다는 기분이 들어요. 저는 어머니에게 나쁜 감정이 있었다고는 생각하지 않아요."

앨리스는 아트의 눈을 통해 아버지에 대한 시각이 깊고 넓어졌다고 말했다. 그러면서 차츰 아버지와 어머니를 생존하기 위해 분투하는 복잡한 인간으로 볼 수 있게 됐다고 했다.

"아트하고 거의 한 달 동안 매일 밤 대화를 나누고, 이제는 그와 거의 모든 것에 관해 이야기 나누는 사이가 됐을 때, 사무실 밖에서 처음 둘이 만나기로 했죠. 그러면서 연인 사이가 된 거예요." 앨리스는 잠시 말을 멈췄다. "하룻밤을 같이 보내고, 남은 평생을 매일 함께 보내게 되겠다는 직감이 오더라고요. 그러고서 한 달 뒤부터 아기를 가지려고 시도했죠."

"그러면서 어머니를 배반한 것 같은 기분이 들었던 건가요?" 내가 물었다.

"아, 네, 그래요." 그녀가 대답했다. "당연히 이 사실을 어머니에게 곧바로 이야기했고, 어머니도 함께 기뻐해주셨지만, 저는 제가 은밀한 선을 넘었다는 걸 인식하고 있었어요. 아트가 법적으로 아직 이혼을 안 했다는 말을 어머니에게 차마 할 수가 없었어요. 혹시 제가 아버지와 가까워지는 것으로 해석해서 제가 아버지를 용서하거나 어머니를 떠나지 않을까 염려하실 것 같았거든요. 그래서 어머니에게는 시간을 두고 차츰 털어놨어요.

처음에 어머니는 늘 그랬듯이 그냥 듣고만 계셨죠. 다른 사람의 이야기를 항상 잘 들어주는 분이거든요. 그러더니 이렇게 물었어요. '얘야, 그 사람, 좋은 사람이니?' 그 말을 들으니 마음이 아주 불편했어요. 어머니가 진짜로 묻고 싶어하는 게 뭔지 알았거든요. 아버지 생각을 하고 계셨던 거예요. 하지만 제 관계를 망치는 건 바라지 않으셨어요. 그저 좋은 사람이냐고 계속 물어보시기만 했어요.

'왜 자꾸 그걸 물어요? 당연히 좋은 사람이죠.' 제가 이렇게 대답하자, 어머니는 제가 짜증이 났다는 걸 눈치챘어요.

그러고서 이렇게 말씀하셨죠. '나는 그 무엇보다도 너를 사랑해. 난 네가 좋은 남자와 함께하고, 행복하기를 바라는 거야. 언젠가 너도 딸을 낳으면 이 엄마 마음을 이해할 거다.'"

앨리스는 나를 바라보며 말했다. "사실대로 말하면, 어머니의 그 말이 관계를 망쳐놨어요. 저를 걱정스럽게 만들었죠. 어머니가 뭔가 의심하고 있다는 것을 느끼고, 어쩌면 제가 보지 못하는 뭔가를 어머니가 보고 있는 건지도 모른다고 생각했어요. 아트하고 함께 있을 때는 완벽히 안심되지만, 어머니하고 있을 때는 아트를 의심하는 마음이 자꾸 올라와서 제 판단력을 의심하게 됐어요."

나는 어머니의 걱정은 앨리스를 잃는 것에 대한 두려움에서 나온 것 같다고 말했다.

앨리스는 내 의견에 호기심을 느끼는 것 같았다. "아트가 무슨 말을 자주 했는지 아세요? 제가 어머니와 떨어지지 못할 것 같다고요. 아트는 저희 아버지가 삶이 불행해졌을 때 부인을 떠나기보다 몰래 따로 가족을 꾸리기로 선택했다는 사실이 가장 놀라웠대요. 아버지는 어머니에게 발각돼서 다른 선택의 여지가 없었을 때야 비로소 어머니와 저를 떠났어요. 그렇다고 오해는 마세요. 물론 그런 비도덕적인 행동은 정말 몹쓸 사람이 할 짓이지만, 아트는 그런 선택을 내렸다는 것을 놀라워했어요. 아트는 사이코패스가 아닌 이상, 집을 나가는 것보다는 그런 식으로 거짓말을 하면서 두 살림을 차리는 것이 훨씬 더 힘들 거라고 말했어요. 그런데 정말이지, 아트로서는 가족을 떠나는 것이 정말 힘든 일이었대요. 그러니까 아트가 그 두 가지 중 그 어떤 것도 쉬울 거라고 말하는 건 절대 아니에요.

차츰 저는 상황을 달리 보게 됐어요. 아버지가 어머니에게 상처 주는 걸 견딜 수 없어서 어머니를 떠나지 못한 거라고요. 그럴 만도 하지 않나요? 결혼 생활이 얼마나 불행했는지조차 어머니에게 말하기 힘들었을 거라고 확신해요. 그렇게 말하면 어머니가 엄청나게 속상하고 힘들어하셨을 거니까요. 어머니를 탓하는 건 아니에요. 그저 아버지는 어머니를 떠나면 딸인 저를 잃게 된다는 걸 분명히 알았을 거예요. 아버지는 겁쟁이였어요. 어머니는 슬픔으로 아버지를 통제했고, 아마도 같은 방식으로 우리 모두를 통제했던 것 같아요."

앨리스는 불완전함과 결점을 가진 어머니와 아버지를 모

두 받아들이고, 그렇게 해서 인간적인 한계가 있는 자기 자신을 받아들일 수 있어야 했다. 더 나아가 부모님의 세계에 갇힌 딸이 아닌, 선택의 자유가 있는 독립된 존재로 거듭나야 했다.

나는 가끔 주저하면서, 아버지를 이해하는 것이 사실 일종의 자유가 아니라 규범적인 구조에 순종하는 것이 아닌지 의문을 던졌다. 부모님을 받아들이고, 아버지를 용서하는 데 진정한 자유가 존재할까? 아니면 남성이 체계상 더 많은 권력을 갖고, 그러다 보니 아버지들이 어머니들만큼 가혹하게 평가되지 않는 가부장적 질서에 순응하는 하나의 수단에 그치는 건 아닐까? 어머니처럼 되거나 아니면 아버지처럼 되어야 하고, 부모 중 한 사람만 믿고 따라야 한다는 식의 정체성의 이분법을 깨기 위해 분투하는 앨리스를 보면서, 이런 질문들이 내 머릿속을 가득 채웠다. 나는 그것이 그녀에게 얼마나 무거운 짐인지, 또 그 짐이 어떻게 그녀를 선택하거나 성장할 실질적인 힘이 없는 어린 소녀로 남아 있게 만드는지 잘 알고 있었다.

앨리스는 물병을 집어서 가방에 넣었다. "심리치료는 사람을 지치게 만드네요." 그녀가 웃었다. "할 말이 이렇게 많은지 정말 몰랐어요. 선생님, 저 같은 내담자가 또 있나요? 끊임없이 떠들어대서 선생님에게 잠시도 말할 틈을 안 주는 사람이요."

나는 말없이 웃었다. 나는 앨리스가 좋았다. 그리고 그녀가 했던 것처럼 어린 시절 이야기를 쏟아내고 여러 관점에서 상황을 분석하는 것이 얼마나 힘든지 잘 알고 있었다.

"더 강해진 기분이 들어요." 그녀가 덧붙였다. 나는 동의한다는 뜻으로 고개를 끄덕였다.

"꼭 제가 저를 낳은 것 같아요." 자랑스러운 듯 말했다. "그리고 선생님은 저를 도와주신 조산사이시고요."

~

다음 주에 상담실 문을 열었을 때, 나는 앨리스를 거의 못 알아봤다. 그 이유가 그녀의 머리카락 때문이라는 것을 알아차리는 데 1분 정도는 걸렸던 것 같다. 그녀는 짧은 단발머리를 하고 있었다.

"저 어때요? 괜찮아 보여요?" 그녀는 기분이 좋아 보였다. "며칠 전에, 아기가 태어나기 전에 어떤 변화를 주면 좋을지 생각하다가 잘랐어요. 그나저나 아기 이름은 '조'라고 지었어요. '삶'이라는 뜻이에요."

앨리스는 나이가 조금 더 들어 보였다. 딸을 조라고 이름 짓고 머리를 짧게 자른 결정을 어떻게 내리게 됐을까 생각하고 있었는데, 앨리스가 곧이어 설명을 해주어서 고민할 필요가 없었다. 갑자기 예전에 머리 모양에 대해 앨리스와 대화 나눴던 내용이 떠올랐다. 나이에 안 어울리게 양 갈래로 길게 땋은 머리를 한 앨리스의 어머니, 빗질하기 힘든 앨리스의 긴 곱슬머리, 빗질에 대한 어머니의 언짢은 기분.

조가 태어날 날이 얼마 안 남았다. 앨리스는 곧 엄마가 될 것이고, 이제는 자신의 어머니와는 많이 달라졌다. 머리를 짧게 자른 것은 연결의 끈을 잘라서 앨리스가 엄마가 되기 전에 그 끈과 분리되고, 그렇게 함으로써 자신의 딸이 트라우마의 유산 없이 자신만의 삶을 살 수 있게 하려는 상징적인 방법이었으리라.

내가 이런 생각을 설명할 기회를 얻기도 전에, 그녀는 나를 향해 앉아서 이렇게 말했다. "이번 주에 있었던 일 중에 얘기할 게 한 가지 더 있어요. 어떻게 생각하시는지 말씀해주세요. 실은 대리모 비용을 대주겠다는 아버지의 제의를 받아들일까 생각 중이에요."

"자세하게 말해주세요." 새로운 머리 모양과 이런 진전에 대해서 생각하면서 내가 말했다. 앨리스는 가족 구조를 새롭게 정비하는 중이었다. 다수의 구성원으로 구성된 가족을 맞아들이기 위해서 엄마와 딸을 중심으로 하는 가족 구조를 바꿔보려고 했다. 나는 이런 구조가 나와 상담치료를 받는 과정에서도 나타났다는 사실을 인식하고 있었다. 앨리스는 항상 제3자가 상징적으로 우리 상담에 함께하도록 했다. 처음에는 앨리스가 끊임없이 분석했던 그녀의 어머니였고, 그다음에는 아트였다. 내담자들은 대개 상담치료에서 내담자-상담사의 2자 관계를 추구하는데, 여기서 내담자와 상담사는 사적이고 비밀스러운 과정에서 치료를 위해 긴밀하게 한 쌍을 이룬다. 그러나 앨리스는 이런 경험을 무의식적으로 피하려고 했다. 앨리스는 그 대신 3자 관계를 만들고 싶어했다. 처음에는 어머니와 내가 이 관계에 포함되고, 나중에는 아트와 내가 포함됐다. 그런 역학은 그녀가 어린 시절에 잃은 본래 가족을 부활시키는 것이기도 하지만, 동시에 그녀가 앞으로 만들 가족의 예행연습이기도 했다.

"이번 주에 그 문제로 아트하고 약간의 의견 다툼이 있었어요." 그녀가 말했다. 그들이 갈등을 겪었다는 이야기를 들은 건 이번이 처음이었다. "오래전에 선생님께 말씀드렸던 것 같은데, 제가 임신이 잘 안 돼서 시험관 아기 시술을 받고 있다고 아버지께 말하자 비용을 대주겠다고 하셨다는 얘기요. 그때는 깜짝 놀라면서 그 즉시 싫다고 말씀드렸거든요. 돈을 미끼로 제 마음을 사려는 게 아닐까 싶었고, 저는 아버지에게 좌지우지되는 건 원치 않았거든요. 그래서 사양하고 대신 은행에서 대출을 받았어요. 하지만 아버지는 포기하지 않았어요. 이 과정에 어떻게든 함께하고 싶다고 계속 말씀하셨죠. 저는 생각해보겠다고 하고 그 이후로 아버지께 연락을 한 번도 안 드렸어요."

"어릴 때처럼요." 내가 끼어들어 말하자, 그녀가 고개를 끄덕였다.

"이번 주에 아트하고 제 어린 시절 이야기를 나눴어요. 상담치료를 받으면서 저와 가까워지고 싶은 아버지의 시도를 늘 묵살했다는 것을 깨달았다고 아트에게 말했죠. 저는 아예 아버지를 신뢰하지 않았어요. 그런데 아트에게 이제는 상황을 조금 다른 관점에서 보게 됐다고 말했죠. 아트는 제 말을 이해했어요. 하지만 그는 제가 여전히 아버지를 제 삶에 받아들이지 않고, 아버지가 저에게 뭔가 주려고 할 때마다 제가 거부하고 있다고 지적했어요."

앨리스가 미소지으며 말했다. "아트가 가끔 제게 부모님처럼 얘기하는 거 아세요? 그런 식으로 나올 때는 꽤 똑똑하거든요."

나는 아트의 부모 같은 태도에 대해 그녀가 다소 상반된 감정을 느낀다는 사실에 주목하고, 웃으면서 고개를 끄덕였다.

앨리스가 호호 웃었다. "역시 알고 있었군요." 그녀가 말했다. "가끔은 부모님이 그러듯이 저를 속상하게 만들기도 해요. 아트는 자식에게 필요한 것을 줄 수 있다는 것만으로도 부모님은 기뻐한다면서, 제가 해석하는 것처럼 힘을 이용하려는 의도가 항상 작용하는 건 아니라고 주장했어요. 그리고 재정적인 도움은 부모님이 사랑을 표현하는 한 가지 방식이라고 말했죠. 또 사랑의 언어에 관해 설명하면서, 모든 사람은 각자 사랑을 표현하는 방식이 달라서 어떤 사람은 말로 표현하고 어떤 사람은 행동으로 표현하는데, 어떤 한 가지 방식이 다른 방식보다 더 좋은 건 아니라고도 했어요.

저는 목소리를 높여서, 아버지가 했던 행동은 자랑스러워할 만한 행동이 아니라고 말했어요. 그리고 아버지는 불행을 표출하기 위해 외도를 했고, 저는 그 행동을 존중하지 않는다고 했죠. 또 아버지가 행동이 아니라 말로 자기 감정을 표현하는 게 차라리 더 낫다고 말했어요. 아트는 제가 완전히 틀렸고, 중요한 건 사랑의 행동이지 단순히 말이나 감정이 아니라고 했어요. 그리고 사람은 말과 행동이 일치할 때 믿을 만한 것이며, 제 아버지의 배신이 지독히 나빴던 건 말과 행동이 모순되어 있었기 때문이라고 했어요. 그렇다고 아버지가 사랑의 행위로 그 잘못을 고치려는 노력을 허용하지 말아야 하는 건 아니라고도요. 아트는 제 아버지가 그가 잘못했던 모든 것을 보상하고 싶다는 의사를 전달하고 있는 것이며, 아버지이자 외할아버지가 될 방법을 찾기 위해서 제게 돈을 주려는 것으로 여겼어요. 그리고 제가 거부하는 것이 아버지를 통제하기 위해서이지, 그 반대는 아니라고 말했죠.

솔직히, 저는 그런 식으로는 생각해본 적이 없었어요. 제가 아버지에게 돈을 받는 걸 거절하는 방법으로 아버지를 통제하고, 아버지가 저와 너무 가까워지지 않게 만들려 한다고는 결코 생각하지 못했어요. 선생님께서 예전에 돈과 섹스는 사람들이 가장 부정직하고 위선적으로 다루는 주제라고 말씀하셨던 게 떠올랐어요. 그러니까 제 말은, 아버지가 그동안 어머니와 저를 경제적으로 부양해주셨지만, 저는 한 번도 감사하게 여긴 적이 없었거든요. 아버지가 큰 부자가 아니어서 저희를 부양하기 위해 희생이 필요했다는 걸 알면서도요. 그동안 보내준 선물에 대해서도, 아버지가 내주신 대학 등록금이나 여름 캠프 비용에 대해서도, 졸업 이후에 다녀온 장기간의 여행 비용에 대해서도 감사드린 적이 없어요. 제게 아버지가 필요하다고 느끼거나, 아버지가 저희에게 영향력을 행사하게 만들고 싶지 않았거든요. 돈을 부담하는 건 아버지의 책임이라고만 생각했어요. 사실 때때로 아버지가 돈을 낼 수 있게 해주는 건 오히려 제가 호의를 베푸는 것이라고도 생각했어요. 마치 제가 뭔가를 베푸는 거지 그 반대는 아니라는 듯이요. 하지만 이제는 예전과 다르게 생각하고 싶어요. 저는 아버지가 주시는 돈을 받는 것으로 아버지에게 뭔가를 드릴 수 있고, 아버지가 주시는 것을 감사히 여길 수 있다고요. 선생님, 어떻게 생각하세요? 아버지 제의를 받아들이는 것이 타당할까요?"

나는 앨리스가 아버지에게 받은 것에 감사하지 못했던 것이 그녀의 충성심과 충돌했기 때문이었음을 그녀가 알고 있는지 궁금해하면서, 어머니를 배신하는 문제에 대해 생각했다. 그녀가 아버지가 필요하고 아버지가 그립다는 사실을 인정하면, 어머니의 마음을 다시 아프게 할 수도 있었다. 그래서 그녀는 아버지에 대한 생각을 잊어야 했다. 이제 그녀는 아버지를 받아들이고 용서해도 되는지 내 허락을 구하고 있었다.

앨리스의 감정적 성장은 그녀가 말하는 속도만큼이나 빨랐다. 부모를 바라보는 흑백으로 분열된 시각이 점점 더 많은 색으로 채워지면서, 그녀의 그림은 미묘한 뉘앙스로 가득 차기 시작했다. 그녀는 이제 어머니 아버지 모두를 행복하기 위해 분투하는 인간으로 볼 수 있게 됐다. 그리고 그녀는 부모님이 이혼할 때 딸인 그녀를 공유하고 싶지 않은 소중한 재산처럼 취급하면서 어떻게 각기 다른 방식으로 이용했는지를 인식했다.

나는 앨리스의 사랑과 고통을 인식했다. 어머니와 아버지에 대한 앨리스의 따뜻한 사랑과 처음부터 다시 시작할 수 없고, 부모를 치유할 수 없고, 함께할 수 없고, 어린 시절을 다시 살 수 없다는 고통을 함께 느꼈다.

이제는 슬퍼하고, 그녀 자신의 상처를 치료하고, 그 상처에서 미래를 자유롭게 놓아 보내야 할 때였다.

"저는 제가 아버지의 딸이 될 수 있도록 허용하고 싶어요."
그녀가 말했다.

나는 그것이 무슨 뜻인지 잘 안다. 그녀는 자신이 결코 가질 수 없었던 아버지를 자신의 딸이 갖는 것을 끝내 부러워하고 싶지는 않았다. 그녀는 자신의 역사가 되풀이되는 것을 바라지 않는다.

아기가 태어나면 어머니의 인생이 시작되거나 끝난다는 환상과 달리, 삶도, 삶을 검토하는 과정도 늘 진행형이다. 앨리스가 감정적인 진실에 가까워질수록, 앞으로 더 많은 겹의 경험을 벗겨내고 탐구해야 할 것이다. 그녀는 딸 인생의 모든 단계를 함께하면서 자신의 어린 시절을 재현하게 될 것이다. 부모에게 다시 분노하고, 또 용서하게 될 것이다. 어머니가 그랬던 것처럼 최선을 다하려고 노력하고, 아무리 최선을 다해도 늘 불충분하다는 걸 깨달을 것이다. 실수를 저지르고, 스스로에게 질문을 던지고, 부모의 잘못을 지나칠 정도로 바로잡을 뿐 아니라 똑같이 반복하기도 하는 자기 자신을 발견하게 될 것이다. 자기 자신을 알고 아픈 과거를 안고 살아가는 부모의 능력에 한계가 있다는 것과 부모를 위해 자신이 일부를 감당해야 했다는 것을 알고, 부모가 주신 것에 감사할 것이다.

앨리스는 조를 이 세상에 데리고 나오기까지의 고통스러우면서도 운이 좋았던 이 여정을 결코 잊지 못할 것이다. 그녀와 나는 계속해서 그녀의 진실을 찾아 나갈 것이다. 또 자신의 과거를 인정하고 자기 자신과 인생에 대해 무엇을 아직 모르는지 질문하려고 노력할 것이다.

그리고 깨닫게 될 것이다. 우리가 살아가는 모습은 결국 타인의 검토되지 않은 삶임을 말이다.

사랑하고, 삶에 투자하고, 꿈을 창조하고 성취하는 능력은 감정적 진실을 찾고, 고통을 인내하고, 애도할 수 있는 능력과의 지속적인 대화에 있다.

치유를 향한 여정은 서로 다 다르지만, 찾겠다고 결심하고, 문을 열고, 과거의 상처에 등을 돌리기보다 상처를 향해 걸어가겠다고 결심하는 데에서 시작한다. 이때 우리는 감정적 유산을 밝히고 어쩔 수 없다고 여기는 숙명(fate)을 스스로 선택할 수 있는 운명(destiny)으로 바꾸는 적극적인 주체가 되기로 선택한다.

타인의 비밀은 우리 자신의 수수께끼가 되고, 우리의 비밀은 필연적으로 은신처를 찾아낼 것이며 타인의 마음속에서 그 모습을 감출 것이다. 이런 비밀이 더 은밀히 감춰질수록 우리는 스스로에게 더 낯선 사람이 되고, 감금된 채 알거나 알려질 자유를 두려워한다. 과거의 유령은 우리의 무의식 속에 살아 있다. 어떻게 보면 우리는 다들 말할 수 없는 것들의 문지기라고도 볼 수 있다.

물려받은 트라우마의 상처는 각기 고유의 형태를 취한다. 우리의 의식은 마치 탐정처럼, 우리 마음에 그대로 내버려둔 유령의 흔적을 추적한다. 그렇게 해서 과거가 우리의 현재 존재를 통제하고 영향을 미치는 방식을 서서히 밝힌다. 처리되지 않은 감정적 요소는 흔히 불가사의한 방식으로 우리 삶에 반복해서 나타난다. 검토되지 않은 삶은 저절로 반복되고, 세대를 거쳐 내려가면서 파문을 불러일으킨다. 말한 적 없는 이야기들은 재현을 요구하며 사람들에게 그 이야기를 들려줄 것을 고집한다. 그러면 의식적으로 식별할 수 없던 것들이 우리 현실에 의식적으로 나타나고, 반복된다. 우리가 찾고 밝히는 것은 눈에 보이는 이러한 패턴들이다.

인간의 무의식은 피해를 복구하고, 다치고 상처 입은 사람들을 치유하겠다는 소망에서 실수하거나 잘못했던 원래 지점으로 우리를 자꾸만 데리고 간다. 우리는 우리의 이전 세대(상처 입고, 굴욕당한 채로 삶을 마감한 사람들)와 자신을 동일시한다. 환상 속에서 그들을 치유하는 것은 우리 자신을 치유하는 것이기도 하다. 우리는 고통스러운 과거와의 결속에서 벗어나고, 조상보다 더 나은 삶을 살고 있다는 죄책감에서 벗어나기를 간청한다.

하지만 조상들을 치유하려는 무의식적인 소망은 우리가 고치거나, 구하거나, 다시 시작할 수 없는 모든 것(예를 들면 자신의 어린 시절, 부모의 상처, 조부모의 트라우마처럼)을 애도하지 못하게 막는다. 고통을 겪은 사람들과의 동일시에서 벗어나려면 우선 부모가 견뎌내지 못한 고통을 확인하고 애도하는 과정이 필요하다. 애도는 과거와 현재를 구별하고 죽은 사람과 살아남은 사람을 구분하게 해준다. 우리는 우리가 통제할 수 없었던 것들을 애도하며, 그런 의미에서 우리는 전능의 부재, 즉 현실에서는 우리가 환상에서처럼 강력하지 못하다는 사실을 애도한다. 죽을 수밖에 없는 우리의 운명, 본질적인 취약성, 인간의 한계 같은 감정적 진실은 우리를 겸손하게 만들고, 우리가 진짜 누구인지 탐구할 수 있게 하고, 미래의 가능성을 받아들이고, 다음 세대를 존엄하게 기르게 해준다.

세대 간에 거듭되는 고통의 순환을 끝내는 것은 내가 이 책을 열면서 인용했던 성경 '예레미아'의 구절인 "그때 사람들은 '부모가 신 포도를 먹었으니 아이들의 이가 시다'라고 더는 말하지 아니할 것이니"(31:29)에도 표현되어 있다. 이 구절은 아이들이 부모의 삶의 결과를 짊어질 필요가 없게 되기를 바라는 기도이자, 감정적 유산이 극복되고 변화될 수 있다는 희망이다.

한동안 우리는 유전적 유산을 숙명처럼 받아들였다. 생물학자들은 환경적 요인이 DNA에 거의 영향을 미치지 않으며, 그러므로 정신적 성장은 유전적 유산과 별개라고 믿었다. 그런데 오늘날의 후성유전학은 천성과 교육이 어떻게 혼합적으로 작용하며 우리가 분자 수준에서 환경에 어떻게 반응하는지를 이해할 수 있는 또 다른 틀을 제공한다. 후성유전학에서는 한 세대에서 다음 세대로 대물림되는 '기억'이 유전자에 들어 있다고 강조한다.

이 새로운 연구의 의미는 두 가지 방향으로 해석된다. 우리는 트라우마가 다음 세대에 전달될 수 있음을 알게 됐지만, 동시에 심리학적인 작업으로 트라우마의 생물학적 영향을 바꾸고 수정할 수 있다는 것도 알게 됐다. 캘리포니아대학교 샌디에이고 캠퍼스 정신의학과 교수 스티븐 스탈Stephen Stahl은 정신요법이 약물과 유사하거나 상호보완적인 방법으로 뇌의 회로를 변화시키기 때문에 '후성유전학적 약물'로 개념화할 수 있다고 주장한다. 이런 의미에서 감정을 다루는 작업이 우리 세대, 자녀 세대, 손주 세대가 어떤 사람이 될 것인가에 심오한 영향을 미친다는 것을 이해하는 데 우리의 희망이 있다. 트라우마는 몸과 마음을 통해서 다음 세대로 전달되지만, 회복력과 치유력도 마찬가지로 대물림된다.

후대 사람이라는 존재 자체가 그들의 가족이 살아남았고, 그들에게 미래가 있다는 증거이기 때문에, 다음 세대에게는 과거의 절망뿐 아니라 희망도 있다. 조상의 아픔을 돌이켜보는 것은 충격적인 과거를 지침으로 성취할 수 있는 미래, 즉 혼돈에서 질서로, 무력함에서 행동으로, 파괴에서 재창조로 가는 길을 상상할 수 있다. 이런 의미에서 우리가 하는 작업은 과거에서 해방되기 위해 이를 소환해서 처리하는 일이자 미래의 구원을 기대하는 방법이다.

우리 안에 있는 감정적 유산을 가려내는 법을 배우면, 주변 상황이 이해되고 삶이 변화하기 시작한다. 서서히 문이 열리고, 현재의 삶과 과거의 트라우마 사이의 입구가 보인다. 불가능해 보였던 것이 이제는 가시화되고, 고통이 줄어들고, 사랑으로 가는 새로운 길이 나타날 것이다.

감사의 글

이 책은 헌신적인 사랑과 놀라운 지혜, 끊임없는 지원으로 항상 나와 함께 해준 루이스 아론Lewis Aron을 추모하기 위한 것이다.

무엇보다도 이 책에 소개됐으며, 내 마음을 움직인 이야기들의 주인공인 나의 내담자들에게 아주 큰 감사의 마음을 전한다. 인간의 마음과 나 자신에 대해서 이처럼 많은 것을 가르쳐준 것에 감사드린다. 책에 이야기가 소개된 내담자들은 사생활 보호를 위해 관련된 세부 사항을 수정하는 데 도움을 주었다. 개인적인 삶의 여정에 나를 초대해주고, 이야기를 쓸 수 있게 나를 믿어주고, 통찰력과 너그러운 마음으로 관련된 장의 내용을 읽어주어서 정말 감사드린다.

나는 뉴욕대학교 심리치료와 정신분석 박사 후 과정 프로그램의 일원으로 활동하는 큰 복을 누렸다. 이 책의 초고 일부를 미리 읽고 의견을 전해준 소중한 동료, 학생, 친구들에게 특별한 감사의 인사를 전하고 싶다. 제시카 벤저민 박사, 카리나 그로스마크 박사, 조너선 슬라빈 박사, 카렌 토캐틀리 박사, 벨레다 세콜리 박사, 니나 스밀로우, 야엘 카펠리우크 박사, 콜레트 리니한, 노가 아리엘-갈로 박사, 로렌 레빈 박사, 크리스틴 롱, 아비털 우즈, 메라브 로스 박사, 로버트 그로스마크, 이팟 에이탄-페시코 박사, 아이브리 라이더, 오를리 빌나이, 아낫 비뉴르, 리모르 라니아도-티로시, 제이미 라이어슨, 에이미 그로스에게 감사한다. 로베르토 콜란젤리 박사는 자신이 연구한 후성유전학과 정신분석학 내용을 나에게 공유해주었다. 주디스 앨퍼트 박사는 성적 학대를 다룬 장에서 내게 도움을 주었고, 베아트리체 비브 박사는 유아에 관한 장을 읽고 소중한 의견을 전해주었다. 에즈라 밀러는 이분법적 성별 구분과 관련해 유용한 길잡이를 제시했다.

지속적인 사랑과 지지를 보내준 멜라니 쉬세 박사에게 특별한 감사의 인사를 전한다.

나와 오랜 우정을 나누었고 이 책에도 소중하고 창의적인 의견을 내준 스티브 쿠척 박사에게 감사드린다. 그의 재능과 위트, 신의가 없었으면 이 책은 완성할 수 없었을 것이다.

약 10년 전, 정신분석학적 측면의 '유령'을 조사하는 것을 목표로 나는 뉴욕시 정신분석가들의 어느 모임에 합류했다. 이들은 정신분석에서 유령이 나타나는 다양한 방식을 분석하고 있다. 에이드리언 해리스와 모임에서 함께하고 있는 마거리 칼브, 수전 클레바노프, 헤더 퍼거슨, 마이클 필드먼, 아서 폭스에게 감사드린다.

또 내 손을 잡고 이 책이 나올 때까지 나를 믿어준 엠마 스위니에게 큰 감사 인사를 전한다. 특히 그녀의 훌륭한 조언과 깊은 관심에 감사를 표하고 싶다. 폴리오Folio의 마가렛 수더랜드 브라운에게도 고맙다고 말하고 싶다. 또 내 뛰어난 에이전트 게일 로스에게도 특별한 감사를 표한다.

끝없는 헌신과 놀라울 정도로 예리한 안목으로 나를 도운 샐리 아테세로스에게도 깊이 감사드린다. 이 책을 만드는 데 그녀가 함께할 수 있었던 것은 내게 큰 영광이었다.

트레이시 베어가 편집자이자 출판인으로 함께 할 수 있었던 것은 믿을 수 없는 행운이었다. 그녀의 훌륭한 작업에 감사드리고 이 책과 나를 믿어준 데 감사한다. 세세하게 읽고, 깊이 주의를 기울이고, 사려 깊은 조언을 해주고, 원고에 적힌 단어뿐 아니라 있어야 할 다른 표현들까지 챙기는 그녀의 굉장한 능력에 큰 도움을 받았다.

리틀 브라운 스파크Little, Brown Spark 출판사의 뛰어난 직원들, 이안 스트라우스, 벳시 우릴, 로라 마밀록, 루시 킴, 제시카 천, 줄리아나 호르바체프스키, 로렌 오리츠에게 감사한다. 맥카틴 대니엘스 홍보사의 샐리 앤 맥카틴에게도 감사드린다.

감정적 진실을 찾는 오랜 탐구에 함께해주고, 늘 옆에 있으면서 나를 붙잡아주고, 내가 쓴 글을 호기심과 숨 막히는 지성으로 한 단어 한 단어 읽어준, 내 든든한 반석이자 안식처인 밥 밀러에게 감사의 말을 전한다. 훌륭한 재능과 마음을 내게 나눠주고 늘 그렇게 나를 사랑해주어서 진심으로 고맙게 생각한다.

무한히 사랑하는 내 가족들에게도 감사의 인사를 전한다. 내 부모님인 쇼시 아틀라스와 야코브 아틀라스는 사랑과 헌신에 대해 내가 아는 모든 것을 가르쳐주셨다. 여동생 케렌 아틀라스-도르는 내 첫 번째 진정한 증인이자 지지자다. 아시 아틀라스, 아낫 로즈 아틀라스, 타미르 코흐, 미카 도르와 아이타마 도르에게도 감사한다. 루 덕분에 나와 가족의 인연을 맺은 사랑스런 벤저민, 라파이, 키리아 아데스-아론에게도, 끝까지 나와 함께해주고 서로에게 영원한 가족이 되어준 데 대해 사랑과 감사의 말을 전한다.

무엇보다도 내 아이들, 엠마, 얄리, 미아 코흐에게 감사하고 싶다. 아이들은 내게 영감을 주고, 나를 놀라게 하고, 감동을 주고, 매일 새로운 것을 가르쳐주었다. 지금의 모습으로 함께 해주어 고맙고, 꿈꿀 수 있는 최고의 가족이 되어주어서 고맙다고 전하고 싶다.